公平正义比太阳还要有光辉

——一名基层人民法官的法治情怀

刘光辉 ◎ 著

东北大学出版社
Northeastern University Press

·沈 阳·

图书在版编目（CIP）数据

公平正义比太阳还要有光辉：一名基层人民法官的
法治情怀 / 刘光辉著. -- 沈阳：东北大学出版社，
2022.9
　　ISBN 978-7-5517-3148-5

Ⅰ. ①公… Ⅱ. ①刘… Ⅲ. ①法官－工作－研究－中
国 Ⅳ. ① D926.174

中国版本图书馆 CIP 数据核字（2022）第 176328 号

出　版　者：东北大学出版社
　　　　　　地址：沈阳市和平区文化路三号巷 11 号
　　　　　　邮编：110819
　　　　　　电话：024-83687331（市场部）　83680181（研发部）
　　　　　　传真：024-83680180（市场部）　83687332（社务部）
　　　　　　网址：http://www.neupress.com
　　　　　　E-mail: neuph@neupress.com
印　刷　者：武汉鑫佳捷印务有限公司
发　行　者：东北大学出版社
幅面尺寸：170 mm × 240 mm
印　　张：18.75
字　　数：250 千字
出版时间：2022 年 9 月第 1 版
印刷时间：2023 年 2 月第 1 次印刷
责任编辑：刘新宇
责任校对：杨　坤
封面设计：三仓学术
责任出版：唐敏志

ISBN 978-7-5517-3148-5　　　　　　　　　　　定　价：98.00 元

公平正义比太阳还要有光辉（自序）

自参加工作以来，在基层人民法院从事审判已二十余载，从事法官职业时间越长，越来越想不出还有什么职业比法官更为神圣、更为艰辛，因为公正廉明、诚实敬业、热爱生命的法官具有代表法律和人民意志的神圣职责，却也有着不为人知的无奈。在法律这条路上，我走得较为艰辛，却从未停下脚步，从 1999 年的法律门外汉，到 2004 年取得法律职业资格证，到 2019 年成为湖北省审判业务专家以及全省青年法学法律人才。回想起这一路走来，法之公平已融入身体，法之正义已潜入灵魂，作为一名基层人民法官，我用实际行动充分彰显法治情怀，坚持并努力让人民群众在每个司法案件中都感受到公平正义的法治使命，"公平正义比太阳还要有光辉"注定成为我的座右铭！

本书以公平正义为主线，记载了自己从事审判工作以来撰写的审判理论和审判实践文章，算不上法学理论专著，只能是零散的法律文章合集。本书内容主要包括调研文章、学术论文、案例分析等文章，有些文章可能时间久远且观点略显陈旧，但它是代表这一段时期法学理论的主流、裁判要点以及司法实务中不同做法，具有较强的理论性、指导性和实践性。这些文章同时也折射出一名基层人民法官在司法进程中对法治中国的不懈追求，对法治中国梦想的真诚表达与感悟！

是为序！

光辉法官

2022 年 4 月

目　录

以案释法

调研走笔

微信抢发红包应慎行

近期，在媒体上频现关于利用微信红包赌博的新闻，如大四女生 1 年内发 200 万元红包，误入赌博陷阱而负债累累；"80 后"女子建微信群抢红包赌博，十天赚 26000 元；等等。在微信群中，抢发红包者最初是为了好奇和娱乐，抱着试一试手气的想法，随后滋生出一种营利的"侥幸心理"，最后演变成微信红包赌博行为。因此，大家在抢发红包前应当小心谨慎，以免上当受骗，落入微信抢红包陷阱中。

我国法律规定的赌博罪，是指以营利为目的，聚众赌博、开设赌场或者以赌博为业的行为。即以营利为目的，并不要求行为人一定要实际上营利赚钱，只要是主观上有获取钱财的目的，并且实施了聚众赌博、开设赌场或者以赌博为业的行为，即使事实上没有赢得钱财甚至输钱赔本，也不影响构成赌博罪。因此，在朋友熟人之间具有娱乐性质的抢发红包，不涉及营利，不构成赌博罪；如果有涉及营利行为，就可能构成赌博罪。我国相关法律规定，对于赌博案，"以营利为目的，聚众赌博，涉嫌下列情形之一的，应予立案追诉：（一）组织 3 人以上赌博，抽头渔利数额累计 5000 元以上的；（二）组织 3 人以上赌博，赌资数额累计达到 5 万元以上的；（三）组织 3 人以上赌博，参赌人数累计 20 人以上的；（四）组织中华人民共和国公民 10 人以上赴境外赌博，从中收取回扣、介绍费的；（五）其他聚众赌博应予追究刑事责任的情形"。以营利为目的，以赌博为业的，应予立案追诉。因此，在微信群抢发红包过程中，只要出现以上任何一种情形，均可认定为聚众赌博，并构成赌博罪。近期，浙江、上海等法院对以营利为目的，开设赌场组织多人采用向微信群内发放并抢红包的方式进行赌博并从中抽头渔利的行为，均以开设赌场罪追究了组织者的刑事责任。

法官提醒，首先，微信抢发红包应当在熟人之间、半熟人之间，不要参与到素不相识的陌生人建立的微信群中抢发红包。其次，要尽量控制发红包的数额和次数，建议每次发红包数额不要超过 100 元，在同一个微信群中发红包不要超过 5 次。最后，要将抢发红包作为一种娱乐和消遣，不要带有任何营利思想，不要参与微信群制订的红包接龙游戏中，谨防落入赌博陷阱。

本文写于 2016 年 7 月，曾发表于《中国妇女报》。

未成年人不被纳入失信被执行人
名单彰显法治精神

对于未成人的保护，长期以来备受社会各界的关注和重视，特别是在依法治国的今天，司法机关办案更应当依法保护未成年人的合法权益。然而《中华人民共和国未成年人保护法》（以下简称《未成年人保护法》）虽然在第五十条对在司法活动中保护未成年人的合法权益进行了原则的规定，但对于是否应当将未成年人纳入失信被执行人名单却没有明确的法律规定。有鉴于此，《关于修改〈最高人民法院关于公布失信被执行人名单信息的若干规定〉的决定》明确，被执行人为未成年人的，人民法院不得将其纳入失信被执行人名单。

近年来，人民法院为了惩戒失信人而发布"失信被执行人"和"老赖"名单，这对惩治失信被执行人起到了很好的震慑作用，为维护司法权威提供了重要的举措，对于国家建立社会诚信体系也起到了积极的推动作用。发布该规定之前关于能否将未成年人纳入失信被执行人没有明确规定，诚然，对于失信被执行人理所当然应当适用全部诉讼主体，未成年人也应当纳入其中。由于未成年人是特殊群体，国家应当对未成年人实行特殊的保护政策和法律，对于未成年人不被纳入失信被执行人名单的规定，表面上看似乎有悖于法律面前人人平等原则，实质上是对未成年人更深入的保护和关爱。

《中华人民共和国民法典》第十一条和《未成年人保护法》第二条将法定成年年龄规定为18周岁，与联合国《儿童权利公约》中"儿童"概念的年龄上限一致。由于未成年人的生理和心理发育不完全，各方面都很不成熟，特别是履行法律行为能力都是有所欠缺的，尤其是对是非曲直的辨别能力处在培养阶段，如果人民法院不考虑其群体的特殊性，对失信被执行人一律都列为黑名单，体现的不是法律的平等和尊严，而是对未成年人的不公和冷漠。未成年人的失信行为虽然触犯了国家法律，造成其失信行为既有其不懂法律等主观原因，也有心智不成熟等客观原因。但未成年人因其年龄和行为等多方面的特殊性，我国《未成年人保护法》均从家庭、学校、社会和司法方面进行了特殊保护。因此，对失信的未成年人，考虑其人格是可以塑造的，也应当实行教育、感化、挽救的方针，坚持教育为主、惩罚为辅的原则。最高人民法院在对被执行人进行失信惩戒，推动社会诚信体系建设过程中，适时通过司法解释厘清未成年人作为被执行人的特殊主体，明确未成年人不被列入失信被执行人符合法治精神，彰显法治进步！

本文写于2017年3月，曾发表于《新浪司法》网站。

对取消农业户口统一赔偿标准的思考

《最高人民法院关于审理人身损害赔偿案件适用法律若干问题的解释》第十二条规定："残疾赔偿金根据受害人丧失劳动能力程度或者伤残等级，按照受诉法院所在地上一年度城镇居民人均可支配收入标准，自定残之日起按二十年计算。但六十周岁以上的，年龄每增加一岁减少一年；七十五周岁以上的，按五年计算。"该解释第十五条明确规定："死亡赔偿金按照受诉法院所在地上一年度城镇居民人均可支配收入标准，按二十年计算。但六十周岁以上的，年龄每增加一岁减少一年；七十五周岁以上的，按五年计算。"从上述规定可以看出，死亡赔偿金和伤残赔偿金的赔偿标准严格按照户口性质，而根据官方公布的城镇居民和农村居民人均收入数额却相差悬殊，因此，在民事赔偿案件中出现了"同命不同价"的现象。随着《国务院关于进一步推进户籍制度改革的意见》正式出台，截至2016年10月，包括湖北在内已经有三十个省份出台了户籍制度改革方案，建立城乡统一的户口登记制度，取消农业户口与非农业户口的性质区分，统一登记为居民户口。随着户籍制度改革方案在湖北等三十个省份全面推开，在民事赔偿案件中，"同命不同价"的现象将成为历史。

人人生而平等，作为人权的生命权对于任何人来说都是平等的，因此，人的生命不应当适用"同命不同价"。同样，人的生命不能用金钱来衡量，无论是"同价"还是"不同价"都是对生命的亵渎。

户籍制度改革方案出台后，农业户口人员将在教育、医疗、就业、保险、住房等方面享受应有的福利。在民事赔偿案件中，因户籍性质导致赔偿数额不同的现象将有所改观，在户籍制度改革以前审理的民事案件，应当按照当时的法律执行；在户籍制度改革以后审理的民事案件，不再区分农业户口与非农业户口人员，应当统一赔偿标准，以城镇人口平均收入的数据作为计算伤残赔偿金、死亡赔偿金的标准。在司法实务中，引用最多的条文均集中于《最高人民法院关于审理人身损害赔偿案件适用法律若干问题的解释》，随着户籍制度的改革不断推进，司法解释中相关条款也应当进行调整和修改。为了统一法律适用，统一赔偿标准，建议最高人民法院及时对司法解释中相应条款予以修改。

本文写于 2016 年 10 月，曾发表于孝感市中级人民法院官方网站。

基层人民法院"案多人少"破解之策

——孝南区法院推进案件繁简分流工作探索与思考

推进案件繁简分流是司法改革亟待推进的任务，更是满足人民群众日益增长司法需求的现实需要。以笔者所在的基层法院为例，近年来，该院受理案件数量大幅上升，案多人少矛盾突出。法院收案、结案逐年递增，屡创新高，年均受理案件数由 2012 年的 2558 件上升至 2016 年的 6920 件，增幅达 171%；法官年人均结案数由 2012 年的 49 件上升至 2016 年的 169 件，增幅达 245%，案多人少成为当前法院面临的突出矛盾。

为进一步提高审判工作效率，缓解案多人少的压力，孝南区人民法院积极探索案件繁简分流工作新举措，推进流转分案类型化、速裁工作高效化、集中审理常态化、诉前调解便利化、送达保全集约化、诉讼服务网络化。

一、推进案件繁简分流的意义

1. 缓解案多人少矛盾的需要

司法对正义和效率的权衡是通过优化配置司法资源来实现的。如何有效地配置司法资源是目前司法体制改革中面临的一个重大问题。在当前诉讼数量呈现出爆炸性增长，法院在案多人少极大压力的背景下，优化配置司法资源就显得尤为重要，优化配置司法资源的途径之一就是推进案件繁简分流。立案登记制实施以来，随着法官员额制的逐步推进，单靠增加法官人数来化解案多人少矛盾已几乎没有可能。现阶段，收案量与办案人数不成比例，部分地方法院的开庭已排期至年底。面对巨量案件，在法官数量有限的条件下，要求在每个案件上平均用力，件件出精品，不符合客观规律。对不同案件适用法律规定的不同程序，根据案件简单复杂程度，采取繁简分流，可有效缓解案多人少的问题。

2. 满足群众的司法需求需要

我国经济社会结构正在转型升级，各种利益诉求日趋多样化、复杂化，人民群众民主法治意识也在不断增强，各类矛盾和问题以案件形式涌入法院。案多人少矛盾突出，司法供给相对不足，难以满足人民群众多元化的司法需求。从司法实践看，一审、二审存在相当数量事实清楚、法律关系简单的案件，完全可以通过速裁程序、小额诉讼程序、简易程序、普通程序等不同管道进行繁简分流，起到有效解决纠纷、化解矛盾的作用，从而实现"努力让人民群众在每一个司法案件中感受到公平正义"的目标。

3. 提升法院审判质效的需要

深化司法体制改革的主要目标是加快建设公正高效权威的社会主义司法制度，繁简分流作为全面推进司法体制改革的重要组成部分，直接影响司法的公正与高效。公正是法治的生命线，脱离了公正的司法，必将损害法律的尊严和权威，动摇司法的公信力。但也不能机械地理解程序正义，要在保障司法公正的前提下强调司法效率，投入尽可能少的司法资源，取得尽可能多的诉讼成果。司法改革的目标之一在于实现有效率的公正。在当前司法资源紧张的条件下，需要通过优化审判资源配置，加快司法运行节奏，满足当事人诉讼需求的同时，兼顾案件差异，实现公正与效率在更高层次上的平衡。

二、基层法院推进案件繁简分流的制度构建

1. 推进刑事速裁提速

继续推进刑事案件普通程序简化审理工作，单行制定具体实施方法，制定符合工作要求的相关机制，建立行之有效的授权、运行机制，对刑事案件普通程序简化审理工作内容、工作任务、工作时限予以明确和规定。

2. 推进民商速裁提速

发挥速裁庭机构功能，更新完善《法院速裁审理规程》，明确适用范围，明确流程细节，明确办案时限，严格按照程序要求，对小额速裁案件依法严格实行一审终审。

3. 开展行政协调提速

按照遵循"三个原则"，把握"三个基础"，找准"三个切入点"的工作要求，继续开展行政协调工作。即遵循合法性与合理性相结合的原则，在吃透案情的基础上探寻纠纷成因的切入点，制订出最佳的协调方案，及时协调解决案件；遵循公开性与公正性相结合的原则，在居中协调的基础上创造和谐沟通的切入点，切实增强工作透明度，通过公开、公平、公正，让当事人对解纷工作过程看得见、听得懂、信得过；遵循自愿性和说理性相结合的原则，在释法析理的基础上寻求化解矛盾的切入点，将双方对法律的认识统一到正确的轨道上来，使当事人做出恰当的选择，在平等基础上促成当事人达成协调协议，实现协调目的。通过推进行政协调工作，力争行政案件撤诉率年均保持在 30% 以上。

4.更新评查机制提速

根据各审判团队法官业务技能、实践经验等特点，确定法官的专业化审理案件类型和案件繁简程度。同时，由审判管理办公室每月通报绩效，对各法官办理案件情况和繁简分流工作推进情况进行分析研判，结合法官轮岗机制，激发和保持审判团队的活力。

三、完善案件繁简分流工作配套机制

1.建设多元化调解中心

在建设信访中心和立案诉讼服务中心的基础上，建设多元化调解中心，设置诉前调解、人民调解、行政调解、律师调解、商事调解和行业调解六个调解窗口，并制定相应调解工作规程、调解流程以及服务指南等。多元化调解中心，是积极推进法院案件繁简分流、进一步缓解案多人少压力的一项创新举措，通过引流部分诉讼案件，将30%的矛盾化解在诉前，在缓解法院案多人少困境的同时满足人民群众多元化的司法需求。

多元化调解中心负责委派调解、委托调解；办理司法确认案件；推动诉讼与非诉讼纠纷解决方式在程序安排、效力确认、法律指导等方面的有机衔接。除了法官、人民陪审员担任调解员以外，邀请人民调解组织、律师、行业协会或社区组织等基层组织进驻到调解中心。

同时完善施行诉前调解工作规程、相关细则，办公室张贴诉前调解简介、工作规程及流程图。对于适宜调解的非财产型民商事案件及标的为20万元以下的财产型民商事案件，经当事人同意委派或交予特邀调解组织或者调解员进行调解。诉前调解案件在立案窗口收取材料之日起二十日内结案，不收取任何费用，可以短时间内调处纠纷化解矛盾，节约时间、经济成本，减轻当事人诉累。

2. 强化诉讼服务中心职能

深入推进诉讼服务中心标准化、规范化建设，全面整合诉讼服务功能，优化诉讼服务窗口建设。做好诉调对接、诉前调解、立案登记、繁简分流、咨询答疑。诉讼服务中心配备智能排队叫号机，保障立案工作高效有序进行；配置触摸屏电脑，供当事人查询案件流程；实现网上登记立案，设立网上立案导程图，详细介绍网上立案操作流程，当事人可选择在电脑上操作，网上立案，也可用手机扫描二维码，跳转至网上立案页面进行立案。服务中心设置 Wi-Fi，方便当事人使用互联网，墙上张贴有法院咨询电话、官方微信、微博二维码，让当事人能够了解法院动态。配备饮水机、电话、笔墨纸张、书写台、充电接口等便民设施，发放诉讼指南，方便群众诉讼。立案窗口工作坚持便民、利民原则，推行和落实各项司法为民举措，做到一次性告知、一站式服务、一条龙导诉。

3. 成立繁简分流工作辅助机构

设立案件送达和财产保全组。指定专人负责送达文书和查控保全工作，保证审判法官能够把全部精力放在审理工作中。

看守监所设立刑事速裁团队。在辖区看守所或附近设立刑事速裁审判团队，依法选择速裁程序、简易程序，快速审理简单刑事案件。

交警部门设立事故速裁团队。协调公安、检察机关，设立交通事故速裁团队，集中侦查、公诉和审理，统一裁判标准，快速处理危险驾驶案件和轻微交通肇事案件。

辖区乡镇设立巡回审理点。在辖区各乡镇人民法庭、司法所设立巡回审理点，定期开展案件巡回审理，方便当事人诉讼，提高审判效率。

四、案件繁简分流工作方式的创新

推进实施案件繁简分流工作，应当根据不同情况，分流各类案件，实行复杂案件精细审理，简易案件快速裁判，着重在体现诉讼便捷性上想办法，以此应对案件数量激增、审理难度加大与司法资源不足的突出矛盾。

1. 充分运用多元化纠纷解决机制

主动联系综治组织、行政机关、人民调解委员会组织等治理主体，切实发挥好人民调解委会员调解、诉前调解、行政调解、第三方调解的功能，积极参与矛盾纠纷预防化解，确保案件诉讼外分流达到 20% 以上。

2. 创新刑事速裁工作机制

总结刑事速裁程序试点经验，加强侦查、起诉、审判程序的衔接配合。推广在看守所、执法办案单位等场所内建立速裁办公区，推动案件信息共享及案卷无纸化流转，促进案件办理的简化提速。探索认罪认罚案件庭审方式改革。对于被告人认罪认罚的案件，探索简化庭审程序，但是应当听取被告人的最后陈述。适用刑事速裁程序审理的，可不再进行法庭调查、法庭辩论；适用刑事简易程序审理的，不受法庭调查、法庭辩论等庭审程序限制。

3. 合理创新庭审方式

运用科技化庭审，采用远程视频方式开庭，证人、鉴定人、被害人使用视听传输技术或者同步视频做证室等做证。

开发智能化庭审。利用智能语音识别技术，实现庭审语音同步转化为文字并生成法庭笔录。

推行集中化审理。对于相同当事人的民事案件，实行集中立案、移送、排期、开庭、宣判；适用速裁或简易程序审理的轻微刑事案件，由同一审判组织在同一时段内对多个案件连续审理。

探索要素式审判。对于适用小额诉讼审理的民事案件，直接围绕诉讼请求进行庭审，不受法庭调查、法庭辩论等庭审程序限制。对于审理离婚纠纷、劳动争议、机动车交通事故责任纠纷等案件或审理要点相对集中的民事案件，根据相关要素表，结合诉讼请求确定庭审顺序，围绕有争议要素进行审理。

4. 推行"三分式"工作模式

"三分式"工作模式，即"多元调解、简案快审、繁案精审"，着重体现诉讼公正与效率，应对案件数量激增、审理难度加大与司法资源不足的突出矛盾。

（1）多元调解

成立多元化调解中心，设置六个调解工作室，联系综治组织、行政机关、人民调解组织等进驻，切实发挥好第三方调解的功能，积极参与矛盾纠纷预防化解，确保案件诉讼外分流达到20%以上。

（2）简案快审

细化督促程序适用范围。债权人请求债务人给付金钱、有价证券的，积极引导债权人选择适用督促程序，逐步推广使用电子支付令。严格适用小额速裁程序。对于标的额超过规定标准的简单民事案件，可以适用小额诉讼程序审理。推广民事简易程序再简化，方式主要有：简化立案、送达程序，简化法庭调查和辩论环节、简化法律文书的制作等。

（3）繁案精审

规范复杂案件审理。对于重大、疑难、复杂案件，合理确定专门审理复杂案件的员额法官，从立案环节开始严格规范审理程序，确保裁判公正，办成精品案件。实行案件专业审判。制定分案细则，调整案件管辖范围，明确各审判团队案件审理类型，实施类案归口审理，关联案件和集团系列案件集中分配给同一审判团队或同一员额法官审理，促进纠纷诉讼分流。

五、案件繁简分流工作的简化举措

1. 简化行政案件审理程序

对于已经立案但不符合起诉条件的行政案件，经过阅卷、调查和询问当事人，认为不需要开庭审理的，可以径行裁定驳回起诉。对于事实清楚、权利义务关系明确、争议不大的案件，探索建立行政速裁工作机制。

2. 简化庭前准备程序

法官或者受法官指导的法官助理主持召开庭前会议，解决核对当事人身份、组织交换证据目录、启动非法证据排除等相关程序性事项。对于适宜调解的案件，积极通过庭前会议促成当事人和解或者达成调解协议。对于庭前会议已确认的无争议事实和证据，在庭审中作出说明后，可以简化庭审举证和质证；对于有争议的事实和证据，征求当事人意见后归纳争议焦点。文书送达实行集约化送达和保全，各审判团队可以成立送达和保全工作小组，指定专人负责送达文书和查控保全工作，保证审判法官能够把全部精力放在审理工作中。同时，在排期开庭时，将同类型案件、疑难复杂案件进行集中排期，集中开展庭前会议，集中组织交换证据，集中进行开庭审理，为庭审做好充分准备，保证庭审顺利高效开展。对于召开庭前会议的案件，争取保证案件审理周期能够缩短三十日以上。

3. 立案环节推进案件繁简分流

积极引导非诉解决方式。加强诉讼与非诉讼纠纷解决方式的有效衔接，积极引导当事人在登记立案前先行调解，由多元化调解中心特约调解员在规定的时限内组织当事人进行调解。

建立"门诊式"立案分流。运用简单案件与复杂案件的区分标准和分流规则，采取"门诊式"分流，确保简单案件由人民法庭、速裁团队及时审理，复杂案件由专业审判团队精细审理。

简化创新送达举措。采取捎口信、电话、短信、传真等简便方式传唤当事人、通知证人和送达裁判文书以外的诉讼文书。以简便方式送达裁判文书以外的诉讼文书，经当事人确认或者有其他证据证明当事人已经实际接收的，视为送达。积极引导当事人选择电子送达方式，使用人民法院提供的专用电子邮箱。积极与国家邮政部门协商，实行外包送达的方式，由国家邮政部门以法院专递方式进行送达。

4. 充分运用快速审理程序

严格依法适用小额速裁程序。根据《中华人民共和国民事诉讼法》（以下简称《民事诉讼法》）及相关司法解释规定，引导当事人双方约定适用简易程序审理民事案件。对于标的额超过规定标准的简单民事案件，或者不属于《民事诉讼法》第一百五十七条第一款规定情形但标的额在规定标准以下的民事案件，当事人双方约定适用小额诉讼程序的，可以适用小额诉讼程序审理。引导当事人将债权人请求债务人给付金钱、有价证券的案件转入督促程序，推广使用电子支付令。

民事简易程序再简化。提倡并推广注重质量、快审快结的审理方式，对适用简易程序审理民事案件的部分程序依法进行再简化，提高办案效率。方式主要有：简化立案、送达程序，将适用简易程序审理的部分程序前置到庭审前、简化法庭调查和辩论环节、简化法律文书的制作等。

5. 判后环节跟进繁简分流

推行简化版裁判文书。对于适用小额速裁案件、简易程序等类型案件，逐步实现裁判文书再简化。对当庭宣判的案件，裁判文书可以适当简化。当庭即时履行的民事案件，征得各方当事人同意，可以在法庭笔录中记录相关情况后不再出具裁判文书。

探索要素式裁判文书。简单案件可以根据案件类型适用要素式、令状式、表格式等简式裁判文书，简化说理。

提高送达效率和效果。当事人在纠纷发生之前约定送达地址的，在审理中，可以将该地址作为送达诉讼文书的确认地址。当事人起诉或者答辩时应当依照规定填写送达地址确认书。完善国家邮政机构以法院专递方式进行送达。

建立电子送达平台。与公安机关、网格管理中心、互联网企业等相关主体建立电子数据共享平台，查询、提取案件当事人基本信息（包括手机号码、微信、QQ、E-mail 等），逐步建立并完善电子送达平台。积极运用电子方式送达，当事人同意电子送达的，应当提供并确认传真号、电子信箱、微信号等电子送达地址。充分利用中国审判流程信息公开网，建立全国法院统一的电子送达平台。

6. 提高案件当庭裁判率

对于适用小额诉讼程序审理的民事案件、适用速裁程序审理的刑事案件，原则上应当当庭宣判。对于适用民事、刑事、行政简易程序审理的案件，一般应当当庭宣判。对于适用普通程序审理的民事、刑事、行政案件，逐步提高当庭宣判率。

7. 裁判文书的简化

适用要素式裁判文书。根据案件类型、庭审情况等，对裁判文书的体例结构及说理进行繁简分流。复杂案件的裁判文书应当围绕争议焦点进行有针对性的说理。新类型、具有指导意义的简单案件，加强说理；其他简单案件可以使用令状式、要素式、表格式等简式裁判文书，简化说理。

裁判文书简化。对于适用小额速裁案件、简易程序等类型案件，逐步实现裁判文书再简化。对当庭宣判的案件，裁判文书可以适当简化。对于当庭即时履行的民事案件，经征得各方当事人同意，可以在法庭笔录中记录相关情况后不再出具裁判文书。

8.完善沟通机制

积极引导当事人、律师等提交电子诉讼材料，推进智慧法院建设和诉讼档案电子化，运用电子卷宗移送方式，加快案卷在上下级法院之间的移送。

建立案件信息共享平台。协调公安机关、检察院建立刑事案件数据互通平台，实现刑事案件数据信息共享。

建立联通网格化平台。协商市、区网格化平台中心，建立网格化数据信息共享平台、网格化中心案件基本数据信息查询平台。

基层法院必须自挖潜力，从自身寻求突破，要紧紧围绕审判工作这条中心主线，整合审判力量，优化资源配置，按照"简案快速解决，繁案细致解决，难案合力解决"的要求，推进司法责任制改革落地开花，促进办案效率得到极大提升，审判效率不断提高，审理周期不断缩短，确保案件繁简分流工作在创新和发展上取得更明显的成效。

图1~图5为孝南区法院推进案件繁简分流工作的具体实施细节图。

```
┌─────────────────────────────┐    ┌───────────────────────────────────┐
│ 当事人自愿到诉讼服务中心窗口办理 │    │ 信访接待中心引导当事人到诉讼窗口办理 │
└─────────────────────────────┘    └───────────────────────────────────┘
                    │                        │
                    ▼                        ▼
          ┌─────────────────────────────────┐
          │        征求各方当事人意见         │
          └─────────────────────────────────┘
        │                    │                      │
        ▼                    ▼                      ▼
┌──────────────┐    ┌──────────────┐      ┌──────────────┐
│ 同意人民调解   │    │ 同意诉前调解   │      │ 不同意诉前调解 │
└──────────────┘    └──────────────┘      └──────────────┘
        │                    │                      │
        ▼                    │                      │
┌─────────────────────┐     │                      │
│ 移交人民调解委员会进行人民调解 │   │                      │
└─────────────────────┘     │                      │
      │          │          │                      │
      ▼          ▼          │                      │
┌──────────┐ ┌──────────┐  │                      │
│ 调解成功   │ │ 调解不成功 │  │                      │
└──────────┘ └──────────┘  │                      │
      │          │          │                      │
      │          ▼          ▼                      │
      │    ┌─────────────────────────┐             │
      │    │   调解员主持诉前调解工作   │             │
      │    └─────────────────────────┘             │
      │          │            │                    │
      │          ▼            ▼                    │
      │    ┌──────────┐ ┌──────────┐               │
      │    │ 调解成功   │ │ 调解不成功 │               │
      │    └──────────┘ └──────────┘               │
      │          │            │                    │
      │          ▼            ▼                    ▼
      │    ┌──────────┐ ┌─────────────────────────┐
      │    │ 制作调解协议 │ │   协助当事人办理立案登记手续 │
      │    └──────────┘ └─────────────────────────┘
      │          │
      │          ▼
      │    ┌─────────────────────┐
      │    │ 办理立案登记手续后，    │
      │    │ 制作调解书           │
      │    └─────────────────────┘
      │          │
      ▼          ▼
┌─────────────────────┐    ┌─────────────────────┐
│ 当事人共同向法院申请选择进行 │ →  │ 法院依法出具司法确定裁定书 │
│ 司法确认             │    │                      │
└─────────────────────┘    └─────────────────────┘
                                │          │
                                ▼          ▼
                          ┌──────────┐ ┌──────────┐
                          │ 当事人自动 │ │ 向法院申请 │
                          │ 履行      │ │ 强制执行   │
                          └──────────┘ └──────────┘
```

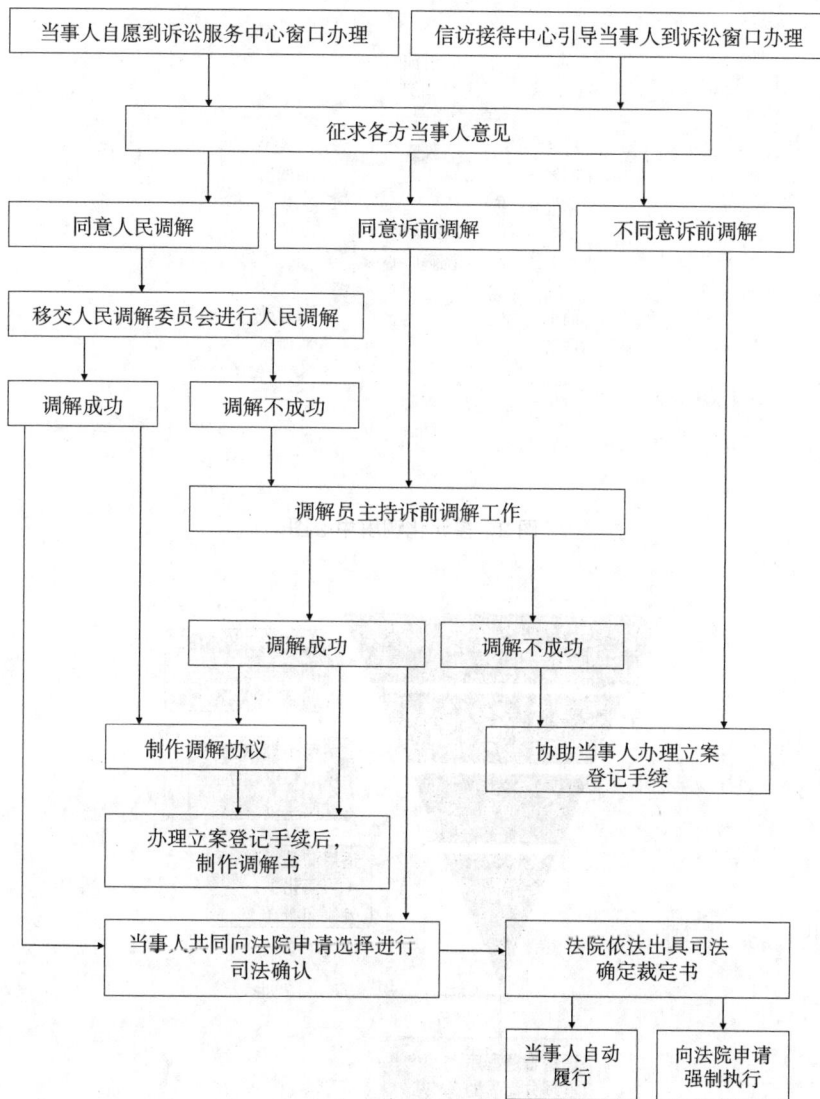

图 1 诉前调解工作流程图

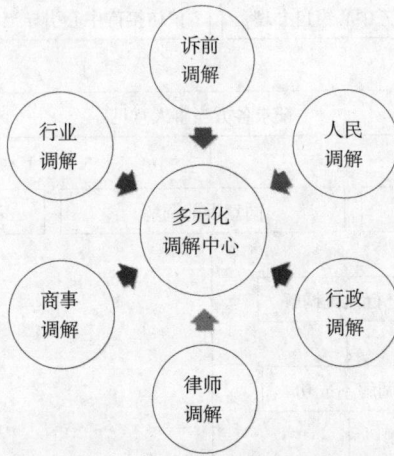

图 2　多元化调解中心图

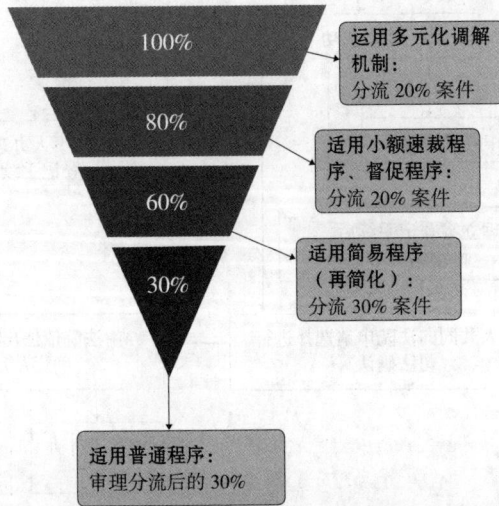

图 3　案件繁简分流工作"倒金字塔"分流图

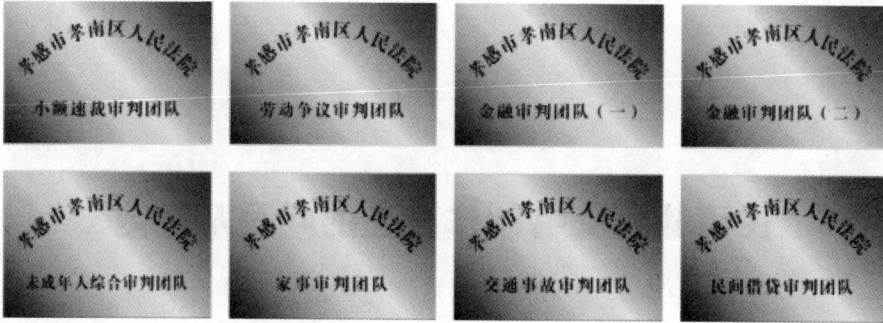

图 4　孝感市孝南区人民法院审判团队

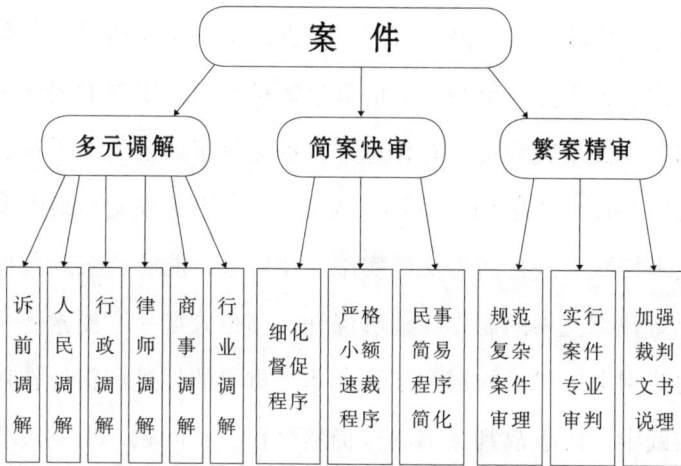

图 5　案件繁简分流"三分式"工作机制图

本文写于 2015 年 12 月，为调研文章。

民事裁判文书制作存在的问题及规范

随着社会快速发展，民事审判工作出现了很多新情况新变化，原有的文书样式已经不能满足当事人的诉讼需求和司法审判的需要，为进一步规范和统一民事裁判文书写作标准，提高民事诉讼文书质量，最高人民法院已于2016年8月1日施行了《人民法院民事裁判文书制作规范》《民事诉讼文书样式》。自两份文件实施三年以来，能够切实地指导和规范法官对民事裁判文书的制作，能够保证文书格式统一、要素齐全、结构完整，对裁判文书质量的提高起到了非常重要的促进和指导作用。但是在司法实践中，民事裁判文书制作仍然存在一些问题，现就民事裁判文书制作中出现的问题进行全面地梳理和总结，明确民事裁判文书制作规范及技巧。

一、民事裁判文书制作存在的主要问题

（一）民事裁判文书结构

表1　民事裁判文书内容构成表

民事裁判文书构成	标题	由法院名称、文书名称和案号构成，如："××××人民法院民事判决书（民事调解书、民事裁定书）＋案号"
	正文	（1）首部包括诉讼参加人及其基本情况，案件由来和审理经过等
		（2）事实包括当事人的诉讼请求、事实和理由，人民法院认定的证据及事实
		（3）理由是根据认定的案件事实和法律依据，对当事人的诉讼请求是否成立进行分析评述，阐明理由
		（4）裁判依据是作出裁判所依据的实体法和程序法条文
		（5）裁判主文是对案件实体、程序问题作出的明确、具体、完整的处理决定
		（6）尾部包括诉讼费用负担和告知事项
	落款	包括署名和日期

（二）民事裁判文书首部存在的问题

1. 当事人基本信息表述不规范

① 当事人名称。

第一，当事人名称表述错误，当事人为自然人的，与身份证载明的名称不一致或非本案当事人；当事人为组织的，与登记或印章载明的名称不一致。

第二，自然人有曾用名或其他姓名的，没有在姓名后用括号注明曾用名或其他姓名。

第三，无民事行为能力或者限制民事行为能力的当事人，没有列明法定代理人的基本情况；以及与当事人之间的关系。

② 地址及住所地。

第一，地址（住所地）没有按照统一行政区域进行规范，如：孝感市以外的，没有在前面加×××省，即"省＋市"模式（孝感市以内的，前面可以不加省，即"市＋区"模式）。

第二，住所地后面加了冒号（规范表述为住所地后面不加冒号连写地址）。

③ 反诉称谓：被告提出反诉的，没有在本诉称谓后面注明反诉称谓，如原告（反诉被告）、被告（反诉原告）。

④ 数字大小写：身份证号码、企业代码等数字使用全角（或大写）格式书写。

⑤ 基本情况的顺序：当事人基本情况的顺序混乱，没有按照规范的顺序书写。

2. 委托诉讼代理人表述不规范

① 委托诉讼代理人基本情况表述不清。

第一，仍按以前模式表述为"委托代理人"。

第二，有两个委托诉讼代理人时合并书写，没有分开书写、分别列明。

第三，将法律工作者、助理律师或其他代理人员表述为律师。

第四，委托诉讼代理人为公民的，没有详细写明代理人的基本情况，与被委托代理人的关系，以及通过什么方式取得代理权等。

② 委托诉讼代理人的代理权限表述不清。

仅书写一般代理、全权代理或特别授权代理，没有写明详细具体的代理权限。（除一般代理外，均应当明确表述代理权限。没有明确的，均应视为一般代理或全权代理。）

③ 委托诉讼代理人未提前进行审查，代理程序不合法。

公民代理，需要条件是当事人的近亲属或者工作人员，或者是当事人所在社区、单位及有关社会团体推荐的公民。基层法律工作者可以代理当事人一方住所在本辖区内的案件，对于非辖区的案件不得代理。

3. 案件案由表述不准确

① 案件定性不准确：不能对案件进行准确定性，导致裁判文书确定的案由不能准确反映当事人争议的实质内容。

② 案由名称不规范：确定的案由不是最高人民法院发布的《民事案件案由规定》的规范案由名称，是自己编造的案由。

4. 案件审理经过表述不明确

① 案件审理基本情况表述不明确。

对于案件受理时间、开庭时间、适用程序、到庭情况、公告送达等基本情况表述不明确。

② 案件审理的特殊情况未作表述。

第一，对于案件中存在缺席审理、多次审理、中止审理、审限变更情况等基本审理情况未作表述或表述不明确；第二，对案件中出现管辖异议、程序转换（小额转简易、简易转普通等）、鉴定情况、财产保全（诉前还是诉讼等）、追加当事人（依职权还是当事人申请）等特殊情况未作表述，或者表述不明。

（三）民事裁判文书事实部分存在的问题

1. 文书样式未作更新

没有按最新的文书样式书写诉辩意见、证据认定和事实查明，仍然按照旧有的文书样式书写。如"原告××诉称，……""经审理查明，……"。

2. 诉辩意见表述不清

第一，当事人增加、放弃、变更诉讼请求以及提出反诉情况未作表述；对反诉被告即原告的答辩意见未予以写明，或者归纳不准确不全面；第二，对当事人的诉辩意见随意增减或者流露法官主观意向，不结合庭审陈述、答辩意见、查明的事实，全面、客观、简洁地反映当事人的诉讼请求、争议的事实和理由；第三，归纳当事人诉辩的事实和理由过于冗长，用词用语不准确，有土语、俚语或者污辱性的语言，存在原文照抄，以及不加整理、删除和归纳的情况。

3.查明认定的事实不全

对于查明和认定的事实不能全面客观地表述，对于应当查明的事实没有查明，不需要查明的事实相反予以查明。（注：查明的事实应当有依据，并且作为裁判理由重要的依据。）

4.证据认证部分不规范

① 证据罗列杂乱。对当事人提交的证据仍按原有模式在文书主文中逐个列明，没有最后附证据目录；对当事人提交的证据逐个予以质证认证，没有统一直接认证。

② 认证缺乏依据：认证不充分、说理不透彻。对于有争议的证据，不能做到综合分析归纳，不能按照民事举证责任分配和证明标准，不能根据审查认定的证据有无证明力、证明力大小，对待证事实存在与否进行认定。没有说明事实认定的结果、认定的理由以及审查判断证据的全过程。

③ 认证程序错位。

第一，对于双方当事人无争议的证据仍进行认证，认证过程过于复杂。

第二，没有经过庭审质证的证据仍然予以认证，如法院自行调查或依职权调查的证据、鉴定结论等，这些证据应当在庭审过程中进行质证，并进行认证。（根据《民事诉讼法》规定，对于未经法庭质证的证据，不能作为认定事实的依据。）

第三，对于证据的取得方式、是否逾期提交、是否有证人、鉴定人出庭等情形未作表述，对是否采信也未作认证。

（四）民事裁判文书理由部分存在的问题

1.归纳争议焦点不规范

①归纳争议焦点不全面：不归纳争议焦点或者遗漏争议焦点。

②归纳争议焦点有错误：将不属于争议焦点的问题错误归纳为争议焦点。

③归纳争议焦点不明确：争议焦点归纳不明确具体，容易产生歧义。

④归纳争议焦点无逻辑：归纳争议焦点缺乏层次与逻辑性。

2.裁判文书说理不规范

①没有针对性：不能依据当事人的诉讼请求确定当事人争议的法律关系，不能对当事人的主张是否成立作出正面回应，不能围绕争议焦点并依据查明的事实展开，逐一进行分析和论证。

②不具全面性：不能将争议焦点、认定的法律事实和法律适用有机地结合起来说理，导致说理不充分。同时，对当事人诉讼请求能否成立或者与本案裁判结果有关的问题，没有进行全面分析论证。

③缺乏逻辑性：不能依据争议焦点进行逐层递进式地分析和论证，导致裁判说理不严谨，缺乏逻辑性。

当然，对于裁判文书说理是一个需要研究的重大课题，本文只作表面的探讨，对于如何进行裁判文书说理，找机会再交流讨论。

（五）民事裁判文书裁判依据存在的问题

1.引用法律条文不正确

①没有按照法律关系正确引用相对应的法律条文；对于应当引用的法律条文没有引用；不应当引用的法律条文予以引用。

②直接在裁判文书中引用行政规章、地方规章、地方政策性规定、人

民法院会议纪要、指导性案例等，这些只能在文书中参照适用，其体现的原则和精神可以在说理部分予以阐述。

2.引用法律条文不规范

① 引用法律条文顺序错误。不能按照如下顺序引用：法律及法律解释、行政法规、地方性法规、自治条例或者单行条例、司法解释；同时引用两部以上法律的，应当先引用基本法律，后引用其他法律；同时引用实体法和程序法的，先引用实体法，后引用程序法。

② 引用法律条文不具体。第一，对于同一法律适用问题，有多个法律条文可以适用的，不能引用与法律适用最接近或者更明确的法律条文；一般法和特别法都有规定的，不引用特别法而引用一般法。第二，对某一法律关系有具体的法律规定的，不引用具体法律规定，而引用法律基本原则。

③ 引用法律条文无层次。在多个法律、法规存在冲突的情况下，裁判文书没能予以取舍，未按照法律效力层次高低顺序引用。

（六）民事裁判文书主文存在的问题

1.裁判主文遗漏或超过当事人诉讼请求

① 裁判文书虽在说理部分对当事人诉讼请求作出了回应（或者根本没有回应），但是判决主文却将诉讼请求遗漏。

② 裁判主文超出了当事人的诉讼请求。

③ 判决主文缺项，对于不予支持的诉讼请求没有作判项，或者没有表述"驳回其他诉讼请求"。

2.裁判主文内容不明确、判项含糊

① 由于裁判主文表述模糊，或者意思表示存在歧义，致使文书在执行过程中很难得到执行。

② 判决有给付内容的，未写明标的物的种类或名称、数量、型号、给付时间等具体事项。

③ 判决承担责任的，未明确写明责任承担方式。如侵权责任承担，是共同承担责任、连带承担责任还是补充承担责任等表述不规范、不清楚。

3. 判决主文名称和数字表述不一致

① 裁判文书主文用阿拉伯小写数字，而其他地方却用中文表述数字。

② 判决主文中当事人的名称错误，或者仍用简写，导致判决权利义务指向的对象不明，判决难以得到执行。

4. 判决主文判项明显错误

① 裁判主文与说理部分不一致，明显存在错误裁判。如说理部分支持的诉讼请求，裁判主文相反被驳回。

② 对于实体判决表述为"驳回起诉"；对于程序裁判表述为"驳回诉讼请求"。

③ 判决主文明显存在计算错误、核对错误等，严重影响了裁判的结果。

注：裁判文书中其他的地方存在瑕疵是可以通过补正裁定弥补的，而判决主文错误则不行，只能通过上诉、再审等程序解决。

（七）民事裁判文书尾部存在的问题

1. 诉讼费用承担表述不规范

① 没有按照《诉讼费用交纳办法》确定的标准和负担方式确定当事人应当承担的诉讼费用。

② 遗漏管辖权异议、诉讼保全、鉴定、公告等其他诉讼费用以及当事人的承担方式。

③ 有多名被告时，没有明确具体当事人承担诉讼费用情况。

2. 尾部表述存在遗漏

① 对于给付判决的案件，在判决主文与诉讼费负担之间漏写："如果未按本判决指定的期间履行金钱给付义务，应当按照《中华人民共和国民事诉讼法》第二百五十三条的规定，加倍支付迟延履行期间的债务利息。"

② 对于不能全部支持原告诉讼请求的判决，没有表述"驳回原告其他诉讼请求"。

3. 告知事项错误或者遗漏

① 将判决书的上诉期表述为十日；将裁判书的上诉期表述为十五日。

② 将上诉法院、诉讼费（分项与合计费用不一致）计算和承担书写错误等。

4. 审判组织表述不规范

① 合议庭组成人员与实际审判组织人员不一致。有的适用简易程序的案件，尾部却表述为合议庭；适用普通程序的案件，尾部却表述为独任审判。

② 合议庭人员发生了变更，尾部仍是原合议庭成员。

③ 将未入额法官（退休法官）、超过任命期限的人民陪审员列为合议庭成员。

④ 法官助理列明的位置错误。有的写在时间之上，有的写在书记员之下。

5. 落款表述不规范

① 裁判文书落款时间较为随意。有的是完成文书的时间，有的是合议庭合议案件时间。裁判文书落款日期为作出裁判的日期，即裁判文书的签发日期。当庭宣判的，应当写宣判的日期。

② 裁判文书落款年份早于案号时间（如案号为 2019，落款时间为 2018 年）。

③ 印戳不规范。院印加盖不居中，出现歪斜、模糊等情况。

④ 没有在与时间平行左边位置加盖 "本件与原本核对无异" 字样的印戳。

6. 其他不规范的情形

① 裁判文书没有加装封面，一般应当加装封面。

② 裁判文书中出现误写、误算，诉讼费用漏写、误算和其他笔误的，使用校对章直接进行修改（现在使用较少，但出现直接涂改的情况）。

③ 文书粘贴出现的常识性错误。如案号错误，当事人非本案当事人，原、被告名称错位等。

二、民事裁判文书制作规范及技巧

为规范民事裁判文书的制作，确保文书撰写做到格式统一、要素齐全、结构完整、繁简得当、逻辑严密、用语准确，提高文书质量，结合民事裁判文书出现的问题，现提出如下规范意见与建议。

（一）民事裁判文书标题制作规范

1. 法院名称

① 法院名称一般应与院印的文字一致。

② 基层人民法院、中级人民法院名称前应冠以省、自治区、直辖市的名称，但军事法院、海事法院、铁路运输法院、知识产权法院等专门人民法院除外。

③ 涉外裁判文书，法院名称前一般应冠以"中华人民共和国"。

2. 案号

① 规范表述：收案年度＋法院代字＋类型代字＋案件编号＋"号"。括号和数字一般应当使用半角格式（即英文模式）书写，如：（2019）鄂

0902 民初 ×××号。

②有多份文书的，在案号后面加之一、之二……如此类推。

（二）民事裁判文书首部制作规范

1. 当事人基本情况

当事人基本情况虽然在文书中不是最重要的章节，但由于位置居于首部，当事人的基本情况直接反映当事人的信息正确与否，实践中出现的问题也最多。

（1）自然人

自然人姓名、性别、出生年月、民族：以居民身份证、户籍证明记载的信息为准。

（自然人工作单位、职业：当事人职业或者工作单位和职务不明确的，可以不表述；自然人职务以现任职务为准。）

注：自然人工作单位、职业、职务可以不在文书中表述。

自然人住所：当事人住所以其户籍所在地为准；离开户籍所在地有经常居住地的，以经常居住地为住所。连续两个当事人的住所相同的，应当分别表述，不用"住所同上"的表述。

自然人公民身份号码：表述为"公民身份号码：×××（数字用半角或小写数字）"。

（2）诉讼代理人

有法定代理人或指定代理人的，应当在当事人之后另起一行写明。诉讼代理人：姓名、性别、职业或工作单位和职务、住所，并在姓名后用括号注明其与当事人的关系。

（3）法人组织

名称：以其注册登记文件记载的内容为准。

住所：法人或者其他组织的住所是指法人或者其他组织的主要办事机构所在地；主要办事机构所在地不明确的，法人或者其他组织的注册地或者登记地为住所。

（4）个体工商户

名称：写明经营者的姓名、性别、出生年月日、住所；起字号的，以营业执照上登记的字号为当事人（经营者不是当事人），注明业主身份情况。

住所：以公民身份证或营业执照上登记为准。

（5）个人合伙

名称：未起字号的，全体合伙人为当事人；起字号的，注明字号与合伙人之间关系，在姓名之后用括号注明"系……（字号）合伙人"。

住所：以公民身份证或营业执照上登记为准。

（6）其他组织

名称：以注册登记文件记载内容为准。

住所：包括个体工商户、个人合伙、法人或者其他组织的住所是指法人或者其他组织的主要办事机构所在地；主要办事机构所在地不明确的，法人或者其他组织的注册地或登记地为住所。

2.委托诉讼代理人基本情况

（1）列明委托诉讼代理人基本情况

第一，当事人有委托诉讼代理人的，应当在当事人之后另起一行写明为"委托诉讼代理人"，并写明委托诉讼代理人的姓名和其他基本情况。有两个委托诉讼代理人的，应当分行分别写明。

第二，委托诉讼代理人是当事人近亲属的，应当在姓名后用括号注明其与当事人的关系，写明住所。代理人是当事人所在社区、单位以及有关社会团体推荐的公民的，写明姓名、性别、住所，并在住所之后注明具体由何社区、单位、社会团体推荐。

第三，当事人委托近亲属或者本单位工作人员担任委托诉讼代理人的，应当列在第一位，委托外单位的人员或者律师等担任委托诉讼代理人的列在第二位。

第四，当事人委托本单位人员作为委托诉讼代理人的，写明姓名、性别及其工作人员身份。其身份信息可表述为"该单位工作人员"。

第五，律师、基层法律服务工作者担任委托诉讼代理人的，写明律师、基层法律服务工作者的姓名，所在律师事务所的名称、法律服务所的名称及执业身份。其身份信息表述为"××律师事务所律师""××法律服务所法律工作者"。属于提供法律援助的，应当写明法律援助情况。

（2）公民、基层法律工作者代理的情形

第一，对于公民代理，前提条件是当事人的近亲属或者工作人员，或者是当事人所在社区、单位及有关社会团体推荐的公民。第二，对于基层法律工作者，则只能代理当事人一方住所在本辖区内的案件，对于非辖区的案件不得代理。2018 年 4 月 23 日，湖北省司法厅、湖北省高级人民法院下发《关于调整基层法律服务工作者代理参加民事诉讼和行政诉讼活动辖区范围的通知》（鄂司发〔2018〕40 号），调整基层法律服务工作者代理民事诉讼、行政诉讼活动的行政区划辖区范围，其范围确定为：（一）至少有一方当事人的住所（包括户籍所在地、实际居住地）位于其执业的基层法律服务所所在的设区市的市级行政区划辖区内；（二）案件由其执业的基层法律服务所所在的设区市的市级行政区划辖区内的人民法院审理；该案进入二审、审判监督程序的，可以继续接受原当事人的委托，担任诉讼代理人。建议在开庭前对公民代理、基层法律工作代理资格严格进行审查，避免出现代理程序瑕疵。

（3）委托诉讼代理人变更的情形

对于在诉讼过程中，有委托诉讼代理人变更的，裁判文书首部只列写变更后的委托诉讼代理人的情况。变更的事实可根据需要写明。

3.案件由来和审理经过

① 准确确定案件性质。

第一，要明确案件法律关系，对案件性质定性要准确。第二，使用的案由应当采用最高人民法院发布的《民事案件案由规定》规范案由名称，不能随意编造案由。第三，应当遵循相关案由使用规则。简单说就是严格按照法律关系、依据当事人请求权基础依法确定案件的案由。

② 列明案件审理基本情况：对于案件受理时间、开庭时间、适用程序、到庭情况等基本情况要全部写明。

③ 列明案件审理特殊情况：第一，对于案件中存在有公告送达、缺席审理、多次审理、中止审理、审限变更情况等，要根据案件审理情况分别写明；第二，对于案件中出现管辖异议、转换程序、鉴定情况、财产保全（诉前还是诉讼）、追加当事人（依职权还是依申请）等特殊情况也应当明确具体内容进行表述。

4.其他注意事项

① 被告提出反诉的，应当在本诉称谓后面注明反诉称谓，如原告（反诉被告）、被告（反诉原告）。

② 当事人有曾用名，且该曾用名与本案有关联的，应当在当事人现用名之后用括号注明曾用名。

③ 诉讼过程中当事人姓名或名称变更的应当列明变更后的姓名或名称，变更前的姓名或名称无须在此处列明。对于姓名或者名称变更的事实，应当在查明事实部分写明。

④ 诉讼过程中，当事人权利、义务继受人参加诉讼的，诉讼地位从其承继的诉讼地位，继受人为当事人，被继受人在当事人部分不写，在案件由来部分中写明继受事实。

⑤ 在代表人诉讼中，被代表或者登记权利的当事人人数众多的，可以采取名单附后的方式表述："原告×××等×人（名单附后）"。当事人自行参加诉讼的，要写明其诉讼地位及基本信息。

⑥ 严格按照规范的顺序写明当事人的基本情况。

第一，当事人为公民的：按照姓名、性别、出生年月日、民族、籍贯、住址、公民身份号码等顺序书写。

第二，当事人为组织的：按照组织名称、机构代码、法定代表人（主要负责人）等依次书写，建议顺序不能颠倒。

⑦ 身份证号码、企业代码等数字一定要换成半角格式（小写数字）书写。

⑧ 住所地后面不加冒号，住所地后面直接连写地址。

⑨ 住址（住所地）没有统一行政区域、孝感市以外的，前面应当加湖北省，即"省+市"模式；孝感市以内的，前面可以不加省，即"市+区"模式。

民事裁判文书首部标准格式：

"原告×××与被告×××（以下简称××）……（写明案由）一案"，发回重审案件："本院于××××年××月××日作出……（写明案号）民事判决。×××不服该判决，向××××法院提起上诉。××××法院于××××年××月××日作出……（写明案号）裁定，发回重审，本院依法另行组成合议庭……""本院于××××年××月××日立案后，于××××年××月××日公开/因涉及……不公开（写明不公开开庭的理由）开庭审理了本案，经审理发现有不宜适用简易程序（小额诉讼程序）的情形，裁定转为普通程序，于××××年××月××日再次公开／不公开开庭审理了本案"。"原告×××及其诉讼代理人×××，被告×××及其诉讼代理人×××等到庭参加诉讼。"其他程序性事项如中止诉讼："因……（写明中止诉讼事由），于××××年××月××日裁定中止诉讼，××××年××月××日恢复诉讼。"当事人未到庭应诉或者中途退庭的，写明经传票传唤，无正当理由拒不到庭或者未经法庭许可中途退庭的情况。本案现已审理终结。

"根据当事人陈述和经审查确认的证据，本院认定事实如下：……"。

（三）民事裁判文书事实部分制作规范

1. 诉辩意见

（1）格式齐全规范

第一，诉辩意见应当先写明诉讼请求，再写事实和理由。

第二，当事人在法庭辩论终结前增加、放弃、变更诉讼请求，应当在诉称部分中写明。对反诉被告（即原告）的答辩意见应当另起一段分别写明，归纳应当准确、全面。

（2）内容简洁客观

第一，不需原文照抄当事人的起诉状或答辩状、代理词内容或起诉、答辩时提供的证据，应当全案考虑当事人在法庭上的诉辩意见和提供的证据综合表述。避免当事人诉辩的事实和理由过于冗长，用词用语不准确，有土语、俚语或者污辱性语言等情况发生。

第二，对当事人的诉辩意见不应当随意增减或者流露法官主观意向，要充分结合庭审陈述、答辩意见、查明的事实客观简洁地反映当事人的诉讼请求、争议的事实和理由。

2. 承认事实：严格按照规范的格式表述

① 被告承认原告主张的全部事实的，简洁写明"×××承认×××主张的事实"。

② 被告承认原告主张的部分事实的，简洁写明"×××承认×××主张的……（具体内容）事实"。

③ 被告承认全部诉讼请求的，简洁写明："×××承认×××的全部诉讼请求"。

④ 被告承认部分诉讼请求的，简洁写明："被告承认原告的部分诉讼请求的具体内容。"

3. 举证质证认证

（1）举证附证据目录

对当事人所提交的证据原则上不一一列明，可以附录全案证据或者证据目录。可表述为："对当事人无异议的证据，本院予以确认并在卷佐证。"原则上，只对有异议的证据进行认证，对无异议的证据不进行认证。

（2）认证具体全面

第一，对证据和事实的认定情况一般直接予以写明。可以不再详细写明对双方提交的证据是否支持意见和观点。第二，对于证据的取得方式，是否逾期提交，是否有证人、鉴定人出庭等情形应当明确作出表述，并作出认定。第三，对于人民法院调取的证据、鉴定意见，经庭审质证后，按照当事人是否有争议分别写明；同时，应当详细说明认定与否的理由。第四，对于未经法庭质证的证据，不得认证，不得作为认定事实的依据。

4.认定事实

① 书写方式：一般分开写。争议证据认定和事实认定，可以合并写，也可以分开写。但是一般情况下应当分开写，即在证据的审查认定之后，另起一段概括写明法院认定的基本事实，即"根据当事人陈述和经审查确认的证据，本院认定事实如下：……"

② 书写顺序：一般按照时间先后。认定事实一般按照时间先后顺序叙述，或者对法律关系或请求权认定相关的事实着重叙述，对其他事实则可归纳、概括叙述。同时，应当根据案件的具体情况，层次清楚、重点突出、繁简得当，避免遗漏与当事人争议有关的事实。

综合叙述事实时，可以划分段落层次，亦可根据情况以"另查明"为引语叙述其他相关事实。尽量避免使用"又查明""再查明"等。

③ 认定事实规则：证据的"三性"。认定证据应当重点围绕当事人有争议的证据，做到综合分析归纳，并按照民事举证责任分配和证明标准，根据审查认定的证据有无证明力、证明力大小，对待证事实存在与否进行认定，即证据的"三性"进行认定。要说明事实认定的结果、认定的理由以及审查判断证据的过程。

民事裁判文书事实部分标准格式：

原告 ×××向本院提出诉讼请求：1.××××；2.××××（首先写明原告的诉讼请求）。事实与理由：××××（概述原告主张的事实和理由）。

被告 ×××辩称，××××（概述被告答辩意见）。

第三人 ×××述称，××××（概述第三人陈述意见）。

本案当事人围绕诉讼请求依法提交了证据，本院组织当事人进行了证据交换和质证。（对当事人无争议的证据，写明"对当事人无异议的证据，本院予以确认并在卷佐证"。对有争议的证据，应当写明争议的证据名称及人民法院对争议证据认定的意见和理由；对有争议的事实，应当写明事实认定意见和理由。)

（四）民事裁判文书理由部分制作规范

1. 归纳整理争议焦点

① 归纳争议焦点。一般都应当归纳争议焦点，除非法律关系明确、事实清楚的无争议的案件。

② 争议焦点位置。争议焦点主要是法律适用问题，争议焦点的摆放位置，可以根据争议的内容处理。争议焦点中有证据和事实内容的，可以在当事人诉辩意见之后，在当事人争议的证据和事实中写明。可以在"本院认为"部分，先写明争议焦点。一般应当在"本院认为"的首部。

③ 归纳争议焦点方法。应当围绕并依据案件法律关系进行，针对当事人的诉辩意见以及分歧之处进行全面总结。

④ 争议焦点应当具体明确，并且具有层次性、结构性与逻辑性。

2. 加强裁判文书说理

① 裁判说理要有针对性。说理的核心是针对当事人的诉讼请求，根据认定的案件事实，依照法律规定，明确当事人争议的法律关系，阐述原告请求权、被告的抗辩权是否成立，依法应当如何处理等问题。

② 裁判说理要有全面性。对当事人诉讼请求能否成立或者与本案裁判结果有关的问题，应当在裁判说理部分全面分析论证。争议焦点之外，涉及当事人诉讼请求能否成立或者与本案裁判结果有关的问题，也应在说理部分一并进行分析论证。

③ 裁判说理要有逻辑性。要做到论理透彻、逻辑严密、精练易懂、用

语准确。应当认定的法律事实和法律适用有机地结合起来说理，紧紧围绕争议焦点展开，并将争议焦点进行逐层递进式地分析和论证，层次明确、结构严谨、逻辑清晰。

3. 裁判文书说理方式

民事裁判文书论证说理模式仍应当沿用传统的"三段论"式进行。

首先，以相关的法律规定为大前提；

其次，以案件事实为小前提；

最后，根据小前提（案件事实）符合大前提（法律规定）的事实为根据，得出符合大前提（法律规定）的案件处理结果。

民事裁判文书说理时，重点和难点均集中在如何准确地判断和论证案件事实（小前提）是否符合相关的法律规定（大前提）。对于争议不大的案件，可以直接得出结论；对于争议较大的案件，应当充分论证说明案件事实（小前提）确实符合相关的法律规定（大前提），以达到民事裁判文书说理要点之基本要求。

4. 说理引用条款规范

① 理由部分需要援引法律、法规、司法解释时，应当准确、完整地写明规范性法律文件的名称、条款项序号和条文内容，不得只引用法律条款项序号，在裁判文书后附相关条文。

② 引用法律条款中的项的，一律使用汉字，不加括号，例如，"第一项"。

③ 正在审理的案件，其基本案情和法律适用方面与最高人民法院颁布的指导性案例相类似的，应当将指导性案例作为裁判理由引述，并写明指导性案例的编号和裁判要点。

④ 司法指导性文件体现的原则和精神，可在理由部分予以阐述或者援引。

民事裁判文书理由部分标准格式：

本院认为，本案系××纠纷（明确纠纷的性质、案由）。 ××××（简易案件可以直接根据案件的性质、争议的法律关系、认定的事实，依照法律、司法解释规定的法律适用规则进行分析，作出认定，阐明支持或不予支持的理由。）

根据当事人提供的证据材料，归纳如下争议焦点：1.××××；2.××××；3.××××。

一、关于××××的问题

本院认为，××××。

二、关于××××的问题

本院认为，××××。

综上所述，（对当事人的诉讼请求是否支持进行评述），依照《中华人民共和国××××》的规定，判决如下：……。

（五）民事裁判文书裁判依据制作规范

1.引用原则

① 按照法律关系正确引用相对应的法律条文；对于应当引用的法律条文必须要引用；不应当引用的法律条文坚决不予引用。

② 对于同一法律适用问题，有多个法律条文可以适用的，应当引用与法律适用最接近或者更明确的法律条文；一般法和特别法都有规定的，应当引用特别法。

③ 在多个法律、法规存在冲突情况下，裁判文书应当予以取舍，要按照法律效力层次高低顺序引用。

④ 对某一法律关系有具体的法律规定的，应当引用具体法律规定，不

得引用法律基本原则；在没有具体法律规定时，可以引用法律基本原则。

2. 引用顺序

① 引用多个法律文件的，引用顺序如下：法律及法律解释、行政法规、地方性法规、自治条例或者单行条例、司法解释；

② 同时引用两部以上法律的，应当先引用基本法律，后引用其他法律；

③ 同时引用实体法和程序法的，先引用实体法，后引用程序法。

3. 不得引用情形

① 确需引用的规范性文件之间存在冲突，根据《中华人民共和国立法法》等有关法律规定无法选择适用的，应依法提请有决定权的机关作出裁决，不得自行在裁判文书中认定相关规范性法律文件的效力。

② 裁判文书不得引用宪法和各级人民法院关于审判工作的指导性文件、会议纪要、各审判业务庭的答复意见以及人民法院与有关部门联合下发的文件作为裁判依据，但其体现的原则和精神可以在说理部分予以阐述。

③ 指导性案例不作为裁判依据引用，只能作为参照适用，不得引用，但是可以在裁判文书说理中援引。

（六）民事裁判主文制作规范

1. 名称与内容

① 裁判主文中当事人名称应当使用全称；避免出现当事人书写错误问题；裁判主文数字一般用小写数字。

② 裁判主文应当明确、具体、便于执行，避免出现存在歧义的意思表示，致使文书在执行过程中很难得到执行。判决有给付内容的，应当写明标的物的种类或名称、数量、型号、给付时间等具体事项。

2. 承担责任

① 多名当事人承担责任的，应当写明各当事人承担责任的形式、范围。

② 判决承担责任的，对于承担责任方式应当写明。如侵权责任承担，是共同承担责任、连带承担责任还是补充承担责任等都应当表述清楚。

3. 给付事项

① 有多项给付内容的，应当先写明各项目的名称、金额，再写明累计金额。如"交通费……元、误工费……元、……，合计……元"。

② 当事人互负给付义务且内容相同的，应当另起一段写明抵付情况。

③ 对于金钱给付的利息，应明确利息计算的起止点、计息本金及利率。

④ 判决承担利息，当事人提出具体请求数额的，可以根据当事人请求的数额作出相应判决；当事人没有提出具体请求数额的，可以表述为"按××利率，自××年××月××日起计算至××年××月××日止"。

4. 其他注意事项

① 裁判文书应当与说理部分保持一致，避免出现遗漏诉讼请求情况，或者裁判主文超出了当事人的诉讼请求。

② 对于不予支持的诉讼请求应当作判项，应当表述为："驳回……的其他诉讼请求"。

③ 对于实体判决表述为"驳回诉讼请求"；对于程序裁判表述为"驳回起诉"。

民事裁判主文标准格式：

综上所述，（对当事人的诉讼请求是否支持进行总结性评述），据此，经合议庭评议（或依照《中华人民共和国××××》的规定，判决如下：

一、××××；

二、××××。

（以上分项写明判决结果。）

如果未按本判决指定的期间履行给付金钱义务，应当依照《中华人民共和国民事诉讼法》第二百五十三条的规定，加倍支付迟延履行期间的债务利息。

"案件受理费……元，由……负担；申请费……元，由……负担。"

如不服本判决，可以在判决书送达之日起十五日内，向本院递交上诉状，并按对方当事人的人数或者代表人的人数提出副本，上诉于××××人民法院。

（七）民事裁判文书尾部制作规范

1.诉讼费

① 诉讼费用包括案件受理费和其他诉讼费用。对于案件诉讼费和其他诉讼费用（如遗漏管辖权异议、诉讼保全、鉴定、公告费等）都应当明确具体的数额、承担人员和承担方式。

对于承担方式，在司法实践中，存在大量的诉讼费退费工作，建议灵活适用《中华人民共和国民事诉讼法》第二百零七条的规定："判决生效后，胜诉方预交但不应负担的诉讼费用，人民法院应当退还，由败诉方向人民法院交纳，但胜诉方自愿承担或者同意败诉方直接向其支付的除外。"建议案件承办人在开庭时或判决前征求胜诉方当事人同意后，可以在裁判文书（包括调解文书等）中载明："胜诉方预交的诉讼费，在执行过程中由败诉方直接支付给胜诉方。"

② 诉讼费用不属于诉讼争议的事项，不列入裁判主文，在判决主文后另起一段写明。要特别注意不要错误计算诉讼费用，且各分项数额与总计

数额保持一致。

2. 告知事项

① 对于给付判决案件，在判决主文与诉讼费用负担内容之间应当写明："如果未按本判决指定的期间履行金钱给付义务，应当按照《中华人民共和国民事诉讼法》第二百五十三条的规定，加倍支付迟延履行期间的债务利息。"

② 判决书的上诉期为十五日；裁定书的上诉期为十日；对上诉法院应当书写正确；等等。

3. 署名

① 合议庭组成人员（或审判员）与实际审判组织人员应当保持一致。署名诉讼文书应当由参加审判案件的合议庭组成人员或者独任审判员署名。

② 合议庭人员（或审判员）发生了变更，尾部应当是变更之后的合议庭人员（或审判员）。

③ 未入额法官不得列为合议庭成员。

④ 法官助理列位正确表述应当在时间之下，书记员之上。

⑤ 人民陪审员应当是任命期限内的人员（由于人民陪审员重新选任，避免出现任命到期的人民陪审员参与案件审理）。

4. 落款日期

① 裁判文书落款日期为作出裁判的日期，即裁判文书的签发日期。各法官在签发文书时，应当同时修改尾部时间，与签发时间保持一致。

② 裁判文书落款时间应当晚于案号年份（如案号为 2019，落款时间应当为 2019 年之后）。

③ 当庭宣判的，应当写明宣判的日期。

5. 院印与核对戳

① 院印加盖在日期居中位置。院印上不压审判员，下不压书记员，下

弧在成文时间上骑年压月。印章国徽底边缘及上下弧以不覆盖文字为限。公章应不歪斜、字迹不模糊。

② 在与时间平行左边位置加盖"本件与原本核对无异"字样的印戳。

（八）民事裁判文书数字用法

汉字数字：

① 裁判主文的序号使用汉字数字，例如，"一""二"。

② 裁判尾部落款时间使用汉字数字，例如，"二〇一六年八月二十九日"。

③ 本院认为部分"分项评述"。

阿拉伯数字：

① 案号使用阿拉伯数字，例如，"（2016）京 0101 民初 1 号"。

② 文书主文其他地方（如案件由来、事实部分等）。

其他数字用法按照《出版物上数字用法的规定》（GB/T15835 — 2011）执行。

（九）民事裁判文书标点符号用法

逗号：

"被告辩称""本院认为"等词语之后用逗号。

冒号：

① "原告""被告""委托诉讼代理人"后用冒号。

② "×××向本院提出诉讼请求""本院认定如下""判决如下""裁定如下"等词语之后用冒号。

分号：

① 文书存在并列关系用分号；

② 判项"一、"之后与"二、"之前。

顿号：

裁判项序号后用顿号；分项评述"一"之后。

其他：

除本规范有明确要求外，其他标点符号用法严格按照《标点符号用法》（GB/T15834 − 2011）执行。

（十）民事裁判文书引用规范

引用规则：

① 引用法律、法规、司法解释应书写全称并加书名号。

② 引用公文应先用书名号引标题，后用圆括号引发文字号；引用外文应注明中文译文。

引用简称：

法律全称太长的，也可以用简称，简称不使用书名号。可以在第一次出现全称后使用简称，例："《中华人民共和国民事诉讼法》（以下简称民事诉讼法）"。

引用序号：

引用法律、法规和司法解释条文有序号的，书写序号应与法律、法规和司法解释正式文本中写法一致。

（十一）民事裁判文书印刷标准

纸张标准：A4 型纸，成品幅面尺寸为：210 mm × 297 mm。

版心尺寸：156 mm × 225 mm，每面排 22 行，每行排 28 个字。

印刷：采用双面印刷；单页页码居右，双页页码居左；印品要字迹清楚、均匀。

标题：

① 位于版心下空两行，居中排布。

② 标题中的法院名称和文书名称一般用二号小标宋体字。

③ 标题中的法院名称与文书名称分两行排列。

案号主文：

① 案号之后空两个汉字空格至行末端。

② 案号、主文等用三号仿宋体字。

落款：

① 落款与正文同处一面。

② 排版后所剩空白处不能容下印章时，可以适当调整行距、字距，不用"此页无正文"的方法解决。

③ 审判长、审判员每个字之间空两个汉字空格。

④ 审判长、审判员与姓名之间空三个汉字空格，姓名之后空两个汉字空格至行末端。

注：对于文书排版样式，各级法院不一致，同一法院也有不一致情况，建议由文印室按照标准格式统一排版。

院印：

加盖在日期居中位置。院印上不压审判员，下不压书记员，下弧在成文时间上骑年压月。印章国徽底边缘及上下弧以不覆盖文字为限。公章不应歪斜、模糊。

补正：

凡裁判文书中出现误写、误算，诉讼费用漏写、误算和其他笔误的，未送达的应重新制作，已送达的应以裁定补正，避免使用校对章。

注：对于判项部分是不能进行补正的，只能通过上诉、再审等程序

解决。

封面：

裁判文书应当加装封面。封面可参照以下规格制作：

国徽：

① 国徽图案高 55 mm，宽 50 mm。

② 上页边距为 65 mm，国徽下沿与标题文字上沿之间距离为 75 mm。

③ 标题文字为"××××人民法院××判决书（或裁定书等）"，位于国徽图案下方，字体为小标宋体字；标题分两行或三行排列，法院名称字体大小为 30 磅，裁判文书名称字体大小为 36 磅。

④ 封面应庄重、美观，页边距、字体大小及行距可适当进行调整。

三、提高裁判文书质量的几点思考

1. 建立裁判文书的责任追究制度

实行"谁制作，谁负责"原则，增加制作者的责任心。在责任制度的基础上，前提就是要求文书制作者要认真、细心、负责，把文书当成文章、作品来完成，甚至当成爱好来完成。另外，要通过书写大量疑难、复杂的案件，提高裁判文书制作的能力与技巧。

2. 建立裁判文书的协同配合机制

由文书制作者与审判辅助人员配合完成，相互校对。其他的人员，如审核人、文印人、文书上网人等都可参与进来，发现并提出文书存在的问题。

3. 建立裁判文书的智能辅助机制

充分利用信息化、智能化软件，特别是类案推送、文书纠错软件，文书自动生成软件等进行全方位纠错。在大数据、互联网＋时代，一定要充分利用科技给我们带来的便利，实体处理上，可以利用案件检索、文书纠错、文书自动生成等软件辅助办案，提高裁判文书质量。

附：一审民事判决书参考样式

湖北省孝感市孝南区人民法院

民 事 判 决 书

（20××）鄂 0902 民初 ×× 号

原告：××，××，×× 年 ×× 月 ×× 日出生，汉族，湖北省 ×× 人，住 ××。公民身份号码（企业代码）：××。

法定代理人 / 指定代理人：××。

委托诉讼代理人：××，××。代理权限为 ××（一般代理无须叙述代理权限，特别授权代理必须详细叙述代理权限）。

被告：××，××，×× 年 ×× 月 ×× 日出生，汉族，湖北省 ×× 人，住 ××。公民身份号码（企业代码）：××。

法定代理人 / 主要负责人：××。

委托诉讼代理人：××，××。代理权限为 ××（一般代理无须叙述代理权限，特别授权代理必须详细叙述代理权限：代为承认、放弃、变更诉讼请求、进行调解、代签法律文书）。

（以上写明当事人和其他诉讼参加人的姓名或者名称等基本信息。）

原告（以下简称 ××）×× 与被告（以下简称 ××）×× 纠纷一案，本院于 20×× 年 ×× 月 ×× 日立案后，依法适用普通程序（简易程序），于 20×× 年 ×× 月 ×× 日公开 / 因涉及 ××（写明不公开开庭的理由）不公开开庭进行了审理。原告 ×× 及其委托代理人 ××，被告 ×× 及其委托代理人 ×× 均到庭参加了诉讼。本案现已审理终结。（缺席裁判的一律表述为"经本院合法传唤，无正当理由拒不到庭"。）

原告 ×× 向本院提出诉讼请求：1.××××；2.××××（首先写明原告的诉讼请求）。事实与理由：××××（概述原告主张的事实和理由）。

被告××辩称，××××（概述被告答辩意见）。

第三人××述称，××××（概述第三人陈述意见）。

本案当事人围绕诉讼请求依法提交了证据，本院组织当事人进行了证据交换和质证。对当事人无异议的证据，本院予以确认并在卷佐证。对有争议的证据和事实，本院认定如下：1.××××；2.××××（写明法院是否采信证据，事实认定的意见和理由）。

根据当事人陈述和经审查确认的证据，本院认定事实如下：××××。

本院认为，本案系××纠纷。（对于简易案件可以直接根据案件的性质、争议的法律关系、认定的事实，依照法律、司法解释规定的法律适用规则进行分析，作出认定，阐明支持或不予支持的理由。）

根据当事人提供的证据材料，归纳如下争议焦点：1.××××；2.××××；3.××××。（对于较为复杂的案件，可以分项评述）

一、关于××××的问题

本院认为，××××。

二、关于××××的问题

本院认为，××××。

综上所述，（对当事人的诉讼请求是否支持进行评述）。依照《中华人民共和国××××》的规定，判决如下：

一、××××；

二、××××。

（以上分项写明判决结果。）

上列应付款项，于本判决生效之日起××日内付清。如果未按本判决指定的期间履行给付金钱义务，应当依照《中华人民共和国民事诉讼法》

第二百五十三条的规定，加倍支付迟延履行期间的债务利息。

"案件受理费……元，由……负担；申请费……元，由……负担。"

如不服本判决，可在判决书送达之日起十五日内，向本院递交上诉状，并按对方当事人的或代表人的人数提出副本，上诉于湖北省孝感市中级人民法院。

审　判　长　××

审　判　员　××

审　判　员　××

二〇××年××月××日

书　记　员　××

附相关法律条文：

××××

附证据目录：

××××

本文写于 2019 年 11 月，曾作为孝感市中级人民法院基层人民法庭培训班授课内容。

法治思考

论我国民事送达程序

送达是指人民法院依法定方式，将诉讼文书或法律文书送交当事人或其他诉讼参与人的一种诉讼行为。民事送达是民事诉讼的基础性制度，它贯穿于整个诉讼活动的始终，是连接程序法与实体法的媒介，是裁判发生法律效力的重要条件，也是实现民事诉讼法任务、贯彻民事诉讼法核心原则的手段和途径。近年来，随着我国社会经济生活的高速发展，人们的交往日益频繁，加之我国加入世界贸易组织后，国际经济交往的增多，民事案件大量增加，在审判实践中，"送达难"已经成为困扰各级法院的一个难题，如直接送达难于操作、邮寄送达主体不确定、留置送达程序烦琐、公告送达过于模糊等问题。因而，作为保障司法程序公正之一的送达程序在现代司法理念的框架下，显示出其改革的必要性。

一、我国现行民事诉讼送达制度存在的问题

（一）送达主体界定不清

1. 立法未对送达主体作明确规定

民事送达是一种民事诉讼行为。一般认为，民事诉讼行为主体有法院、

人民检察院、当事人和其他诉讼参与人。民事诉讼行为主体在民事诉讼中因实施的行为不同而享有不同的诉讼权利和承担不同的诉讼义务。我国《民事诉讼法》第七十八条规定："送达诉讼文书，应当直接送交受送达人。"第八十条规定："直接送达诉讼文书有困难的，可以委托其他人民法院代为送达。"最高法院《关于适用〈中华人民共和国民事诉讼法〉若干问题的意见》第八十三条规定："受送达人有诉讼代理人的，人民法院既可以向受送达人送达，也可以向其诉讼代理人送达。"通过上述的规定可以推断出送达主体为人民法院，而理论界与实务界通常也认为送达的主体为人民法院。但是现行法律及相关的司法解释并未明确规定由法院何种人员承担送达的职能。在司法实践中，经常出现法官、庭长作为送达主体外出送达，甚至出现司机、行政人员或临时人员进行送达的情况。上述送达主体不统一的情况，严重损害了司法的公正性，影响了送达的效率。

2. 邮寄送达中邮政机关的送达地位不明确

自 2005 年 1 月 1 日起施行《最高人民法院关于以法院专递方式邮寄送达民事诉讼文书的若干规定》。该规定结合民事审判经验和各地的实际情况，对我国《民事诉讼法》有关送达的规定进行了补充和完善，在一定程度上节约了法院诉讼成本，提高了诉讼效率，具有重大而深远的意义。但是该规定并未对邮政机关的送达地位作出明确的界定。该法第一条规定："人民法院直接送达诉讼文书有困难的，可以交由国家邮政机构（以下简称邮政机构）以法院专递方式邮寄送达，但有下列情形之一的除外：（一）受送达人或者其诉讼代理人、受送达人指定的代收人同意在指定的期间内到人民法院接受送达的；（二）受送达人下落不明的；（三）法律规定或者我国缔结或者参加的国际条约中约定有特别送达方式的。"根据该规定可以看出法院与邮政机构是委托关系与被委托关系。

而第二条规定："以法院专递方式邮寄送达民事诉讼文书的，其送达与人民法院送达具有同等法律效力。"其意思表明两者并不是委托关系，但在送达上却具有同等的法律效力。单从该规定的相关条款来看，并没有明确规定邮政机构是民事送达程序的主体，这很显然会在司法实践中产生纠纷和矛盾，有损送达的公正与效率。

（二）留置送达条件过于苛刻，难以实施

对于留置送达，我国《民事诉讼法》规定了很严格的条件。《民事诉讼法》第七十九条规定："受送达人或者他的同住成年家属拒绝接收诉讼文书的，送达人应当邀请有关基层组织或者所在单位的代表到场，说明情况，在送达回证上记明拒收事由和日期，由送达人、见证人签名或盖章，把诉讼文书留在受送达人的住所，即视为送达。"《民诉法意见》第八十二条进一步规定："受送达人拒绝签收诉讼文书，有关基层组织或者所在单位的代表及其他见证人不愿在送达回证上签字或者盖章的，由送达人在送达回证上记明情况，把送达文书留在受送达人的住处，即视为送达。"《最高人民法院关于适用简易程序审理民事案件的若干规定》第十一条规定："受送达的自然人以及他的同住成年家属拒绝签收诉讼文书的，送达人应当依据《中华人民共和国民事诉讼法》第七十九条的规定邀请有关基层组织或者所在单位的代表到场见证，被邀请的人不愿意到场见证的，送达人应当在送达回证上记明送达拒收事由、时间和地点以及被邀请人不愿到场见证的情形，将诉讼文书留在受送达人的住所或者从业场所，即视为送达。"根据上述法律规定，适用留置送达有以下条件：一是受送达人拒绝接收诉讼文书，最直接的表现方式为拒绝在送达回证上签字或盖章；二是必须有见证人，无人见证的情况不适用留置送达；三是见证人身份有着较为严格的规定，即有关基层组织或者所在单位的代表。对留置送达作出严格的程式规定，要求留置送达时以有关基层组织或单位代表的实施见证行为为前提，其本身的积极意义在于限制法院送达职权的滥用。

在这种见证制度下，留置送达可能存在以下障碍：第一，留置送达时常碰到受送达人住所无人；第二，因对可能涉及的基层组织办公场所不熟悉而难以通知到基层组织代表，或是受送达人所在基层组织的办公场所较远，基层组织或单位代表很难找到；第三，我国《民事诉讼法》规定的必须邀请见证人，是送达人的义务，而不是送达人的权利，有关基层组织或单位并无法定的义务到场见证。这样规定，本身随意性就很大，是否到场见证完全取决于有关基层组织或单位相关人员的自觉性和法律意识。而有关基层组织或单位代表往往害怕承担责任，不愿惹麻烦，或者怕当事人无理责难，影响邻里关系而拒绝见证，不愿意配合法院的送达工作，借故推辞，或者即使到场，也不愿意在送达回证上签字。第四，目前法律规定留置送达的场所依法应当是受送达对象的住所（或法人的住所地），也给当事人避讼留下了空间，比如当送达人发现受送达人拒绝签收诉讼文书，等到邀请到有关基层组织或单位代表时，受送达人已经离开了自己的住所，致使送达无法进行。以上种种情况，导致法院很难完成留置送达工作，留置送达遭受了严重阻碍。

（三）委托送达效率过低

《民事诉讼法》第八十条规定："直接送达诉讼文书有困难的，可以委托其他人民法院代为送达。"《民诉法意见》第八十六条也作了相同的规定。根据规定，委托其他人民法院代为送达的，委托法院应当出具委托函，并附需要送达的诉讼文书和送达回证。受送达人在送达回证上签收的日期为送达日期。委托送达是为了解决法院直接送达诉讼文书有困难时（比如路途遥远），人民法院相互之间进行协作的一种送达方式，以节约送达成本，提高送达效率。但在实际操作过程中产生了不少问题。

一是未明确界定"其他法院"。理论界一般理解为"受送达人所在地的人民法院"。受送达人均在同一地域的，委托送达的受托法院可能并不相同。有的法院委托受送达人所在地的基层人民法院，有的法院则委托受送达人所在地的中级人民法院或者高级人民法院，并且在受托法院是中级人民法院或者高级人民法院时，受托法院还可能委托其下级法院送达，几次委托下来，就不能做到及时送达，影响了诉讼效率的提高。

二是委托送达积极性不高。由于送达本身需要司法资源的投入，在目前各法院的工作压力日趋繁重、经费紧缺的情况下，受托法院往往很难从自己的工作时间或紧缺的经费中抽出时间以及费用完成受托事项。因而受托法院进行送达时明显积极性不高，特别是两地法院存在级别差异的或地方保护主义的话，此种送达将没有任何意义。

三是超期现象严重。由于《民事诉讼法》未明确对受托法院在收到委托送达请求后的多长的期限内必须完成受委托送达的事项，受托法院怠于完成委托事项的情况非常普遍。而委托送达又要计入审限，如果委托送达实际占用较长的期限，就非常容易造成案件超过审理期限，影响了正常的结案时间。

（四）转交送达设置不科学

转交送达是指人民法院将诉讼文书交受送达人所在部队或有关单位代收后转交给受送达人的送达方式。《民事诉讼法》第八十一、八十二、八十三条，最高人民法院《关于严格执行案件审理期限制度的若干规定》（以下简称《审理期限规定》）第十条第（四）项规定了适用的特例对象为在军队，被监禁、改造、劳教的当事人，以其送达回证签收的日期为准。

向军人或者被监禁的人送达，通过其部队或者监所等单位转交，其本意是出于保密和安全的考虑，但忽视了这种制度的科学性。首先，转交是权利还是义务，法律并未明确。如果是权利，那么转交机关有权放弃这种权利，拒绝转交，法院则无法有效送达诉讼文书；如果是义务，那么对于违反这种义务应承担什么样的法律责任，法律也未作相关规定。司法实践中，屡有转交机关借口安全或以保护军人利益为名拒绝转交，致使诉讼文书不能有效送达，影响了案件正常的审理进程，给审判工作增加了难度。对军人及被监禁的人，出于安全和保密的考虑，不对其直接送达也是必要的，但这种"二传手"式的送达机制，不利于送达的顺利进行，不利于提高诉讼效率。

（五）公告送达的规定较为模糊

公告送达，是指人民法院用张贴公告、登报等方法，通知受送达人在一定时期内受领诉讼文书的送达方式。它作为一种补救性送达方式，《民事诉讼法》及相关的司法解释对其规定得比较笼统。公告送达的适用条件是"受送达人下落不明，或者用规定的其他方式无法送达"的情况，自发出公告之日起，经过六十日，即视为送达。目前，公告送达方式在实践中产生的问题如下。

一是公告的适用条件规定比较模糊。对公告的适用条件即"下落不明，或者用规定的其他方式无法送达"的理解，我国《民事诉讼法》及相关的司法解释均未对此作出明确的规定。什么叫下落不明，下落不明是因为恶意逃避诉讼还是因其他原因？使用"规定的其他方式无法送达"是指使用规定的其他方式的一种还是穷尽了所有其他法定的送达方法？诸如此类问题均无法明确，导致受案法院在此标准上适用不一致。

二是选择公告载体的自由度过大。根据我国《民事诉讼法》和相关司法解释规定，公告送达既可以在法院的公告栏、受送达人原住所地张贴，也可在报纸上刊登公告。这种公告载体规定的可选择性使得部分法院为了省事一律在法院公告栏中进行公告送达，对于此种情况，当事人根本不可能看到，因此这类公告基本上等于是形同虚设。

三是公告期间过长，不利于提高诉讼效率。事实上，公告在更大程度上是程序意义而非实体意义，大多数当事人并不一定能看到公告，公告时间过长并没有实际效果而只会导致过分延长审判期限，降低了审判效率。审判期限过长导致的不利后果也是显而易见的：其一，致使有争议的民事法律关系长期处于不稳定状态，严重阻碍了原告民事权益的恢复或实现，给当事人带来长期的心理思想负担，不利于社会的和谐和稳定，也对法院的公信力造成很大的损害；其二，审判期限过长，当事人诉讼成本，如律师费、耗费的时间成本等会相应提高，给当事人带来不必要的负担。因此，如何在缩短公告周期与强化公告效果之间求得平衡，是立法亟待解决的问题。

二、我国民事诉讼送达程序的完善

（一）明确界定送达的主体

1. 明确法院相关人员的送达主体地位

由于我国法官的审判任务相当繁重，将送达任务交由法官去行使的话，显然不具有合理性也不具有实践中的可操作性。对于法院送达的主体，可以借鉴国外的立法和我国的司法实践经验，将书记员作为法院送达的主体。同时，考虑到书记员的任务也很繁重，可以将法警扩展作为法院送达的主体。即以书记员送达为主，以法警送达为辅的送达主体模式。

2. 确立邮政机关的送达主体地位

在司法实践中，邮寄送达占大多数，而此种送达最大的缺陷就是送达人的权限问题。笔者认为，可以扩展邮政机关作为送达的主体。从比较的角度看，在国外，邮寄的方法得到广泛的运用，其成功经验之一是将邮寄送达的技术同送达的司法性有机地融入诉讼程序之中，并明确规定邮政机关是送达的主体。如德国《民事诉讼法》第一百七十五条规定："交付邮局即视为送达而发生效力，即使因投寄不到而退回，仍然有效。"日本《民事诉讼法》第一百六十二条第二款规定："由邮政机关送达者，以邮差为送达人。"我国《最高人民法院关于以法院专递方式邮寄民事诉讼文书的若干规定》对邮寄送达做了重大改革，但是对邮政机关的送达地位仍没有作出明确的规定，这不利于邮寄送达的实施。笔者认为，在《民事诉讼法》修改时，应借鉴德国、日本等国家的规定，在实施邮寄送达时，应明确赋予邮政机构的送达主体资格，具体负责送达诉讼文书的邮局业务人员准用法院送达人员的规定，以增加邮寄送达的公信力。

（二）完善留置送达程序

针对现行留置送达程序的不合理之处，笔者提出如下改进意见。

① 取消要求人民法院必须邀请"有关基层组织或者所在单位的代表到场见证"的规定。司法实践中，有关基层组织或单位并无法定的见证义务，是否到场见证取决于其自觉性和法律意识，要合法有效地适用留置送达存在一定难度。我们可以考虑将留置送达简易化：受送达人无理拒绝接收的，送达人员应当向当事人讲明情况，在送达回证上记明详细的经过，将文书留置在应送达场所即可视为送达。

② 留置送达不应只限于"拒收"的情形，对于受送达人住所无人的，也可以采取留置送达方式。即留置送达应该不限于留置在住所地，只要在应该送达的地点遇见受送达人而其无理拒绝接收的，就可以采用留置送达。

③ 明确有关基层组织或者单位法定的见证义务及相应的法律责任。在规定中明确法院可要求基层组织、所在单位代收，其代收后于一定期限转

交给被送达人，若不转交或拖延不转交，由立法授权法院可对基层组织、所在单位及直接责任人采取司法强制措施，以保证法院工作的严肃性和送达的有效性。

（三）完善委托送达程序

由于我国《民事诉讼法》对委托送达仅作了原则性的规定，其送达的效率过低，严重影响了审判的进程。笔者认为，对委托送达主要从以下几个方面予以完善。

① 明确受委托法院应当在指定的期限内完成送达事项，如果由于委托法院提供受送达人的信息不全面或其他原因不能完成送达任务的，应当将原因在指定的期限内转告委托法院。

② 在同一地区内，二审法院的法律文书应当直接送达，或交由邮政机关送达，应当尽量避免由一审法院委托送达，以免引起诉讼当事人对审判公正的怀疑。

（四）完善转交送达程序

对于转交送达程序，可以参考日本民事诉讼法的做法，确立间接送达制度，由送达人直接向军人或被监禁的人所在单位的政工部门送达，政工部门签收而不必再另行转交即完成送达，然后由政工部门通知当事人。立法应当对其给予充分的认可，这些单位都属于国家机关，有严格的程序规定，没有必要以当事人的签收为准。这种设置一方面方便了法院送达，另一方面也有利于政工部门提前掌握信息，及时做好军人、被监禁人的思想工作。

（五）完善公告送达程序

前文已述，公告送达规定过于模糊，公告的载体随意性太大且公告时间较长，不利于审判的进行。完善公告送达程序应当从以下几个方面予以完善。

1. 严格公告送达的适用条件

应明确公告送达是例外，杜绝公告送达方式的滥用。特别是在离婚等类案件中，应据实提供被告下落不明的或通过其他方式无法送达的证明，并形成书面材料，记录在案。

2. 固定选择公告的媒体

对于在法院公告栏内张贴或在电子显示屏中刊登公告的方式不符合送达的本意，当事人根本不可能看到送达的内容，该条款规定得过于形式化。应当取消在法院公告栏内张贴的送达形式，而直接将公告刊登在报纸上进行送达。对于报纸的选择，也不能过于随意，不是任何报纸都可以作为公告送达的媒体，而应当集中于《人民法院报》进行公告。但是考虑到有的当事人不可能看到这种专业性较强的报纸，可以考虑以地（市）级以上公开发行的报纸为辅的公告送达媒体。

3. 缩短公告送达的时间

在信息高速发展的今天，公告时间的过长对增进送达效果也无多大用处，能否有效送达不在于时间的长短，而在于送达的方式是不是合适、是否到位，只要送达方式合理、送达到位，就能有效地送达，并可以有效地提高诉讼的效率。日本《民事诉讼法》第一百一十二条规定："公告送达，自根据本法前条规定开始告示之日起两周即产生效力。"因此，建议我国立法也应相应减少公告时间，考虑到法律的连续性和稳定性，并借鉴其他国家和地区的做法，将我国公告送达的公告期缩短为两周为宜。

（六）拓展新型的现代化送达方式

随着生产力的飞速发展和科技的巨大进步，我国原有的送达方式已不能适应目前经济社会发展的现状，不能满足提高司法效率的要求。目前，由于科技进步和人们生活水平的提高，电话、传真、计算机网络已日益普及，采用现代化送达方式已具备一定的条件。在我国，司法实践已在部分领域进行了有益尝试，2002 年，最高人民法院《关于适用〈中华人民共和国海事诉讼特别程序法〉若干问题的解释》第五十五条指出："其他适当方式包括传真、电子邮件（包括受送达人的专门网址）等送达方式。通过以上方式送达的，应确认受送达人确已收悉。"2003 年，最高人民法院《关于适用简易程序审理民事案件的若干规定》第六条规定："原告起诉后，人民法院可以采取捎口信、电话、传真、电子邮件等简便方式随时传唤双方当事人、证人。"因此，《民事诉讼法》立法应当适应新形势的需要，赋予各种新型的送达方式以合法地位。

1. 电话送达

在我国，电话基本得到普及，原、被告既然发生纠纷，那么在纠纷之前一般都会互相留下电话号码，这就为电话送达提供了可能性。电话送达的成本低、效率高，但其缺点是无法留下书面的送达证明。实践中有两个解决办法：一是电话录音，可以完整记录通话内容，和其他诉讼材料一起归档；二是电话记录，用书面形式固定下来，内容包括通知人、受话人、拨出电话和受话电话的号码、通话时间、内容等，由两个以上的证明人签字。以后如果安装了可视电话，将其录像作为证明。另外当事人在接受电话送达以后，其行为反映如提交书面文件等，均可作为已送达的证明。

2. 电报送达

电报送达的缺点也是没有送达回证，对此，可以利用电信部门的留底服务解决，即拟制电报时，一式两份，其中一份由电信部门盖章确认，连同收费收据一起归档。

3. 传真送达

对于利用传真送达的证明问题，可以将诉讼文书和送达回证一起传真给受送达人，受送达人在获悉诉讼文书内容后，在送达回证上签字盖章后，再将送达回证传回给送达人。也可以在将诉讼文书传真给受送达人后，电话询问受送达人是否收到诉讼文书，然后将电话录音作为送达证明。

4. 电子邮件和电子公告送达

所谓电子邮件送达，是指通过互联网的连接，在法院系统和当事人各自的计算机之间送达以电子数据为表现形式的特定诉讼文书。电子公告送达，则是指法院在特定的网络平台上，向社会公众发布以电子数据为表现形式的诉讼文书，经过法定期间，即视为送达。法院通过因特网以电子邮件和电子公告方式送达法律文书是一种尝试，在司法实践中已逐渐显示出低成本、高效率的优越性。

笔者建议，今后修订民事诉讼法时，应当考虑将上述新型的现代化送达方式列入法定的送达类型，从而在立法上确认新型的现代化送达方式在法院诉讼活动中的运用。

本文写于 2007 年 9 月，曾发表于《中国法院网》。

财产刑"执行难"问题研究

在打击刑事犯罪中，财产刑的实施有利于从经济上惩罚、教育、改造犯罪分子。然而，对于财产刑的执行，人民法院均不同程度地出现了财产刑"执行难"问题，长期困扰着各级人民法院的执行工作，严重地影响了司法的权威。本文拟从财产刑"执行难"现状进行分析，找出财产刑"执行难"问题存在的原因，并从财产刑立法、执行程序、犯罪分子自身原因、司法三机关的配合及检察监督机制等方面，提出解决财产刑"执行难"问题的对策。

财产刑是以剥夺罪犯财产（包括金钱和财物）为内容的刑法方法。财产刑的执行是指人民法院向罪犯追缴一定罚金或者没收罪犯财产的刑事法律活动。随着世界刑罚轻缓化以及经济犯罪的突出，财产刑的适用范围在逐渐扩大，法院判决财产刑的案件也正在逐年增加。与此同时，各级人民法院留存了大量财产刑案件未能得到充分有效的执行，出现了财产刑"执行难"这一新的司法现象，严重地影响了司法的权威性和严肃性。因此，切实解决财产刑"执行难"问题，对于充分维护法律的严肃性，提高法院裁判的权威性，有效实现刑罚的惩罚、威慑、保护功能有着现实的法律意义。

也有利于提高广大人民群众同经济犯罪、腐败现象做斗争的信心和勇气，具有较强的社会意义。本文从当前财产刑执行现状，分析财产刑"执行难"问题产生的原因，并就如何解决财产刑"执行难"问题提出一些建议和对策，权作探讨。

一、当前财产刑执行现状

（一）判决财产刑案件逐年增加，执结率却在下降，存在"空判"现象

与民商事执行案件一样，刑事案件财产刑的执行也存在"执行难"的情况。据不完全统计，大部分法院财产刑案件的执结率不足 30%，有的法院甚至不足 10%，笔者所在的基层法院近几年的财产刑案件执结率均不足 20%。财产刑案件不能有效执行的情况在全国大多数法院都普遍存在，而没有执行的原因和理由却无人问津，也没有当事人催促要求法院去执行，更没有上级法院或其他监督机构督促法院去执行。总之，财产刑案件在各级法院出现"空判"的现象非常突出，对犯罪分子所判处的经济处罚成为一纸空文，财产刑矫正犯罪、预防犯罪的功能未能充分地发挥。

（二）财产刑执行机构不明确，执行程序不具体不规范

1. 财产刑执行机构不明确

当代中国司法改革过程中，人民法院在没有法律明确规定的情况下对执行案件的分工都有其内部规定，对于财产刑案件的执行机构，有的法院规定由刑事庭负责，有的规定由执行局负责，甚至还有的法院规定由司法警察负责。对于财产刑执行机构混乱不清的局面，非常容易导致财产刑案件执行不力。

2. 财产刑执行缺乏相应的强制执行措施

我国《民事诉讼法》规定有查封、扣押、冻结等强制执行措施，该强

制措施仅适用于侦查阶段。在人民法院执行阶段却没有明确具体的强制执行措施规定，也没有明确可以参照适用《民事诉讼法》的相关规定，从而导致财产刑案件的执行找不到相应的法律依据。在司法实践中，由于人民法院执行财产刑案件缺乏相应的强制执行措施，经常出现犯罪分子有财产执行时人民法院却不能采取查封、扣押、冻结等措施，执行人员经常显得无所适从，司法的强制性得不到应有的体现。

3. 财产刑的执行范围和义务主体不确定

由于我国长期以来形成的是以家庭为中心的社会结构，个人财产和家庭财产混为一体的现象普遍存在。在财产刑执行过程中，如果犯罪分子家属不配合，容易与执行人员产生抵触情绪，其家属很可能转移、隐藏、变卖犯罪分子财产；也有的犯罪分子财产与其他亲属共有，难以分割，认定犯罪分子的个人财产十分困难，法院将无法进行强制执行，严重影响了执行的效率。

另外，对于犯罪分子人身受到限制或者死亡的情况，犯罪分子家属也有可能转移、隐藏、变卖犯罪分子个人财产，法院难以确定执行义务主体，给执行工作造成巨大的困难。

4. 财产刑的执行期限没有明确规定

我国《刑事诉讼法》对执行期限没有具体的规定，在实际执行过程中，是要根据犯罪分子的实际情况决定何时启动执行程序。而事实上，大多数案件往往时过境迁，执行程序很难被及时启动，从而使财产刑的判决流于形式。

由于法律对财产刑的执行机构、强制执行措施、执行范围和义务主体以及执行期限没有明确的规定，导致大量财产刑执行案件得不到有效的执行，严重影响了人民法院的权威，使犯罪分子得不到应有的经济惩罚。

二、财产刑"执行难"的原因分析

（一）财产刑制度设计上存在缺陷是造成财产刑"执行难"的主要原因

1. 现行《刑法》规定的财产刑内容原则性强，不利于人民法院实际操作

现行《刑法》规定的二百五十七处财产刑中，有241处是"并处罚金"或者"并处没收财产"。根据法律的规定，并处罚金或没收财产的罪犯，人民法院在判决犯罪分子主刑时必须同时判决相应的财产刑，而不是根据犯罪分子的经济情况或者案件具体情况而为之。这样的规定过于笼统，不够详细和具体，在具体的司法实践中可操作性比较差。甚至出现只要是《刑法》规定有并处罚金或没收财产的案件，人民法院就沿用原有标准判决犯罪分子承担财产刑的情况，出现了量刑上的标准不统一，不利于人民法院的实际操作，影响了法律的严肃性。

2. 现行法律没有明确规定财产刑的执行机构

根据最高人民法院《关于适用财产刑案件若干问题的规定》第十条的规定，我国《刑法》中的财产刑由第一审人民法院执行。该规定只明确了财产刑案件由人民法院执行，但由法院的执行局执行还是刑事审判庭执行或是由司法警察执行，并没有作出明确规定。由于受法院各部门间的利益以及审判执行工作繁重的影响，导致法院内部存在谁都该执行，谁都没有真正执行的情况，从而导致大量财产刑案件不能得到有效的执行。

3. 财产刑的执行程序设计存在缺陷，阻碍了财产刑的执行

我国现行《刑事诉讼法》既没有明确规定人民法院执行财产刑案件可以采取何种形式的强制措施，也没有明确规定执行期限，导致人民法院不

能视情况启动执行程序也无法适用强制措施对犯罪分子的财产予以强制执行，阻碍了人民法院对财产刑的执行。

（二）司法三机关配合不到位、缺乏监督制约机制是造成财产刑"执行难"的直接原因

1. 司法三机关配合不到位

根据《刑事诉讼法》及司法解释相关规定，侦查机关有权查封、扣押犯罪分子的财产，在被告人被判决财产刑的情况下，人民法院应当通知侦查机关将返还的财物移送至人民法院执行刑罚。然而，侦查机关在认识上普遍存在着"重自由刑、轻附加刑"，重视侦查犯罪分子的犯罪事实，轻查处犯罪分子的财产状况，以致犯罪分子被抓获以后，没有将犯罪分子财产状况纳入侦查范围，延误了查封、扣押、冻结犯罪分子财产的最佳时机。另外，由于侦查机关与人民法院缺少沟通，也很少将返还的财物移送人民法院，无形地阻碍了法院的执行工作。

2. 检察机关对财产刑执行监督不力

为了保障刑罚执行权的实现，我国法律规定检察机关对刑罚执行进行法律监督，但现行监督模式存在着监督乏力的弊病，有时检察监督不能到位，即使监督也往往流于形式。刑罚执行机关的执法行为得不到应有的监督与约束，一定程度上损害了司法权威，减弱了《刑法》的惩罚、教育、预防功能。

（三）犯罪分子的财产状况和人身特殊性是造成财产刑"执行难"的现实原因

1. 人民法院判处犯罪分子财产刑时不考虑其财产状况

最高人民法院《关于适用财产刑案件若干问题的规定》第一、第二条

规定，人民法院应当调查犯罪情节及犯罪分子的财产状况决定是否适用财产刑。而在司法实践中，侦查机关很少去调查犯罪分子的财产状况或者收入状况，另外，人民法院也很少主动去调查或者考虑判处财产刑后犯罪分子是否能够履行，而直接判处犯罪分子财产刑，非常容易出现"空判"情况，从而导致财产刑案件无法执行。

2. 犯罪分子在服刑期间和刑满释放后具有人身特殊性

相当一部分案件是在判决犯罪分子自由刑后附加财产刑，犯罪分子在被判处自由刑后，往往面临着几年甚至几十年的牢狱生涯，犯罪所得的财产要么被低价销赃，要么挥霍一空，对这类犯罪分子要执行财产刑的话，显然是不可能实现的。在刑满释放后，这些人员的去向不明，即使知道去向，他们的生活问题都难解决，也是不可能对他们进行执行的。因此，犯罪分子在服刑期间和刑满释放后所具有的人身特殊性，限制和阻碍了人民法院对财产刑案件的执行。

三、解决财产刑"执行难"的对策

（一）强化财产刑刑罚功能的观念

刑罚的功能，又称刑罚的机能，它是指《刑法》所产生的积极的社会效果。由于受中国传统刑罚观念的影响，很多人的头脑中还存在着"刑罚就是生命刑、自由刑"的错误观念，认为判刑就是坐牢，以财产处罚代替坐牢就是枉法、就是纵容犯罪，从而在思想上、感情上、价值观念上排斥财产刑的适用。由于人们长期错误的认识，加之财产刑本身的立法缺陷，造成财产刑在人们的心目中不够严肃，阻碍了财产刑的顺利执行。因此，对于财产刑的宣传应当更加深入人心，让人们在思想中认识财产刑和自由刑、生命刑都同等重要，都具同样的刑罚价值和功能，为财产刑的执行奠定坚实的思想基础。

（二）完善财产刑的立法规定

1. 确立财产刑量刑标准

由于《刑法》没有对"并处罚金"或者"并处没收财产"财产刑标准进行明确的规定，也不可能进行明确的规定，是各级法院的经济发展水平存在差异所致。因此，各省高级人民法院应当结合本地实际情况，制定出财产刑量刑的标准，以缓解判处财产刑标准不一的混乱情况，实现在省内法院系统有统一的量刑标准。

2. 对判决前主动缴纳财产刑保证金的犯罪分子从轻处罚

最高法院原副院长刘家琛 1999 年《在全国法院维护农村稳定刑事审判工作座谈会上的讲话》中强调："对于并处罚金刑的罪犯，如被告人能积极交纳罚金，认罪态度较好的，自由刑可适当从轻或考虑判缓刑。"在司法实践中，大多数法院都遵循这一精神进行量刑，只要被告人认罪，同时又愿意交纳罚金或者退赔赃款、赃物的，都视为具有悔罪表现，在量刑时予以酌情从轻处罚。因此，在立法时应当确立犯罪分子或者其亲属在判决之前预交一定的罚金（或退赔赃款）作为财产刑保证金，在量刑时可以酌情从轻处罚制度。通过对这一制度的建立，可以极大地提高财产刑的执行，从源头和立法的层面上解决财产刑"执行难"问题。

（三）完善财产刑执行程序

1. 明确财产刑执行机构为人民法院执行局

目前财产刑的执行程序和具体规定不明确，缺乏可操作性的法律规范，使得财产刑难以执行。为了加强执行财产刑案件的力度，改变目前财产刑执行部门混乱和执行不力的现状，在立法时应当明确人民法院执行局为专门的财产刑执行机构。首先,财产刑案件由人民法院执行局执行顺应中国司法改革的潮流。在当代中国的司法改革与发展进程中,人民法院执行工作的范围在逐步拓展。执行机构除了承担民事案件执行外,逐步承担起行政案件和仲裁裁决、行政决定、公证债权文书等其他法定执行事项,以及刑事案件判决裁定中关于财产刑部分的事项。其次,由执行局执行财产刑案件符合"审执分离"的司法体制。"审执分离"是当前各国普遍奉行的司法原则,我国已经初步确立了"审执分离"制度,因而,由执行局对财产刑案件进行执行是符合"审执分离"司法改革制度的。最后,由执行局执行财产刑案件可以提高执行效率。由于人民法院执行局是专门的执行机构,其执行工作经验比较丰富,对具体的执行案件可以提出切实可行的执行方案,有利于提高执行的效率。

笔者认为,财产刑案件由人民法院执行局执行是符合中国司法改革要求的,便于执行工作的统一管理和协调,更重要的是可以提高执行的效率,故建议在立法时将财产刑执行机构确定为人民法院执行局。

2. 明确财产刑的强制执行措施可参照《民事诉讼法》相关规定

刑事诉讼中的执行,是指人民法院将已经发生法律效力的判决和裁定交付执行机关,以实施其确定的内容,以及处理执行中的诉讼问题而进行的各种活动。尽管民事执行与财产刑执行有质的区别,但二者执行标的都具有财产性,在执行程序上具有一定的共性,在执行方式、保障制度上存在许多相同之处,绝大多数确保债权实现的措施、督促债务人履行义务的措施同样可以适用到财产刑的执行。另外,最高人民法院《关于贯彻执行〈中华人民共和国行政诉讼法〉若干问题的意见(试行)》第一百一十四条规定:"对本规定没有规定的,可以参照民事诉讼的有关规定。"可见,行政诉讼案件的执行参照民事诉讼的执行规定是有明确法律规定的。由于三大诉讼法具有一定的通性，相互之间是有参照的基础，行政诉讼法参照民事诉讼法有先例可循，因此，立法上也应明确除了特别规定外，财产刑案件执行可参照民事执行程序相关规定进行。

基于三大诉讼法中涉及执行程序部分有许多相同之处，在条件成熟时，可以考虑制定统一的《强制执行法》，以缓解财产刑案件执行找不到相应强制执行措施的问题。

3.建立财产刑执行保全制度

在民事案件的执行程序中，申请执行人有提供被执行人财产状况的义务，而在财产刑执行中只能依靠法院执行人员查找犯罪人财产线索，若犯罪人家属设置障碍，就更难查清犯罪分子是否有可供执行的财产。为实现司法机关对犯罪分子财产的有效控制，也为判决后的执行提供财产线索，在立法时应当建立犯罪分子财产保全制度。即由侦查机关在侦查阶段对犯罪分子的财产状况进行调查，对调查清楚的犯罪分子的各类财产，包括银行存款、各种资产、各项债权等根据所犯罪行和可能受到财产刑处罚进行查封、扣押、冻结等必要的财产保全。这样可使犯罪分子的财产处于稳定状态，为以后财产刑的执行提供有力的物质保障，避免财产刑"空判"的情况发生。

另外，在财产刑执行或保全阶段，司法机关应当向犯罪分子亲属下达财产申报表，由犯罪分子家属向司法机关申报犯罪分子个人财产，以确定执行的范围。对属于家庭或夫妻共同财产的应当提供充分证据，并由司法机关进行审查认定，以确定犯罪分子个人财产。对于亲属转移、隐匿、变卖犯罪分子个人财产的行为，司法机关应当进行追缴，情节严重的，依法应当追究行为人的刑事责任。

4. 明确财产刑履行期限

《刑法》第五十三条规定："对于不能全部缴纳罚金的，人民法院在任何时候发现被执行人有可以执行的财产应当随时追缴。"随时追缴制虽然是解决财产刑执行难的一项重要举措，但该制度存在无法确定财产履行期限的问题，不利于财产刑案件有效的执行。因此，在人民法院判决时，应当对财产刑的履行期限在判决书中予以明确，以判决书的形式确定犯罪分子在合理的时间内履行，对于履行期限可以根据犯罪分子的财产状况、案件性质等因素决定。

（四）将犯罪分子的财产状况作为判处财产刑的依据

1. 侦查机关在侦查阶段应当同步调查犯罪分子的财产

《刑事诉讼法》第一百一十七条规定："人民检察院、公安机关根据侦查犯罪的需要，可以依照规定查询、冻结犯罪嫌疑人的存款、汇款。"因此，公安机关或检察机关在侦办刑事案件时，如果该刑事案件涉及可能对犯罪行为人处以财产刑的，应对犯罪行为人的财产状况进行同步调查，必要时，可以依照法律规定查询、冻结犯罪行为人的存款、汇款；对于犯罪行为人或者其亲属可能转移、隐藏的财物，该查封、扣押的，可以依照规定查封、扣押；对于易腐烂或者变质的物品，可以依照规定进行变卖，并将变卖款项暂存。在侦查终结移送起诉时，应列出查封、扣押在案的财物和扣押物品清单，将财物的名称、种类、存放地点记载清楚，随案移送给起诉机关或人民法院，以便于人民法院在判处财产刑时作参考，并为以后的财产刑执行提供保障。

2. 人民法院判决财产刑时应当考虑犯罪分子的财产状况

人民法院判处财产刑是以犯罪分子犯罪情节，结合犯罪分子的经济状况确定财产刑的数额。对应否考虑犯罪分子本人的财产状况未作规定，因而在判处财产刑时，人民法院如果不考虑犯罪分子的经济状况就有可能使财产刑数额超过其经济承受能力，从而使罚金刑难以得到实际执行。因此，为了便于执行，人民法院判决财产刑时，应当根据侦查机关对犯罪分子调查的财产状况并考虑其是否有履行能力作出合理的财产刑量刑标准。

（五）加强司法机关在财产刑执行方面的配合并建立检察监督机制

1.加强侦查机关、检察机关和审判机关间的配合

我国《刑事诉讼法》第七条规定："人民法院、人民检察院和公安机关进行刑事诉讼，应当分工负责，互相配合，互相制约，以保证准确有效地执行法律。"因而，财产刑能不能有效地执行，直接载体是司法机关，尤其是人民法院。只有司法机关从认识上重视财产刑的执行，在侦查、起诉、审判等环节加强沟通协调，互相配合，才能使财产刑得以顺利地执行。特别是在公安机关或检察机关在侦查阶段，预先接手案件，对案件事实和犯罪分子的财产状况最为了解，为有效地执行财产刑，人民法院应当取得公安机关或检察机关的配合，及时对犯罪分子的财产进行调查和保全，为财产刑的执行打下坚实的基础。

2.建立检察机关对财产刑的监督执行机制

一方面，建立财产刑执行检察监督机制是由检察权性质决定的。检察权是具有法律监督性质的国家权力，中国检察制度具有其存在的历史合理性和必然性，它既符合对权力监督制约的一般原理，又适应了中国的国体、政体和国情，既体现了世界各国检察制度的共性，又体现了中国的特殊性，较好地反映了中国宪政制度下对国家权力监督制约，以保证权力在法治轨道上运行的客观要求，因而具有科学和先进的内在品质。另一方面，建立财产刑执行检察监督机制符合刑事诉讼运行规律。从刑事诉讼构造的原理上讲，法院在刑事诉讼中专司审判权，人民检察院主

要行使控诉权,人民法院根据人民检察院提出的起诉作出财产刑的判决。在诉讼过程中,人民检察院不仅承担着公诉角色,而且承担着对诉讼全过程进行监督的职能。因而,应当建立检察机关对财产刑的监督执行机制,以实现法律对财产刑执行的监督。

本文写于 2008 年 12 月,为学术论文。

论民事证据保全制度

证据保全制度的重要性来源于证据的重要性，该制度不仅能够保障并落实当事人的证据收集权和证据提出权，保证受诉法院作出公正裁判，而且有利于促进纠纷的诉讼外解决。由于相关法律对证据保全制度规定地过于简单、零散、简陋，现行制度存在诸多弊端和不足，在具体程序方面仍然没有作出详细的规定，导致司法实践中适用标准的不统一，操作混乱，未形成较为合理的体系，难以满足司法实践的客观需求，这对保护当事人诉权，维护法律公正造成了严重的影响，最终导致了某些民事司法程序的不公正。本文试图从我国民事证据保全制度的现状出发，围绕证据保全制度在司法实践中存在的缺陷，提出完善我国证据保全制度的具体设想和立法建议。

民事证据保全乃民事证据法领域的重要制度之一，是指在证据可能灭失或者以后难以取得或经对方当事人同意等的情况下，人民法院、公证机关或其他专业性强的机构依利害关系人的申请，或者人民法院依职权采取必要措施对证据加以固定和保护的行为。由于证据会受到客观原因的影响而产生变化，可能会灭失、毁坏或今后无法取得，这将造成当事人无法提供案件的客观证据，也不利于法院全面地查明案件的事实，不利于案件的公正裁判。因为证据灭失或难以取得可能对当事人造成不利的后果，因此，证据保全制度对于证据的固定和保存、证据的开示以及确定案件的事实具有积极的功能，对保护当事人的合法权益、维护司法的公正具有重要的意义。

一、民事证据保全的现状

目前，我国法律对证据保全制度的规定较为简单，法律条文上仅有《民事诉讼法》第七十四条以及相关司法解释对证据保全的启动条件、启动主体、保全方法作了一些简陋的规定。除此之外，在一些特别法中，如对海事证据保全、知识产权证据保全作了一些零散的规定。

（一）现行《民事诉讼法》及司法解释的相关规定

我国现行《民事诉讼法》第七十四条规定："在证据可能灭失或者以后难以取得的情况下，当事人可以在诉讼过程中向人民法院申请保全证据，人民法院也可以主动采取保全措施。"该条规定了证据保全的条件、启动的主体及方式，从条文本身来看，此处的证据保全仅限于诉讼中的证据保全，对于诉前证据保全，法律并没有予以规定。2002年4月1日起施行的《最高人民法院关于民事诉讼证据的若干规定》第二十三条规定："当事人依据《民事诉讼法》第七十四条的规定向人民法院申请保全证据，不得迟于举证期限届满前七日。当事人申请保全证据的，人民法院可以要求其提供相应的担保。法律、司法解释规定诉前保全证据的，依照其规定办理。"第二十四条规定："人民法院进行证据保全，可以根据具体情况采取查封、扣押、拍照、录音、录像、复制、鉴定、勘验、制作笔录等方法。人民法院进行证据保全，可以要求当事人或者诉讼代理人到场。"该条文规定了申请证据保全的期限、担保、方法等，同时以司法解释的形式明确了诉前证据保全。

（二）《中华人民共和国海事诉讼特别程序法》中证据保全的规定

2000 年 7 月 1 日正式实施的《中华人民共和国海事诉讼特别程序法》（以下简称《海事诉讼特别程序法》）第五章就证据保全制度作了专门详细的规定，该法第六十三、第六十四条规定了证据保全的管辖；第六十五至六十七条规定了申请的要件；第六十八条规定了法院的裁判及对当事人的救济；第六十九条对裁定不服作出了规定；第七十条对被请求人和利害关系人对于申请人申请错误而造成的损失有获得赔偿的权利作出了规定。从上述详细的法条规定可以看出，海事证据保全制度对民事证据保全制度的细化和完善，实现了在诉讼程序上对《民事诉讼法》的继承和超越。作为最为详尽的证据保全规则，海事证据保全程序对普通民事证据保全程序有着不可忽视的借鉴意义，极大地丰富了证据保全制度的内容，对民事诉讼中的证据保全制度也必将产生重大影响。

（三）知识产权立法及相关司法解释中证据保全的规定

2001 年修订的《中华人民共和国商标法》（以下简称《商标法》）第五十八条规定："为制止侵权行为，在证据可能灭失或者以后难以取得的情况下，商标注册人或者利害关系人可以在起诉前向人民法院申请保全证据。人民法院接受申请后，必须在四十八小时内作出裁定；裁定采取保全措施的，应当立即开始执行。人民法院可以责令申请人提供担保，申请人不提供担保的，驳回申请。申请人在人民法院采取保全措施后十五日内不起诉的，人民法院应当解除保全措施。"该条分别对证据保全程序的启动、法院的裁判、担保以及不起诉的处理等作出了规定。修正后的《中华人民共和国著作权法》（以下简称《著作权法》），《商标法》再次确认了诉前证据保全制度的合法性。《著作权法》中涉及证据保全的内容与《商标法》规定基本一致。2020 年修订的《中华人民共和国专利法》没有明确规定诉前证据保全，其余均与《商标法》规定一致。仅对"诉前禁令"作出了规定，诉前禁令的具体程序可以根据当事人申请，参照《民事诉讼法》第七十四条的规定，同时进行证据保全。在司法实践中，对于专利案件的诉前证据保全也正是依照证据保全的规定进行操作的。

二、民事证据保全存在的缺陷

（一）诉前证据保全制度缺陷

我国目前没有制定出一部统一的证据法典，现行《民事诉讼法》也只是对诉讼证据保全制度作了粗略的规定，而对诉前证据保全制度，立法却很少顾及，仅散见于司法解释之中。诉前证据保全制度主要适用于知识产权案件和海事诉讼案件，对于一般或其他民事诉讼案件，一般不能适用诉前证据保全。且关于诉前证据保全的规定过于抽象，适用范围比较狭窄，无法在实践中很好地进行操作。对于诉前证据保全制度，应当在今后立法中加以完善和扩充。

（二）证据保全的适用条件缺陷

《民事诉讼法》第七十四条规定申请证据保全的条件为：在证据可能灭失或者以后难以取得的情况下。就证据保全的申请条件而言，我国规定得比较单一，申请的条件也过于狭窄，不利于证据保全的实践操作，而国外有些规定就更为全面一些，如德国除了要求"在证据可能灭失或以后难以取得"这一条件外，还规定在取得对方当事人同意时，或者必须确定案件的现状并且申请人对确定有法律上的利害关系时也可申请证据保全。随着经济的不断发展，新鲜事物的不断出现，对我国立法提出了新的挑战，应当针对不同情形，适时地扩大我国申请证据保全的条件范围，以提高当事人对证据保全的适用能力，提高保全程序的可操作性，保证程序的公正，以维护当事人的合法权益。

（三）证据保全主体缺陷

根据我国《民事诉讼法》第七十四条的规定，证据保全只能由人民法院进行，即证据保全的唯一主体是人民法院。然而在司法实践中，人民法院作为唯一的证据保全的主体，不仅增加了人民法院的负担，而且减少了当事人选择证据保全主体的范围，限制了当事人对证据保全主体的选择权，对于充分保障当事人权利的行使和实现是非常不利的。在现实生活中，我国的公证机关或其他专业性强的机构事实上承担了大量的诉前证据保全的工作。另外，具有政府职能的行政机关（包括公安、工商、卫生、质检、渔政、海事、计量等部门）依据其自身的行政职权也采取了大量的证据保全措施，这些保全措施对案件的处理同样起到了重要的作用。

（四）证据保全程序缺陷

1. 证据保全的形式要件

所谓形式要件是指申请书应当列明的事项，主要包括对方当事人、应保全证据、依该证据应当证明的事实以及应保全证据的理由等四项。我国现行的《民事诉讼法》对此并未明确作出规定，只是在 1999 年的《海事诉讼特别程序法》中规定申请海事证据保全应当提供申请书，申请书应当载明请求保全的证据、该证据与海事请求的联系、申请的理由等。另外，在 2001 年修订的《商标法》和《著作权法》中规定仍显粗略，对证据保全的形式要件，只有相关的司法解释有所涉及，我国现行立法没有全面而详细的规定，《民事诉讼法》的这些缺陷，是有待进一步加以完善的。

2. 证据保全的管辖法院

由于我国《民事诉讼法》及相关的司法解释没有明确区分诉前证据保全和诉讼证据保全，也没有明确规定法院在诉讼前是否可以采取证据保全，所以对证据保全的管辖法院也就没有明确的规定。在司法实践中，案件还没有起诉到法院时，当事人申请证据保全一般是向证据所在地的公证机关申请。而案件到了诉讼阶段，证据保全只能由当事人申请证据保全或人民法院依职权进行证据保全，而现行法律并未对诉讼中证据保全的管辖法院作出明确的规定，极易导致操作上的混乱，不利于诉讼的开展，更不利于维护当事人的合法权益。总之，无论是起诉前还是起诉后的管辖均存在缺陷，是应当在立法中予以明确和完善的。

3. 证据保全的申请期限及担保

我国民事诉讼证据保全在申请期限及担保方面进行了原则的规定，其可操作性差：对证据保全申请期限规定不严密。"举证期限届满前七日"是一法定不变期限，不存在中止、中断和延长的情形，如果当事人违反此规定，将失去向法院申请证据保全的权利。对申请证据保全的担保未明确予以规定。依据《最高人民法院关于民事诉讼证据的若干规定》，我国现行法律对当事人申请证据保全是否提供担保、如何提供担保以及不提供担保的后果未明确。对于证据保全程序的开始，我国现行法律未作明确规定，这必然会对当事人合法权益造成损害，同时也反映了民事诉讼中过于浓重的职权主义色彩。

4. 证据保全的措施

证据保全的措施因所要保全的种类和特征的不同而有所不同。根据《最高人民法院关于民事诉讼证据的若干规定》第二十四条的规定，人民法院进行证据保全，可以根据具体情况，采取查封、扣押、拍照、录音、录像、复制、鉴定、勘验、制作笔录等方法。人民法院进行证据保全，可以要求当事人或者诉讼代理人到场。从该条文可以看出，证据保全措施采用的是一种列举式的保全措施，而在实践中，不同的证据有不同的保存与固定方式，特别是随着科技的发展以及新鲜事物的出现，因此，证据保全措施应当随着科技的不断发展而不断地予以完善。

5. 涉及证据保全程序的其他方面

对于证据保全裁定的采取及解除，以及裁定的送达，还有证据保全的费用等问题，我国《民事诉讼法》均没有明确的规定。而这几个方面在司法实践当中，均应用得非常频繁，其重要性是不言而喻的。如证据保全的裁定在多长时间内进行，在什么情况下应当解除，如何解除，是否应当制作解除裁定书，裁定书制作后，如何送达。另外，证据保全的费用如何确定，是否应当归为诉讼费用的一部分。这些都是我国法律没有作出相应规定的地方，有必要在立法时予以完善。

三、对我国民事证据保全制度存在缺陷的原因分析

首先，法律文化传统因素。从中国历史传统的角度来看，中国社会崇尚人性，主张"万事和为贵"，不赞成用诉讼的方式解决问题，缺少用法律的手段来保障自己合法权益的习惯与观念。虽然内心知道证据对于解决争议时所起的作用，但是，基于防患于未然而对证据加以固定和保全的观念非常淡薄。由于这种传统思想根深蒂固，因此，制约了我国民事证据保全制度的发展。

其次，民事诉讼法学不健全的因素。我国对民事诉讼法学研究的欠缺是另一个制约民事证据保全制度发展的因素，由于种种原因，我国民事诉讼法学与其他法学学科相比仍然显得不成熟，仍然未能摆脱单纯注释法学

的樊篱，由于研究心态不够开放，对西方国家的民事诉讼理论缺少必要的研究和借鉴，因此，也在相当程度上阻碍了我国民事诉讼法学向纵深拓展，民事证据保全制度方面研究仅仅是停留在表面，没有进行深入地探讨、研究和借鉴。

最后，我国的职权主义审判方式因素。由于我国采取职权主义的审判方式，整个社会长期深受"重实体、轻程序"的传统理念影响，在司法实践过程中还存在着一些不正确的观念，认为人民法院采取证据保全措施是为了固定和保全证据，是为了保证诉讼顺利进行，只要诉讼顺利进行的目标达到了，在采取证据保全措施的程序上是否存在瑕疵就不是很重要了。

总之，我国在证据保全制度方面的发展不快以及存在缺陷有自身的原因。认识到这些原因和缺陷，对于如何进行完善和构建民事证据保全制度是非常重要的。

四、完善我国民事证据保全制度

（一）设立民事诉前证据保全制度

由于我国法律并没有系统地对诉前证据保全作出规定，特别是《民事诉讼法》当中没有诉前证据保全的文字表述，故对诉前证据保全并没有一个统一的概念界定。然而，"实务界在理论界不注意的时候便已经悄悄开始了改革的步伐"①，对在立法上尚未明确规定而在实践中已遇到的问题进行了大胆尝试。我国司法实践中适用诉前证据保全的情形并不罕见。如厦门海事法院于 1992 年 12 月 2 日受理的厦门特区锦江贸易公司诉前申请对天津远洋运输公司倒签提单予以证据保全案；广州海事法院于 1993 年 8 月 9 日受理的重庆对外贸易进出口公司对被申请人土耳其

---

① 常怡. 民事程序价值之管见 [J]. 现代法学, 1999（2）: 16.

舍瑞荷古里拉公司所属"娅菲丝"轮实施诉前证据保全案；海南省海口市中级人民法院于 2001 年 4 月 23 日受理的原告光明日报社记者杨连成诉海南国际旅游网络有限公司和海南中款银通网络有限公司网络侵犯著作权案，正是由于原告在诉前于 4 月 16 日对被告经营的两网站侵权的证据及时申请海南省公证处进行了诉前保全，才促使被告在诉讼中主动与原告调解，达成了调解协议。这些都是成功进行诉前证据保全的实例。1997 年 6 月，上海市高院发布的《经济纠纷诉讼证据规定（试行）》第七条中，就已有了诉前证据保全的规定："在证据可能灭失或以后难以取得的情况下，当事人可以向证据所在地人民法院申请诉前证据保全。当事人在人民法院采取诉前证据保全措施后十五日内不向管辖权的人民法院起诉的，人民法院应当采取解除证据保全。"1998 年湖南高院发布的《经济纠纷诉讼证据规定（试行）》第七条中也有相同的规定。司法实践中的规定，具有创造性，不仅推动了诉前证据保全制度的进程，而且对证据保全制度的不断完善和发展具有积极意义。因此，我国《民事诉讼法》应当规定诉讼证据保全制度，即在证据保全制度的基础上，将诉前证据保全的概念定义为：在诉讼启动之前，因情况紧急，证据材料可能灭失或者以后难以取得或对方当事人同意等情形，有关机关根据利害关系人的请求采取一定措施予以提取固定的制度。在《民事诉讼法》中，增加对诉前证据保全的规定，对于完善证据保全的法律体系、维护当事人合法权益、促进法院审理案件都有积极意义。

（二）完善证据保全适用条件

我国《民事诉讼法》第七十四条只规定了在证据"可能灭失或者以后难以取得"的情况下可以申请证据保全。而综观各国和地区的规定，并结合我国司法实践，应当将申请证据保全的条件予以扩充，即在《民事诉讼法》

规定条件的基本上增加以下两项。

① 经对方当事人同意。证据虽然没有"可能灭失或者以后难以取得"的情况，但如果双方当事人同意，也可以申请证据保全。如两辆船舶相撞后，双方当事人都有一定的过错，只是对于船舶损害的程度和责任大小需要进一步加以确认，在这种情况下，双方当事人都愿意及时进行证据保全，及时解决纠纷，此时会出现一方当事人申请另一方当事人同意所进行的证据保全，双方当事人可凭保全的证据作为诉讼外和解、调解的材料。因此，申请证据保全如经对方当事人同意时，其目的是作为将来诉讼程序利用或作为诉讼外之用。例如，德国《民事诉讼法》第四百八十五条也有相同的规定。

② 必须确定案件的现状并且申请人对这一确定有法律上的利害关系。在实践中主要涉及的是对货物状态的确定，如买方认为收到的货物有瑕疵，因为买方对货物的现状有法律上的利益，而且货物可能会发生变化，在这种情况下，买方申请证据保全就可以取得货物有瑕疵的相关证据，当然就可以保护自己的合法权益。但是如果在正常情况下，短期内并不会发生这种变化，如建筑物结构有瑕疵等，便不得援用证据保全程序。

（三）完善证据保全主体

1. 应当把公证机关规定为证据保全的主体之一

根据《中华人民共和国公证暂行条例》第四条第（十一）项的规定，公证的业务的范围之一就是保全证据。另外，根据该条关于公证事项范围的规定，有许多内容可能作为诉讼中的证据材料。如合同、委托、遗嘱的证明，文件的副本、节本、译本、影印本与原本相符的证明，等等。再如，根据《房屋拆迁证据保全公证细则》的有关规定，房屋拆迁证据保全公证是指房屋拆迁之前，公证机关对房屋及附属物的现状依法采取勘测、拍照或摄像等保全措施，以确保其真实性和证明力的活动；对于实施强制拆迁房屋所在地公证处管辖活动；对于实施强制拆迁房屋涉及如合同遗嘱、招投标等领域。可见，根据我国公证制度以及有关事务中公证实施的现实，应当把公证机关规定为证据保全的主体之一。

2. 人民法院应当对公证机关采取证据保全措施予以支持

由于公证机关没有采取强制措施的权力，以及现实中收集证据的困难，往往可能出现阻碍公证机关进行证据保全的现象。因此，在规定公证机关作为民事证据保全的主体之外，还应当规定人民法院对公证机关保全证据的支持。即对于故意妨害公证机关采取保全证据的行为，可以由人民法院依据情节与后果按照《民事诉讼法》第一百零二条的规定，采取对妨害民事诉讼的强制措施或者追究刑事责任。对于需要采取强制措施才能实施证据保全的，规定可以由采取保全证据措施的公证机关向人民法院申请证据保全令，人民法院可以根据申请人以及具体情况允许公证机关采取必要的强制措施。

3. 增加专业性强的机构作为诉前证据保全的主体

如上所述，目前我国诉前证据保全一般都由公证机关承担，人民法院一般在诉讼中采取证据保全。然而，在具体的诉前证据保全实践中，往往存在大量的专业性和技术性强的工作，公证机关以第三人的身份进行证据保全显然是不够的，人民法院也不一定能及时、有效地进行。比如当事人因医疗事故纠纷提起诉讼前以治疗记录可能遭到篡改为由而申请证据保全的情况时有发生。有些物证本身不具有证明作用，需要揭示其内容才能起到证明作用，这类物证内容的揭示，需要依赖一定的科学技术，进行化验或鉴定。这类证据的保全，由于具备极强的专业性要求，如果由公证机关或人民法院进行证据保全可能会耗费大量的时间和精力，增加诉讼成本，所以，"建议医疗纠纷的诉前证据保全，由负责医疗事故鉴定工作的医学会采取"。依此类推，在其他需要保全的证据具有较强的专业性时，可以由这方面的专业机构来进行，根据需要保全的种类和性质从法律上来确定采取诉前证据保全的主体。即除公证机关和人民法院外，还应当包括其他专业性行政机关，主要是指具有政府职能的行政机关，包括公安、工商、税务、卫生、渔政、海事、计量等部门。这些部门本身具有的特定行政职能，使这些特定的行政机关采取保全措施具有较强的可操作性。

（四）对证据保全程序的构建

1. 证据保全的申请期限

当事人向人民法院申请证据保全"不得迟于举证期限届满前七日"与当事人申请人民法院调查收集证据"不得迟于举证期限届满前七日"的规定是相同的，即都是"不得迟于举证期限届满前七日"。由于这两个期限一样，且与举证期限是有关的，所以应当受到举证期限的限制，即如果双方当事人一致商议延长举证期限，或者因当事人变更诉讼请求等原因而导致重新指定举证期限，或当事人在举证期限内提交证据材料确有困难而在举证期限内向人民法院申请延长举证，经人民法院准许，则会造成举证期限的延长，因举证期限的延长，相对会延长当事人申请证据保全的时间。因而，举证期限发生了变化，证据保全申请期限也应当发生相应的变化。对于证据保全的申请期限应当规定：当事人申请证据保全的期限为举证期限届满前七日前，并受举证期限延长的限制。

2. 证据保全的形式要件

由于我国现行的《民事诉讼法》并未对证据保全的形式要件作出规定，只是在 1999 年的《海事诉讼特别程序法》中规定申请海事证据保全应当提供申请书，申请书应当载明请求保全的证据、该证据与海事请求的联系、申请的理由等。该规定只是对于海事案件适用，其应用范围过于狭窄，故应当在修改我国《民事诉讼法》时，对证据保全的形式要件予以明确规定。笔者结合证据保全的目的以及国外的经验，认为当事人申请证据保全时有释明的责任，应当以书面形式列明以下事项：对方当事人、应保全的证据、证据保全的理由。

3. 管辖法院的确定

证据保全无论是向人民法院还是向公证机关申请，均应当坚持"便于人民法院审理，便于当事人诉讼"的"两便"原则。即应当基于方便申请人以有利于证据保全的顺利进行来考虑，有些可能灭失或以后难以取得的证据可能会距离有实体纠纷管辖的法院较远，如果当事人要去具有实体管辖权法院申请证据保全的话，不仅对当事人不方便，而且对法院具体实施来说，也会增加诉讼的经济成本。因而，针对证据保全的管辖问题，应当分别视实际情形予以规定。

① 起诉前的管辖。

为调查便利的需要，在起诉前，申请证据保全应向证人或鉴定人居住地或者证物所在地的基层人民法院提出。对于当事人双方协议确定证据保全的管辖法院，因此情形有碍于法院调查的便利，应当予以禁止，即不受当事人关于民事纠纷的管辖协议或仲裁协议的约束。同样，我国《海事诉讼特别程序法》也有相同的态度，该法第六十四条规定："海事证据保全不受当事人之间关于该海事请求的诉讼管辖协议或者仲裁协议的约束。"

② 起诉后的管辖。

保全证据的申请在起诉后提起的，应向受诉法院提出。在第一审案件过程提出证据保全申请的，应当向第一审人民法院提出，并由一审人民法院进行证据保全；在第二审案件中提出的，应当由二审人民法院进行证据保全。在上诉前，无论判决书是否送达，应当向一审人民法院提出；对于在上诉期间提出证据保全申请的，也应向一审人民法院提出，并由一审人民法院进行证据保全。

③起诉后有紧急情况时的管辖。

起诉后证据保全的申请理应向受诉人民法院提出，而证据保全是以证据有灭失或今后难以取得为原因时，经常会出现稍纵即逝的紧迫情况，如应当保全的证据不在受诉法院所在地，有时不能达到保全证据的效果，应当允许在有紧急情况下，可以向证人或者鉴定人居住地或物证所在地人民法院申请管辖。且由证人、鉴定人居住地或物证所在地人民法院管辖，这有助于法院及时行使职权，使得调查证据更为便利。对于有无紧急情况，则由受诉人民法院予以断定。

4. 证据保全的费用

2007年4月1日实施的《诉讼费用交纳办法》第十条和第十四条只对财产保全申请费用作出了规定，对证据保全申请费用和实际支出的费用没有作出规定，仅在第三十九条对诉前申请海事证据保全的规定要交纳申请费用，但如何交纳也没有作出明确的规定。正是这种情况的出现，导致有的法院收取，有的法院不收取，并且收费尺度不统一，造成了一定的混乱。人民法院采取证据保全措施肯定会有费用支出的，而且法院进行证据保全是为了当事人的利益，当事人应当承担相应的费用。借鉴我国台湾地区的规定，并结合我国的实际情况，可作如下立法设计：证据保全的费用，除法律另有规定的以外，应当作为诉讼费用的一部分，且一般情况下由申请人先行预交，各方当事人均申请证据保全的，其费用由各方当事人分担，在法院裁决时最终确定其费用的负担。对于诉前证据保全，在三十日内案件尚未起诉到法院的，法院可依利害关系人的申请，裁定证据保全的申请人负担费用。这样可以保障证据保全程序的顺利进行，也可以在一定程度上减少当事人滥用证据保全措施的情形。

5. 证据保全的担保

对于大陆法系国家，立法要求当事人在申请证据保全时应当提供担保，这几乎是一个毫无例外的通则。相比之下，我国的《民事诉讼法》对证据保全没有规定应当提供担保，而在《海事诉讼特别程序法》以及《民诉证据规定》和关于知识产权法律适用的一些司法解释中可以看出，法院可以决定是否要求当事人提供相应的担保。对此，笔者有以下不同的观点。

① 一般性的证据保全，当事人可不提交担保。因为担保的目的是防止因申请人的保全申请造成被保全人的损失而设计的一项救济制度，如果保全的证据是一般的财物，价值不大，即使进行保全也不会对被保全人的财产造成损害。如果要求当事人提供担保的话，也可以设计由申请人提供信用担保。

② 被保全的财物价值巨大或有可能对被保全人财产造成损害的证据保全，必须要求当事人提供担保。虽然证据保全有内容是证据，而不是财产，但是对财产进行证据保全的话，势必会限制财产的各项权能（占有、使用、收益和处分）的行使，极容易对被保全人的财产造成一定程度的损害。在进行保全的过程中，如果以现有可能对被保全人财产造成损害时，也应当要求申请人提供担保，以便日后有造成损害的情况时有途径予以救济。

此外，应当规定人民法院的法官对证据保全是否提供担保有一定的自由裁量权，即根据具体案件决定是否要求当事人提供担保。

6. 证据保全裁定的采取

对于证据保全的裁定，我国《民事诉讼法》没有明确的规定，有学者认为，"人民法院受理证据保全，在对证据保全的要件、管辖权的有无、申请是否符合等程序事项加以调查后，认为申请合理的，应该在四十八小时内作出保全裁定"。笔者赞同该学者的观点，对于证据保全的裁定应当比照财产保全的裁定，即应当规定：人民法院接受当事人申请证据保全后，应当在四十八小时内作出保全裁定，如果人民法院认为保全证据的申请不正当或者不符合证据保全要求的，则应当作出附理由的裁定，驳回其申请。利害关系人或者当事人对不予保全的裁定，可以申请复议一次，复议期间不停止裁定的执行。原裁定正确的，裁定驳回复议申请；原裁定不正确的，作出新的裁定改变原裁定。

7. 证据保全的解除

由于我国《民事诉讼法》未对证据保全的采取作出明确的规定，当然也未对证据保全的解除作出规定。笔者认为，在立法时，应当对证据保全的解除程序作出如下制度设计：诉前证据保全程序终结后逾三十日，案件尚未起诉到法院的，法院可依利害关系人的申请，以裁定的方式解除因证据保全所作留置或其他处置。在诉讼中进行的证据保全，根据申请人的申请或其他原因可以解除证据保全。无论是在诉前还是在诉讼中解除证据保全的，都应该依法制作解除证据保全的裁定书，并依据法定程序送达当事人。

8. 证据保全的送达

我国现行法律未对证据保全的送达作出明确的规定，只是在《民事诉讼法》及相关司法解释中涉及有关送达的规定，鉴于此，关于证据保全的送达可以参照《民事诉讼法》及相关司法解释的规定，并结合证据保全自身的特点，做如下制度设计：人民法院应当将裁定与申请的副本送达给对方当事人，为了保护双方当事人的权利，应当传唤申请人和对方当事人在指定的证据保全期日到场。当事人于证据保全期日不到场的，不妨碍人民法院调查证据。在紧急情况下，也可以裁定送达前先行执行有关保全证据的裁定。

9.证据保全措施和方法

我国《民事诉讼法》没有明确规定用什么方法保全民事诉讼证据，但是证据保全措施必须与证据的种类和特征相一致是被实践所证明了的。也就是说，不同的证据要采用不同的保全措施，特定的证据也只能用特定的方法进行保全。一般而言，对于证人证言、当事人陈述，可使用录音或制作询问笔录方法；对于物证，可以采用勘验、封存或制作笔录、绘图、拍照、录像等方法；对于书证、视听资料，可以采取复制的方法。而对于网络证据保全等，由于法律没有明确规定用什么样的方法进行证据保全，使得在司法实践中难以操作。对于民事诉讼证据保全的方法可以参照《刑事诉讼法》等其他法律中相关的规定予以完善，并以《民事诉讼法》规定的证据类型分述以下几种不同的保全方法。

① 书证的保全。对当事人提供的书证，人民法院应当出具收据，注明名称、收到的时间、份数和页数，由审判员或书记员签名或盖章。单位提交的证据文书，应由单位负责人签名盖章，并加盖单位印章。书证经当事人申请或人民法院认为必要时，均可采取保全措施，除妥善保管外，还要抄录、复印、拍照，也可及时传唤当事人进行调查并制作调查笔录，确定书证的证明效力。

② 物证的保全。物证的保全应当针对物证的特性进行，以保证物证的客观性与真实性，使物证在诉讼中发挥其本身的证明作用。首先，要在尽可能的情况下提取原物，只有在原物无法取得或原物灭失时才可提取照片；其次，对于提取到的原物要妥善封存保管；最后，提取、固定物证的过程应当制作笔录，笔录中应记明发现物证、提取物证的时间、

地点；收集保全的物证任何人不得使用、调换、损毁或者自行处理。对于关系国家秘密、商业秘密的物证更应当妥善保管、不得泄密，在诉讼结束后由司法机关负责处理。

③ 视听资料的保全。视听资料能动态反映案件事实，却又极易被伪造、复制和修改，状态不太稳定。人民法院在依法收集到视听资料后应当封存或采取相应的措施保存，避免丢失，同时，应做好保密工作、不得扩散其内容。

④ 证人证言的保全。询问证人，无论是用口头还是用书面的方式，其保全都要用文字的形式固定。法庭笔录应当当庭宣读，也可告知当事人和其他诉讼参加人在五日内阅读。作为诉讼参加人的证人认为自己的陈述有遗漏或者差错的，有权申请补正。人民法院在证人证言制作成笔录以后，应当附卷保存，不得擅自改动、遗失或者损坏。对于当事人陈述的保全，类似于证人证言的保全，可以使用相同的方法进行保全。

⑤ 鉴定结论的保全。鉴定结论的保全方式是通过鉴定书的形式完成的，鉴定书应包括绪论、检验、论证和结论四个部分，并由鉴定人签名或盖章，注明自己的职称。鉴定书要加盖单位鉴定专用章方视为有效。对于鉴定记录，一旦作为证据使用就应当附卷妥善保管。当事人可以主动申请人民法院对鉴定结论进行保全，人民法院也可以主动依职权进行保全，及时固定和保护鉴定结论。

⑥ 勘验笔录的保全。勘验笔录是审判人员对现场和物证进行勘验后所作的笔录。在民事诉讼中的勘验笔录上，应让有关人员签名或盖章，附卷保存以备复验、复查，从而保证勘验笔录的真实性。

本文写于 2009 年 12 月，为学术论文。

论电子证据的保全

随着通信业的快速发展，电子证据在诉讼过程中频繁出现，因电子证据产生的纠纷也逐年增多，因此，对电子证据就有必要进行有效的固定和保管，即证据保全。由于电子证据有别于传统证据的特点，对电子证据进行保全就显得尤为特别和重要。本文将在分析电子证据与传统证据的特点、区别电子证据保全与传统证据保全的基础上，对电子证据保全的原则和分类进行总结，进而提出对电子证据保全的立法完善和建议。

证据保全乃证据法领域的重要制度之一，是指用适当的方式和手段将已经发现或提取的证据固定下来，妥善保管，以便司法人员、执法人员、当事人和律师在诉讼活动中证明或认定案件事实时使用。随着计算机和网络技术的迅猛发展，很多民、商事活动都是通过互联网或者无纸化办公的方式进行，各种网络和信息犯罪也层出不穷。在这种情况下，传统的书证、物证、证人证言等证据形式要么不存在，要么很难被收集、采用，有关案件的主要证据形式均表现为电子证据。在诉讼过程中，为了发现和回溯案件事实，就必须较好地收集并利用电子证据。然而，电子证据相对传统证据而言具有易篡改、破坏、伪造和信息量大等特点，因此为了使整个诉讼过程顺利进行，对电子证据的保全就显得尤为重要。

一、电子证据相对传统证据的特殊性

1.电子证据在存在和保存方式上都需要一定的介质

在存在方式上，电子证据或表现为一系列模拟信号，或表现为由"0"或"1"两个二进制数字组成的数字信号，不通过一定的电子设备则无法感知这些信号中所存储的信息，这就有别于传统证据的语言、文字、声音、图像等直观表现方式。在保存方式上，电子证据需要借助各种电子介质，比如磁带、硬盘、光盘、优盘等，通过这些介质以及相关的电子设备和软件系统，可以存储并快速处理海量的电子数据信息，而同样的数据量如果通过传统的存储和处理方式则将因为工作量巨大而基本不可能实现。

2.电子证据易于被篡改、伪造和破坏

与传统证据相比，电子证据更容易被篡改和伪造且不容易被察觉。随着现代计算机和网络黑客技术的不断发展，对一份电子文档、数据库记录或网络服务器上保存的数据进行复制、增加、删除和修改都不是难以做到的事，就连美国军方五角大楼以及美国政府网站都屡有被黑客攻克并被修改主页的报道，更不用说一般用户及网络了。而且，针对上述不法行为，如果没有具备相当专业技术水平的专家使用相应软、硬件设备进行追踪、识别和确认，一般用户几乎很难发现上述操作及过程。同时，现代计算机技术同样可以做到对已经删除的电子证据在一定的条件下进行恢复。比如，对于只进行过删除操作的文档，只要存放这个文档的磁盘区域没有被新的文件覆盖，那么原有的文档就不会丢失，这时只要通过一定的软件即可进行恢复，而且删除文档后重新存放的新文件越少，可供恢复的旧文件就越多、越完整。对已经对硬盘进行过一次或数次低级格式化的数据也可以通过一定的技术和操作进行恢复。甚至硬盘已经发生物理损坏的，在一定条件下也可以由专业人员通过特定的技术对其中的数据进行恢复，但是这种数据恢复也不是万能的，它受到技术水平和硬盘被破坏程度的制约。正因为如此，对电子证据进行及时和全面地保全就显得十分重要和关键。

3. 电子证据一般都包含海量信息

电子证据不仅包含各种文档、记录和数据库文件，还包含多媒体及三维立体信息，这既给人以直观的、全方位的感官印象，更说明其所含信息的海量性。现在一些大型网站的服务器，其用于存储数据的硬盘容量已经用太字节为单位来计量，还要使用多块硬盘组成磁盘阵列，有些还通过分布式处理方式使位于不同地点的服务器联合起来储存数据，像新浪、搜狐、腾讯等大型互联网公司都设有专门部门和人员来负责服务器数据的维护和处理，即使是这样，也不能保证在一定时间以前的数据能够得到有效保存和读取。从海量数据中分类、提取出对证明案件事实有用的电子证据进行保全，既具有极强的技术性，也具有一定的时效性。

4. 电子证据传播的速度很快

传统证据在现实空间中传递，其途径无非是人与人之间的交接、邮寄、运输等，其速度不会很快。但电子证据则是在虚拟空间中传递，其传播速度十分惊人。比如故意传播计算机病毒的案件，其信息能够在几秒钟之内扩散到全世界数以万计的计算机终端上。一些网络侵权案件，同一时间在全世界范围内浏览、转载包含侵权信息网页的用户数量本来就很多，而一段时间以后这些用户的数量则呈几何级数增长。这些都给电子证据的保全提出了新的困难和挑战，从这个角度也说明，及时保全电子证据的确是证据收集过程中十分关键的一环。

二、电子证据保全与传统证据保全的区别

1. 电子证据保全方法具有多样性

与传统证据保全相比，电子证据的保全既可以转化为传统证据的保全方式，比如打印成纸质文档或图片、制作勘验检查笔录等，也可以保存到安全可靠的存储介质中进行保全，还可以采用现代信息技术比如磁盘镜像技术、数据隐藏技术、数据加密技术、数字签名技术和数字时间戳技术、制作数字摘要技术等进行保全。另外，由于互联网的高速发展极大地拉近了人们之间的距离，使整个地球都可以用"村落"这样的概念来进行表征，而电子证据不仅可以通过互联网快速传播，而且很多电子证据本身就存在于互联网上，这就使得对电子证据的保全可以借助于互联网进行，这就是电子证据的网络公证保全，这点将在下文中进一步阐述。

2. 电子证据保全具有较强的技术性

对传统证据而言，一般采证人员在收集完有关证据后，即可以采用证据固定、封存、扣押、公证等方式进行保全。但是，对电子证据而言，不但其收集证据时需要具备较高的计算机或网络技术水平以及相应的专业设备，而且在证据保全时同样对技术有较高的要求，一般非专业人员很难完成这项工作。就以上述电子证据保全的几种技术为例，若非专业人员，恐怕连理解这几个术语的意义都很难，更不用谈具体操作了。而且，电子证据本身具有信息海量性和多样性等特点，从浩如烟海的证据材料中分析出对证明案件事实有用的各种电子证据以后，对表现形式分别为文档、图片、数据库文件和记录、各种日志文件、多媒体文件等这些各不相同的电子证据分别进行有效的证据保全，也需要一定的专业技术和设备做保障。

另外，强调电子证据保全的技术性也是为了保证电子证据保全的权威性和可靠性。就以一封电子邮件的保全为例，普通的保全方法是将认为是

真实、完整的电子邮件内容打印出来进行证据保全。但这还不够，因为仅仅通过这样的保全方式难以保证电子邮件的来源和邮件本身内容的真实可靠性，这就需要对电子邮件的源代码、邮件头进行分析和确认，这无疑需要具备一定水平的专业技术人员才能完成。

三、电子证据保全的原则

1. 合法性原则

证据应该具有合法性，因此，对电子证据的保全也应该遵守合法性原则。提交法庭的电子证据，必须是充分、可靠、具有法律效力的司法取证证据，必须通过专门的司法审查以确定其可采性和证明力。具体而言，电子证据保全的合法性应该包括：保全主体合法性，电子证据的保全应该由具有相应职权或合法资质的单位和个人进行；保全程序合法性，对电子证据的保全应该遵循一定的操作规程，使用符合法定标准的保全方式、工具和介质，同时履行法定的手续。

2. 可靠性原则

电子证据具有易于被篡改、伪造和破坏的特点，因此，对电子证据的保全应该遵循可靠性原则。首先，对进行证据保全的证据资料来源应该保证可靠，从源头上保证其在物理上没有遭受腐蚀、病毒污染、磁化或其他破坏；其次，在内容上保证被保全的电子证据没有被篡改或伪造，有的电子证据虽然不一定是原件但仍然要求具有与原件完全相同的内容；最后，应该保证被保全的电子证据得到妥善保存，比如存放于安全的环境和存储介质中，对数据进行可靠的加密处理等。

3. 科学性原则

电子证据本身就是高科技的产物，具有易于被篡改、伪造和破坏的特点，因此强调对电子证据的保全的科学性原则，就是为了保证电子证据保全的可靠性和真实性。具体而言，电子证据保全的科学性包括科学的证据保全技术、程序、手段、工具和软件等，同时还包括科学的分类、保存等。

4. 及时性原则

由于电子证据很容易被删除或破坏，因此，对电子证据的保全应该及时，以免使某些关键性的证据发生永久性的丢失。

5. 全面性原则

电子证据数据量大、种类繁多，因此，对各类电子证据的保全应该坚持全面性原则，从而对案件或争议事实达到全面、充分的证明效果。

四、电子证据保全的分类

1. 按保全主体分类

按主体是否具备法定职权来划分，可以分为法定主体和一般主体。法定主体是指人民法院、人民检察院、公安机关、国家行政机关、公证机关等，一般主体则是指当事人及其聘请的代理人等。根据我国三大诉讼法及相关司法解释的规定，有关行政机关在执法时、司法机关在诉讼过程中都可以依职权或依当事人申请进行对可能灭失或以后难以取得的证据进行保全，因此行政机关、司法机关是对电子证据进行保全的法定主体，由上述机关进行保全的证据可以直接提交法庭，如果当事人没有提出相反的证据否定其可采性则可以直接被法庭采纳，而一般主体保全的证据则不能直接进入诉讼证明程序。这样划分是由电子证据保全的法定性原则和可靠性原则决定的。按主体是否具备一定的资质和专业知识可以分为专家主体和普通主体，这样划分主要是基于电子证据保全的可靠性原则和科学性原则，一般认为具备一定资质的专家具有普通人不具备的计算机、网络专业知识和技能，因此由专家主体作出的证据保全在没有相反的证据予以否定的情况下可以认为其具有较高程度的可靠性，而由普通主体保全的证据则需要进一步鉴定和认证以后才能保证其可靠性。

2. 按保全对象分类

可把对电子证据的保全按对象分为三类：一类是对包含各种信息的电子数据的保全，包括文档、图片、各种日志文件、数据库文件、临时文件等，还包括以电子形式存在的证人证言、当事人陈述、电子书证、笔录等传统证据；一类是对硬件的保全，包括计算机主机、移动硬盘、优盘、各类软盘、光盘、存储卡等；还有一类是对计算机软、硬件系统运行环境的保全，比如对计算机或网络犯罪现场的勘验、检查、拍照，对计算机操作系统，各种软、硬件运行环境的参数、指标等进行记录和固定。

3. 按保全方法分类

按保全方法可分三类：第一类是常规保全方法，这种常规保全方法主要是指将以电子形式存在的传统证据形式分别采用常规的证据保全方法进行保全。比如，"对于电子书证，常用的保全方法除了扣押外，还包括缩微、复制、存档等……对于电子笔录，常用的保全方法是打印出来，加以核正，然后签字封存"①；第二类是技术性保全方法，比如先进行硬盘拷贝、数据备份和数据恢复，然后再进行数据封装和加密等；第三类则是新型的保全方法。同传统证据的保全相比，电子证据的保全有着一定的特殊性，它主要体现为一种虚拟空间的保全，因此需要创造一些崭新的方法，或者说需要变通传统的公证方法，例如网络公证保全与电子文件的档案化管理就属于新型的保全方法。这里所说的电子证据网络公证保全，不同于涉网公证保全或公证上网，涉网公证保全是指对与互联网有关的电子证据进行保全，证据保全申请人与公证员仍然是面对面地进行公证，而公证上网则

---

① 最高人民法院《关于民事诉讼证据的若干规定》第二十七条中规定，人民法院进行证据保全，可以根据具体情况，采取查封、扣押、拍照、录音、录像、复制、鉴定、勘验、制作笔录等方法。

是公证的某一个或几个环节在网上进行，这两种公证实质上还是传统的公证。电子证据的网络公证保全，是指由特定网络公证机构，利用计算机和互联网技术，对互联网上的电子身份、电子交易行为、数据文件等提供增强的认证和证明以及证据保全等的公证行为，这种公证方式主要针对电子证据，整个公证的过程都在网上进行，证据保全申请人与公证人员不需要见面，因而更适合于对电子证据进行保全。

五、我国电子证据保全的立法完善

1.明确网络公证保全的方法

所谓网络公证保全（cyber notary authority，CNA），是指由特定的网络公证机构，利用计算机和互联网技术，对互联网的电子身份、电子交易行为、数据文件等提供增强的认证和证明以及证据保全等的公证行为。我国已出台了一整套适合中国网络公证的办证方案，此方案由三个部分组成：一是以CA（公证审核的RA[①]为基础）解决身份确认，二是网上数据备份，三是ESCROW网上提存服务。其中，网络公证的数据保全服务，是网络公证的核心项目。公证机关办理网络公证保全通常有两种情况，一种是双方当事人协商同意进行网络证据保全，此时公证机关将双方共同签名的数据电文进行留存，并出具公证文书。还有一种情况是受害方单方申请办理网络公证，公证机关首先要做的就是审核网络证据的生成、存储、传输等是否可靠，只有在客观真实的情况下，才能进行保全措施，也就是说公证机关一定要严格按照保全程序进行。对于它的保全措施与一般的保全措施类似，主要有备份、打印、拷贝、拍照及摄像等方法。

[①] 以CA（certificate authority）公证审核的RA(registration authority)审核程序为基础解决身份确认，包括资格、信用等。

2. 建立电子证据保全的专家认证制度

由于电子证据保全的技术性较强，为了增加电子证据保全的权威性和真实性，保证被保全的电子证据的真实性和可靠性，我国应该对电子证据的保全进行专家认证。这种由专家对电子证据保全进行认证的方式，主要是针对由当事人及其代理人作出的证据保全，是当事人对自身举证权利的一种自力救济。在实践中，一方面电子证据很容易在短时间内遭到破坏或伪造，一些关键的电子证据很可能在极短的时间内就遭到永久性的、不可逆的破坏；另一方面，证据保全本来就具有一定的事后性，其往往落后于纠纷或案件事实的发生，这样，如果完全依赖申请具有证据保全的法定职能部门进行保全，则难免不能满足对电子证据进行保全的时效要求，有时甚至会造成不可挽回的损失。有时当事人及其代理人向行政部门、司法部门申请证据保全不一定被批准，在这种情况下只能由当事人自行对证据进行保全。

由于电子证据数据量大，种类多，保全的技术性强，传播的速度快、范围广，且很容易被伪造，由当事人及其代理人自行作出保全的证据，难免会被对方当事人就其可采性和可靠性提出质疑。由于法官大多不具备相关专业知识，因而也不能对此作出准确认定。这时再聘请专家对证据的真实性进行鉴定不仅会严重影响诉讼效率，而且一般此时距离事发的时间已经比较遥远，很多有价值的证据可能已经湮没，即使此时专家鉴定出被保全的证据为假也不可能挽回已经造成的损失。证据保全作为证据收集过程中的重要一环，如果在对电子证据进行保全的同时就交由专家进行认证，一则当事人对证据的可采性和可靠性的争议会相应减弱，二则此时保全的证据就是距离争议发生时在时间和空间上最近的、被传播和复制的次数最少的证据，今后很可能不能再获取比被保全的证据更接近原件的证据，因此其客观性也可以得到保证。这样，建立科学的、权威的电子证据保全专家认证制度就显得十分重要了，具体包括以下内容。

① 对电子证据保全进行认证的专家必须具备合法资格，一般要求在互联网或计算机科学领域具有专业的知识、经验和技能，具体衡量标准可以用专业技术职称或者从业时间、业绩等来判断。

② 认证的事项包括电子证据保全的方法和过程是否科学、合理，以及被保全的电子证据是否与原件一致、来源是否可靠等。

③ 进行认证的专家的法律责任。对电子证据的保全进行认证的专家必须坚持其客观、中立的立场，不能随意偏向某方当事人，这点与专家证人类似，许多英美法系国家在司法裁判中一再申明，专家证人参加诉讼的目的在于帮助法庭发现真实，专家证人应当首先对法庭负责，专家证人所作出的证言应当是客观中立的，而且，对于认证专家故意弄虚作假的应当根据其行为负相应的法律责任。

3. 通过立法明确企业电子证据保全的义务

随着互联网业的蓬勃发展，我国经营互联网网站、提供互联网相关服务的企业如雨后春笋般出现，大型的网站如新浪网、搜狐网等，大型的搜索引擎如百度、谷歌等，大型即时通信服务提供商如腾讯公司等，大型的电子商务网站如淘宝、阿里巴巴等，大型的电子邮件服务提供商如雅虎、hotmail 等，举不胜举。但是，由于没有政策和法律的明确要求，这些企业在经营中往往只顾自身营利而忽视其社会义务，这其中就包括电子证据保全的义务。一些大型的互联网公司虽然设立了法律事务部或其他专门部门来处理公司内部服务器上有关数据（如用户信息、电子邮件、聊天记录等）的保存、维护和提取，但是往往只是象征性和应付性的，无论是人员和资金投入都很不够，而且企业为了自身利益，往往以有关数据是商业秘密而拒绝提供，这些不能适应有关部门或个人特别是网络犯罪侦查部门的证据搜集要求，这不利于打击犯罪，不利于国家和社会的政治、经济目标的实现以及网络法治环境的形成。因此，我国应该加速相关立法，对企业的证据保全义务进行明确规定，要求从事互联网经营的公司必须成立相关部门，这一部门由若干名以上的具备相应知识和技能的工作人员组成，根据实际情况保证公司服务器上有关数据可以保存相当长的时间，比如，一般用户信息应该永久保存，电子邮件、聊天记录、日志等应保存 6 个月至 1 年以上等，并且可以随时根据有关部门的要求对数据进行检索和提取。

4. 建立电子证据保全的统一程序和标准

随着人们对互联网依赖程度的提高，网上购物、网上聊天、网上冲浪等已经成为人们日常生活必不可少的一部分，这在给人们的生活带来较大便利、增添无穷乐趣的同时，也使得各种网上纠纷、争议大增，各种网络犯罪大行其道，针对这些问题的解决，都需要甚至完全依赖电子证据。因此，对电子证据的保全，其最终的发展方向应该是由立法规定统一的程序和标准，其立法模式可以考虑在证据法中对电子证据的保全进行原则性的规定，再制定科学的、可操作性强的实施细则，这样一方面能够有效避免电子证据的灭失造成的损失，另一方面可以提高电子证据保全的规范性和合理性，从而提高电子证据的可采性、可靠性和利用率。

本文写于 2013 年 3 月，为学术论文。

论规制审判权运行之途径

——优先适用案例指导制度

任何权力都是有限度的，也必然要在一定的范围和限度内行使，否则就容易导致权力的滥用。审判权作为一项基础性权力，它没有摆脱权力与生俱来的基本特性，不受规制和约束必然会导致权力的滥用直至司法的腐败。随着司法进程的不断推进，审判权被滥用现象屡见不鲜，严重地影响了司法的统一和权威。优先适用案例指导制度作为日渐成熟的案例指导制度，以其独有的克服成文法的局限、统一法律适用尺度、规范自由裁量权以及确保司法廉洁之功效，能够有效地规制审判权之滥用，并最终实现司法的公开和公正。目前理论界提出了多种方法和途径规制和防止审判权滥用，运用到具体司法实践中却未能取得良好的法律和社会效果。笔者将以两则案例以及所在法院系统涉及审判权滥用的相关统计数据为基础，列举审判权滥用之现状和危害，分析之成因，并提出应当优先选择案例指导制度以规制审判权之滥用。

一、困惑与无奈：审判权滥用现状之考察

审判权通常指法院依法审理和裁决刑事、民事案件和其他案件的权力，是国家司法权力的重要组成部分，也是法官在审判活动中一项重要的职权。在全国各级法院审判具体案件过程中，出现审判权被滥用的现象较为常见，以下便是被网络媒体报道的两则司法案例。

案例一：银行卡盗刷案。2016年上半年，湖南省某基层法院判决储户、银行各承担一半责任，而该省另一基层法院却判决银行承担全部责任；广州同一基层法院去年上半年判决储户和银行各承担一半责任，而下半年却判决按三七比例承担责任。

案例二："仿真枪"案。媒体报道一则案例："玩具小贩被'玩具'毁了，同一法院却同案不同判？"案情为：一位经营仿真枪金额高达511万元的大户，只判了6年；王某的上上线林某生产了5万多支仿真枪，只判了3年。而王某卖的区区20支仿真枪被认定为真枪，却被判决10年。判决差异如此之大的原因是那些仿真枪都没有被认定为真枪，仿真枪大户和林某都只是以非法经营罪定罪。

上述两则案例折射出的现象是：值得注意的是，审判权被滥用的司法现象目前还较为突出，在司法实践中造成的危害相当严重，法官滥用审判权有愈演愈烈之势，已造成人民群众对法律信仰之无奈，对法律未来之困惑。

（一）审判权滥用的具体表现

1. 证据审核认定权之滥用

证据的审核认定，指法官对当事人提交的各种证据材料进行审查、分析研究、鉴别其真伪，找出它们与案件事实之间的客观联系，确定

其真实性和证明力，从而对案件事实作出结论的活动。法官滥用证据的审核认定权主要体现在证据能力、证据的证明力以及举证责任分配等方面。

法官对证据能力的认定最为直接的表现是对非法证据排除的裁量。《最高人民法院关于民事诉讼证据的若干规定》（以下简称《证据规则》）第六十八条规定："以侵害他人合法权益或者违反法律禁止性规定的方法取得的证据，不能作为认定案件事实的依据。"该条文在确立非法证据排除规则和裁判标准的同时，也赋予了法官在认定"以侵害他人合法权益或者违反法律禁止性规定的方法取得的证据"为非法证据时自由裁决的权力，这种以法律规定的形式赋予法官自由裁决的权力非常容易造成法官在证据能力方面的裁判权的滥用。

法官对证据证明力的认定最直接的表现是证据证明标准的裁量，即证据对案件事实有无证明力，以及证明力的大小，取决于证据与案件事实有无联系，以及联系的紧密、强弱程度。而对证据证明力的有无和大小的确定，一是根据法律规定的"法定证据原则"确定；二是根据法官"自由心证原则"确定。如果法官违反"自由心证原则"对证据证明力予以认定，则必然会造成证据证明力不正当运用，造成审判权之滥用。

法官对举证责任分配的认定主要表现在对证据的举证责任由哪一方承担的裁量。我国法律规定了举证责任的一般规则和特殊原则。《证据规则》第七条明确规定："在法律没有具体规定，依本规定及其他司法解释无法确定举证责任承担时，人民法院可以根据公平原则和诚实信用原则，综合当事人举证能力等因素确定举证责任的承担。"它规定了法官在特定情况下可以根据法律的基本原则就举证责任的分配行使一定幅度的自由裁决权力，亦容易造成审判权之滥用。

2. 事实认定权之滥用

法官在审理案件时，查明和认定事实是首要任务。事实无法认定清楚，法官就无从适用法律，因此，认定事实就成为法官作出裁判的前提和基础。对于事实的认定，就是要法官通过一定的审判规则和流程将生活事实认定为法律事实，直至"法律真实"。对于最终能否认定为对案件裁判有法律意义上的"法律真实"，必然要通过查明事实、证据证明、自由心证、法律和事实推定以及生活经验法则等方法和途径完成。而在法官运用自由心证、法律和事实推定以及生活经验法则去完成事实认定时，极易造成法官在事实认定权上的滥用。

3. 法律适用权之滥用

法官裁判案件，在查清案件事实并对法律事实认定后，就要进行法律适用，即寻法可资适用的法律以及相应条款。当法律条文出现前后不一、相互矛盾与冲突、疏漏或空白等有法不能依或无法可依的情况，或者相应的法律条文中所使用的语言出现理解歧义时，法官就需要运用文义解释、体系解释、立法解释、目的解释、社会学解释等法律解释方法进行法律适用，使之符合立法精神和立法本意，特别要符合案件的客观实际情形。法官在选择法律解释方法适法时，难免会掺杂法官主观思想，脱离不了自由的裁量，容易引起审判权之滥用。

（二）审判权滥用的具体危害

1. 滥用审判权导致"同案不同判"

正如上述两则案件，"同案不同判"的现象非常普遍，这是法官滥用审判权在司法实践中最为直接的表现。所谓"同案不同判"，是指针对同样或者类似的案件，人民法院没有作出相同或者类似的裁判。曾任美国联邦最高法院大法官的卡多佐曾经说过："如果有一组案件所涉及的要点相同，那么各方当事人就会期望有同样的决定。如果依据相互对立的原则交替决定这些案件，那么这就是一种很大的不公。如果在昨天的一个案件中，判决不利于被告的我；那么如果今天我是原告，我就会期待对此案的判决相同。如果不同，我胸中就会升起一种愤怒和不公的感觉；那将是对我的实质权利和道德权利的侵犯。如果两个案件都一样，每个人就都会感受到这种感情的力量。"可见，"同案不同判"容易引起当事人对法律产生合理怀疑，损害当事人的合法权益，更有当事人以此为契机提出申诉、缠诉，甚至上访，从而严重影响了裁判的公信力、法律的严肃性和司法的权威。现列举 X 市 Y 区基层法院近五年来出现"同案不同判决"的案件数量图表。

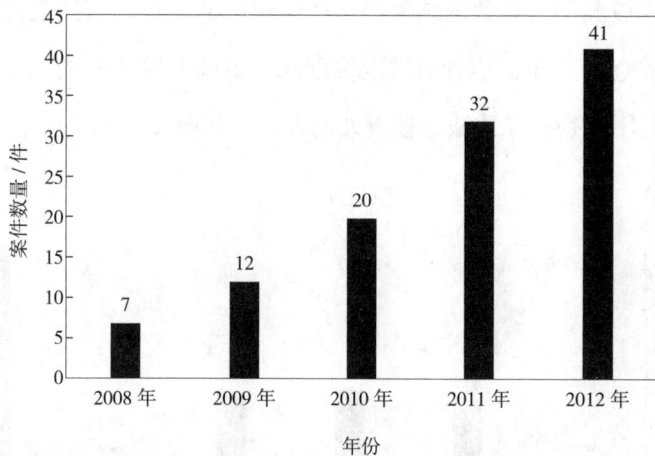

图1　X 市 Y 区法院审理"同案不同判"案件统计图

从图 1 可以看出，X 市 Y 区法院近五年来出现"同案不同判"的案件数量呈现逐年增长趋势，法官滥用审判权导致"同案不同判"的现象较为严重。

2. 滥用审判权导致法官随意自由裁量

在司法实践中，法官对自由裁量权的运用情况并不尽如人意，执法水平良莠不齐，使得自由裁量权的运用情况未发挥其应有功效。正是基于自由裁量权的未被正当合理地运用，法官在裁判案件时随意地运用自由裁量权，导致审判力滥用的情况屡屡发生。以笔者所在的中级法院 2010 年 1 月至 2012 年 12 月所审结的 436 件二审民商事案件为例，其中涉及运用自由裁量权的案件共 122 件，二审维持自由裁量结果 80 件，改变自由裁量结果 42 件。从图 1 可以看出，X 市中级法院每年审理的二审民商事案件涉及自由裁量权的案件逐年增加，改变基层法院自由裁量结果的案件也呈现逐年增加态势。足以可见，基层法院法官滥用自由裁量权审判案件的现象非常突出，并有愈演愈烈之势。

3. 滥用审判权导致司法腐败现象

审判权被滥用后导致的结果必然产生司法的腐败，直接表现在法官因违法违纪被查处方面，笔者通过搜集近几年最高人民法院的工作报告，摘录每年因滥用审判权导致法官被查处的人数，如图 2 所示。

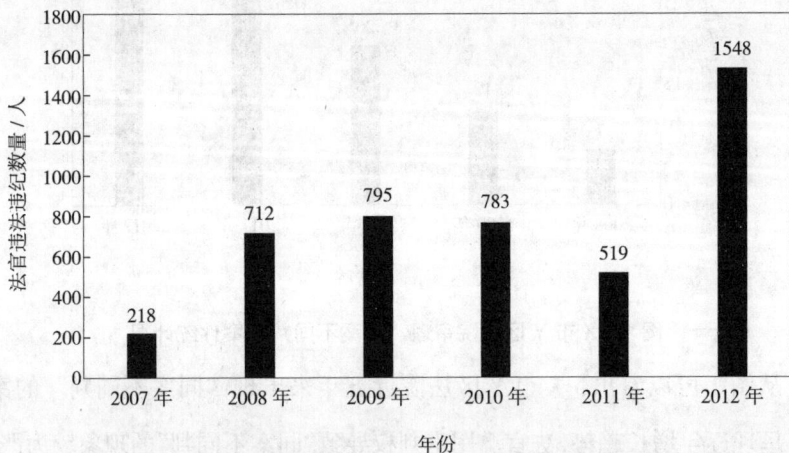

图 2　全国法院系统近六年法官违法违纪人数图

从图 2 可以看出，全国法院系统法官因违法违纪被查处的人数逐年增加，因滥用审判权而被查处的人数也呈现逐年增长的态势。因滥用审判权导致司法腐败现象严重地影响了法院在人民心目中的形象，对司法的权威和公信力造成了严重的影响。

综合上述两组数据图表，审判权滥用导致的直接后果是："同案不同判"、随意自由裁判以及司法的腐败。而这些问题在全国各级法院都在呈现逐年增长的趋势，因此，规制和防止审判滥用就显得尤为重要，也是摆在司法工作者面前一个急需解决的课题。

二、检讨与反思：审判权滥用之成因分析

1. 违法行使审判权

我国《宪法》规定："人民法院依照法律规定独立行使审判权，不受行政机关、社会团体和个人的干涉。"然而，在司法实践中，我国审判权并不能独立行使，最终导致审判权违法行使。影响我国审判权违法行使不仅有法院内部的自身体制问题，也有法院外部环境的因素。法院内部原因主要是法官不按法定程序进行审判活动，不按证据规则审核证据、认定事实，错误地适用法律，随意自由裁判，造成审判权的滥用。法院外部原因主要是受地方行政机关以及其他社会关系的干扰和影响。正如习近平总书记2013年2月23日在中共中央政治局就全面推进依法治国进行第四次集体学习讲话中所指出的：要确保审判机关、检察机关依法独立公正行使审判权、检察权。足以可见，此前，审判机关在各级地方未能独立公正行使审判权的现象普遍存在，在司法实践中造成的危害相当严重。

2. 法律漏洞的存在

我国是成文法国家，法律不可能规定世间一切万物，法律亦存在漏洞，且不可避免，这是由立法者自身认识能力有限所造成的。我国受大陆法系国家的影响，判例、习惯、法理、学说等都不是我国法律的渊源，法官只能依据已公布的法律条文进行裁判，无权对法律条文予以诠释并进行"造法"活动。在此情况下，必然会适用填补法律漏洞的方法，而这些填补方法会因不同的法官而适用不同的方法，造成同类型案件可能出现不同的裁判结果。另外，对一些无法可依、无先例可循的案件，一经受理就有可能被法官违反中立、公平、公正的原则裁判，造成审判权的滥用。

3. 自由裁量权的存在

所谓法官自由裁量权是指法官在法律出现漏洞、法律规定不明确或者严格执行法律导致明显不公正时，在法律的授权范围内，根据相关的法律价值、立法宗旨、立法原则、社会常识等判断标准，自由选择某种结论的权力。我国法律并没有明确规定自由裁量权，但在司法实践中，法官运用自由裁量权裁判案件的现象普遍存在，对裁判案件的公正性和合理性也具有积极意义，已逐步得到了社会各界的认可。事实上，法官运用自由裁量权对案件进行合理裁判，必须在客观上遵循公平公正的利益分配、法律适用正确；在主观上要恪守中立、公正原则对法律进行选择。因此，一旦法官自由裁量偏离了公正的方向，随心所欲地选择法律、适用法律，必然会造成审判权的滥用，导致司法不公。

4. 法律原则的缺位

法律眼中的原则呈多样性，有的清晰而全面；有的只是简单的宣言，没有具体的导向作用；有的则过于原则化，使法官裁量时或者因权力过于抽象而感到茫然，或者因权力没有遵守而感到没有权力。在没有可适用的法律条文时，法官必然会选择法律原则进行裁判，在出现法律漏洞与法律的模糊性、不确定性时，由于法律原则的任意性经常使法官感到无法可依。另外，由于具体法律指导原则的缺位，更容易导致法律适用的混乱和不统一，为法官滥用审判权恣意裁判提供温暖的土壤。

三、借鉴与融合：案例指导制度规制审判权滥用之必要性和可行性分析

无论是成文法还是判例法国家，审判权滥用在司法过程中都较为常见。从本文列举的案例和法院系统司法统计数据可以看出，审判权被滥用的现象很普遍，导致的后果也很严重。如何防止和规制审判权滥用，理论界和实务界尝试运用各种各样的办法去解决，在司法实践中均不甚理想。梳理中国法律各项制度，案例指导制度在适用上有较大的灵活性，可以推翻旧例，适用新例，以弥补成文法不确定性、滞后性和不全面、不周延性的局限。通过案例指导制度可以补充法律的漏洞，统一司法裁判尺度和标准，限制和规范法官自由裁量权的运用，避免"同案不同判"的情况发生。因此，为有效地规制审判权滥用，应当结合判例法国家的判例制度，引入我国独有的案件指导制度，以其特有的功效规制审判权之滥用，并以此作为优先之选择。

（一）案例指导制度概述

建立和完善案例指导制度，是《人民法院第二个五年改革纲要（2004—2008）》确定的改革任务之一。该纲要明确提出了建立案例指导制度，强调了指导性案例在统一法律适用标准、指导下级法院审判工作、研究和发展法学理论等方面的作用。最高人民法院制定关于案例指导制度的规范性文件，规定指导性案例的编选标准、编选程序、发布方式、指导规则等。由此可见，我国已经确立了案例指导制度在司法实践中的地位。案例指导制度是对我国成文法的必要补充，有助于实现司法统一，保障司法公正；我国当前已具备实施案例指导制度的基本条件，应尽快构建相关制度和工作机制，适时逐步推行。在全国法院系统中，各级人民法院都对案例编辑

开始了有益的尝试。在高级法院中，有江苏高院的《参阅案例》、天津高院的《判例指导》、四川高院的《案例指导》、湖北高院的《湖北审判案例参考》；中级法院有西安市中级法院的《案例参阅》；基层法院有郑州市中原区法院的《先例判决制度》。最高人民法院也经过充分的调查研究，制定了《关于案例指导工作的规定》，并于2010年11月26日正式公布实施。随后，最高人民法院也以公告的形式相继发布了近十批指导性案例，在司法实践中已取得了良好的社会效果和法律效果。以上理论和实践表明，我国的案例指导制度已在运行和实际操作，我国的成文法与案例结合的法律适用模式已正式得到了最高司法机关的认可，并已经发挥其统一法律适用、提高审判质量和维护司法公正的作用。

（二）案例指导制度规制审判权滥用之必要性和可行性分析

1. 案例指导制度通过克服成文法的局限性规制审判权之滥用

我国是成文法国家。成文法对法律问题的"条文式"表述在实现法律的普遍性、稳定性和确定性的同时，牺牲掉了必要的特殊性、适应性和灵活性；也必定由于不能及时立、改、废而存在有时落后于时代发展的保守性。成文法的优点主要有：具有相对稳定性、易操作性以及体系完整、逻辑严密、结构科学等。但成文法也有其局限性，主要表现在以下方面。一是不确定性。成文法在创制时，往往会使用一些抽象和模糊的语言来制定法律规则和法律原则，主要受语言环境本身、立法技术、立法意图和精神等因素影响。二是滞后性。成文法的确定性要求法律保持相对的稳定，然而法律所调整的社会却是在不断更迭变化的，这必然造成法律规定的内容与现实生活脱节，随着时间的推移，法律的滞后性会越来越严重。三是不全面、不周延性。成文法在出台前，立法者受到人的思维、认识能力和生活经验等因素的限制不可能把世间万物都写进法律，有相当一部分社会关系都游离于法律之外。正如美国著名比较法学家约翰·亨利·梅里曼曾所说："大多数立法历史表明，立法机关并不能预见法官可能遇到的问题。"现行学理一般认为：要克服成文法的上述缺陷，主要途径有确定法律原则、制定法律解释、设定兜底条款、确立类推制度等。由于成文法固有的缺陷，在司法实践中，法官很难依靠上述四种方式去解决法律适用不统一、"同案不同判"以及自由裁量影响审判权滥用的问题。而案例指导制度在适用上有较大的灵活性，能避免法律的滞后性，弥补成文法的不全面和不周延性，规范法官自由裁量、统一法律适用尺度，避免"同案不同判"，从制度层面克服成文法的局限以规制审判权之滥用。

2. 案例指导制度通过提高法律的统一适用规制审判权之滥用

法律适用是指在具体案件的法律事实出现后，通过将其归入相应的抽象法律事实，然后根据该法律规范关于抽象法律关系之规定，进而形成具体的法律关系和法律秩序。在司法实践中，法律能否统一适用主要体现为同样或类似案件人民法院能否作出相同或类似的判决，是否导致"同案不同判"的现象发生。例如，2005年2月，包头市昆都区人民法院审理的一起妇女受虐杀夫案，该犯被判处3年有期徒刑，缓刑5年执行；而2006年3月上海市浦东区人民法院判决的一起妇女受虐杀夫案，该犯被判处14年有期徒刑。造成"同案不同判"的原因是复杂的，如整体司法环境不够理想，司法独立缺乏足够保障，法官素质有待提高。不过最根本的原因仍在于成文法固有的局限性。要消除这些局限性，离不开案例指导制度的作用发挥。通过实行案例指导制度的指引，可以让法官在法律适用方面统一司法裁判的尺度，减少法官的司法随意性，避免"同案不同判"的情况发生，保证类似案件司法结果的趋同。由于指导性案例能够在审判具体案件中指导法官如何理解法律、适用法律，甚至是创制规则的问题提供最直观、最具体同时也最充分的"样板"与"典范";如何认定案件事实、如何判断相关证据与待证事实之间的逻辑关系以及如何建立本案事实与相关规则之间的联系等方面,并且提供了极具可操作性的指引,从而为法官裁判类似案件列出了精准的"式样"。而这种"式样"在司法实践中长期的运用,在一定范围内统一了法律适用,提升了司法裁判的社会认同感,对规制审判权的滥用起到了重要的作用。

3. 案例指导制度通过规范法官的自由裁量权规制审判权之滥用

由成文法的局限性和司法实践的复杂性所决定,法官拥有的自由裁量权——依据自身对法律的理解及案件具体情况酌情作出决定的权力,是必要的,也是不可避免的。如果自由裁量权失控、被滥用,则必然会造成司法的专横。因此,在承认法官享有自由裁量权的同时,还必须对法官的自由裁量权予以规范和限制。而对规范和限制法官自由裁量权最为有效的方式便是建立案例指导制度。指导性案例对自由裁量权的规范和限制表现在:一方面,按照遵循先例的要求,对于相同或类似的情况,必须适用相同的规则,裁判结果也应大体保持一致;另一方面,在遇到"法律漏洞"的情况时,由于先例已经确立了填补漏洞规则,则应依据先例确立的规则作出裁判,以使相同案情达成相同的裁判。因此,指导性案例通过规范和约束法官自由裁量权,压缩自由裁量权的空间,抑制外界各方面的干预,规制审判权的滥用,以维护司法的公正和法律的统一。

4. 案例指导制度通过提高司法的廉洁度规制审判权之滥用

确保司法廉洁、实现司法公正是人民法院面临的重大课题。从最高人民法院每年的工作报告中可以看出,每年法官因滥用审判权造成违法违纪而被查处的人数呈现增长的趋势。司法的不廉洁性主要体现在法官违法裁判,无视法律的规定任意裁判,滥用自由裁量权等方面。司法的核心是审判权，审判权是法官固有的权力，其本身并不成为问题，如果法官所独有的审判权没有被限制和监督，则非常容易造成司法的不廉洁，出现司法腐败现象。案例指导制度以其固有的统一司法适用，规范裁判尺度，规范自由裁量权等特点，能极大地提高司法廉洁透明度，防止法官贪污、渎职、枉法裁判、道德上的失职行为以及违反法官职业道德的行为。从制度层面提高司法的廉洁性，从源头上防止司法腐败现象发生，以此来规制审判权之滥用。

司法公正是实现社会公平正义的最后一道防线，审判权作为司法的核心和灵魂，正确行使审判权而不被滥用就显得尤为重要。本文提出以案例指导制度作为规制审判权滥用之优先选择观点，这只是从选择性、可行性和必要性层面予以分析论证，仅起到窥一斑而知全豹之作用。但随着我国司法改革的跨越式发展，学理界和实务界必将提出规制审判权滥用最优的方法和途径。

本文写于 2016 年 3 月，为学术论文。

大数据时代的审判绩效制度变革

"大数据及其分析，将会在未来 10 年改变几乎每一个行业的业务功能。任何一个组织，如果早一点着手大数据的工作，都可以获得明显的竞争优势。"

——哈佛大学巴布森学院教授托马斯·H.达文波特

大数据是互联网时代最前沿的技术，将会改变每个领域的行业功能，一场关于工作、生活和思维的变革正在悄然进行。司法领域也不例外，大数据将会对人民法院的审判工作产生深远的影响，我们长期遵循的审判规律也会悄无声息地发生变化。在新一轮司法改革大潮背景下，作为与数据有密切联系的审判绩效制度，大数据对该制度将产生怎样的变革是值得我们研究的课题。笔者认为，大数据的飞速发展终将影响并改变传统的审判绩效制度。本文在介绍大数据时代的工作、生活和思维变革的基础上，分析大数据对审判绩效制度产生的挑战和转型，提出重塑和构建大数据审判绩效制度之路径，最终得出利用大数据预测和呈现符合审判规律的绩效考评制度之观点。

在大数据即将给我们的工作、生活和思维带来变革的今天，人民法院沿用多年来的审判绩效制度会面临怎样的挑战？审判绩效制度如何华丽转型？又该以哪种路径重构大数据时代的审判绩效制度？在新一轮司法改革背景下，这些看似神秘而遥远的问题急需我们在司法实践中解决。

一、大数据时代的工作、生活和思维变革

（一）大数据在工作、生活和思维方面的应用

在行政领域，奥巴马运用数据挖掘技术，深入了解每一位选民的个性需求，使80%的选民认为奥巴马比其竞争对手罗姆尼让他们感觉更加重视自己，从而击败对手赢得美国总统的选举；在商业领域，Farecast公司长期对机票价格进行数据收集，能帮助消费者在最佳的时机购买价格最低的机票；在公共卫生领域，Google对搜索的历史记录进行了合理的数据分析，立即判断出甲型 H1N1 流感的传播起源地；在生活中，当你用手机扫描二维码、微博转发、网络搜索、购物等，你的消费习惯、偏好以及社交信息，就被大数据分析工具捕获并进行分析、挖掘和预测，实时向你反馈全面周到的信息和服务……这些在前几年无法想象的场景正在变为现实，实现这些变化的技术依靠人力是不可能完成的，而是通过互联网最新技术——"大数据算法"。大数据以其特有的数据采集、分析和挖掘技术，预测和总结关于社会各个领域的特点，可以从中寻找规律，一场关于工作、生活和思维的变革正在来临，大数据终将改变传统的观点、理念和思维方式。

（二）大数据的概念和特征

大数据虽然在各行各业都有所应用，但人们对其概念和特征仍较为陌生，百度百科把大数据的概念定义为：它是所涉及的资料量规模巨大到无法通过目前主流软件工具，在合理时间内达到撷取、管理、处理、

并整理成为帮助企业经营决策更积极目的的资讯。一般认为，"大数据 = 海量数据 + 复杂类型的数据"，其特征被总结为"4V"：首先是数据体量（volumes）大，即大型数据集，数据量一般在 10 TB[①] 规模左右，《大数据时代》的作者维克托·迈尔–舍恩伯格认为"世界进入拍字节（PB）是大数据的爆发点"；其次是数据种类（variety）多，数据种类和格式日渐丰富，数据源冲破了结构化数据[②] 范畴，包括了半结构化[③] 和非结构化数据[④]；接着是处理速度（velocity）快，能够实时处理海量数据；最后是数据准确性（veracity）高，它能准确预测，并从中获取有价值的信息。综上，可以将大数据做通俗的理解，即大数据是由海量的数据组成的数据种类集合，通过应用合理的算法或工具快速分析和预测有价值的信息，为人们带来利益的一门新兴学科。维克托·迈尔–舍恩伯格在《大数据时代》一书中曾提到："大数据改变了传统的方法、经验和规律，它为人类的生活创造了可量化的维度，它使用的数据不是随机的数据样本，而是全体、所有的数据；不是数据的精确性而是混杂性；不是数据的因果关系而是相关关系；也正在改变我们的生活以及理解世界的方式，它提供的不是最终答案而是参考答案。"通过大数据的分析、挖掘，让数据说话和发声，

---

① 数据最基本的单位是 Byte，按顺序给出所有单位：bit、Byte（8bit）、KB（1024B）、MB（1024KB）、GB（1024MB）、TB（1024GB）、PB（1024TB）、EB（1024PB）、ZB（1024EB）、YB（1024ZB）、BB（1024YB）、NB（1024BB）、DB（1024NB），一般认为大数据的数量级应该是"太字节"（TB）。

② 结构化数据：即行数据，存储在数据库里，是由二维表结构来逻辑表达和实现的数据。

③ 半结构化数据：是介于完全结构化数据（如关系型数据库、面向对象数据库中的数据）和完全无结构的数据（如声音、图像文件等）之间的数据，HTML 文档就属于半结构化数据。它一般是自描述的，数据的结构和内容混在一起，没有明显的区分。

④ 非结构化数据：指相对于结构化数据而言，不方便用数据库二维逻辑表来表现的数据即称为非结构化数据，包括所有格式的办公文档、文本、图片、标准通用标记语言下的子集 XML、HTML、各类报表、图像和音频 / 视频信息等。

显示有价值的信息，依据有价值的信息，从中总结和寻找规律。

（三）大数据在司法领域的应用

徐子沛在《大数据》一书中曾提到："从历史上看，不论中国和西方，任何国家发展都可以有一个复杂文官系统管理以后，没有不依照数据来治国的。"在司法领域也一样，我国部分省高级法院已经着手运用大数据进行审判管理，如浙江法院信息化体系，实际上就是一个大数据平台，它可以自动对审判过程、结果和执行中的各种数据进行综合分析，形成图表和"魔幻"的数据，从中总结审判规律。通过大数据与各部门数据共享，形成了对付"老赖"的执行天网；北京法院实施的"信息球"管理模式，不断优化数据，提升审判质效，这都是依靠大数据服务于审判执行工作的典型例证。因为在大数据世界里，一切行为都可以被量化，司法行为与其他行为一样，也可以被量化，司法行为被量化后，利用大数据的分析和挖掘技术，预测和探索司法规律，其结论更理性、更实用、更可靠。

二、大数据对审判绩效制度的挑战与转型

（一）审判绩效制度的现状

绩效考核制度，原指按照一定的标准，采用科学的方法，检查和评定企业员工对职务所规定责任的履行程度，以确定其工作成绩的一种管理方法[①]。该制度在企业管理中是一种较为先进有效的管理方式，后来在全球范围内得到广泛应用。2008年，最高人民法院依上述制度印发了《最高人民法院关于开展案件质量评估工作的指导意见（试行）》，各高级法院于2009年均先后出台了绩效考评办法，其所属的中、基层人民法院也按照高

---

① 赵黎明，李振华. 对企业员工工作绩效考核问题的探讨［J］. 科技管理研究，2001（5）：4.

级法院的要求制订了形式各样的绩效考评办法。自此，审判绩效制度作为一项常态化和制度化的工作运用到人民法院的审判管理中。绩效考评大体是按照审判工作特点将考评内容逐项分解，具体量化，设置出各种针对法院、业务庭、法官个人等的测评内容，并在年终按照指标体系数据的排名对法院、业务庭、法官个人进行评优评先，奖惩激励。最高人民法院制定绩效考评办法的初衷和目的是实现对审判质量效率的科学、客观地综合评估考核，为人民法院创新和加强审判管理提供科学依据和行之有效的量化标准。然而，各级人民法院在实际运行过程中并未完全发挥其应有的功能和作用，主要体现在以下几方面。

①绩效数据不真实。被考评部门或法官为了较为理想的考评结果，普遍出现数据采集不真实，随意修改数据以及隐瞒数据的现象，导致绩效考评的数字存在不同程度的水分甚至虚假数字的情况，不能真实地反映最终的考评结果，出现了形式上的绩效考评。

②绩效指标不合理。一是在考评的公正方面，为了追求较高的调解撤诉率、一审服判率等数值，就会出现案件久拖不判、强制调解撤诉等情形，对当事人的合法权益造成了损害，也不符合审判规律；二是在考评的司法效果方面，往往只重结果，不注重效果，如对发改率的考评，设置上级法院发改的案件为错案，硬性设置发改率指标，其运行效果不会很理想，也不符合审判工作实际；三是考评的对象存在差异未予考虑，在全省范围内，由于存在地区差异、法官素质能力差异等情况，设置平均统一的审判绩效指标是不合理、不科学的，即使在同一个法院，对不同的法官实行相同的绩效考评指标也是不合理的。

③绩效唯数字论。绩效考评制度通过全面量化审判工作达到对法院及其部门、法官个人工作业绩的考评，容易造成盲目追求考评的分数高低。

由于上级法院考评下级法院均以审判绩效指标为依据，其参考指标也是由上级法院设定，没有考虑不同法院的审判能力与状况，从根本上忽视了审判的质量、效率和效果。各级法院在信奉以数字论英雄的考评机制之下，出现对司法政绩观的偏离是在所难免的。

④ 绩效效果不理想。由于考评数据缺乏真实性，考评内容流于形式，造成考评的实际效果并不理想。即使是比较规范的绩效考评，由于考评以扣分为主，容易造成做的多、错的多、扣分多和做的少、错的少、扣分少的不正常现象，严重与审判规律相背离，没有发挥审判绩效制度应有的功能和实效。

传统的绩效考评制度在司法实践中要么流于形式，要么应付了事，要么唯数字论，均不能正确指导审判工作的决策，无法推动审判工作向规范化和科学化方向发展，未完全发挥审判绩效制度的应有之义。一段时间以来，有些法院逐渐取消了部分审判绩效指标，如结案率、调撤率等；也有一些法院对审判绩效只评估不排名；也有学者和官员提出，考评结果只作为"体检表"，不作为"成绩单"。这些创新的做法和观点在一定程度上提升了审判的效果，但该制度在具体的审判实践中存在固有的缺陷，无法从根本上消除审判绩效的制度弊端。

（二）大数据对审判绩效制度的挑战

大数据时代，社会各个领域将面临着全新的革命，人民法院应当努力适应并积极应对。作为与数据密切关联的审判绩效制度，就要充分借助和利用大数据技术，努力做好审判数据的采集，在审判大数据充分累积到一定程度时，就会预测和总结一定的秩序和规律，因为数据信息所揭示的规律比绩效考评制定者的道德和经验更科学、合理，更值得信任。通过大数据技术处理，呈现更符合审判规律的审判绩效数据，以指导法院审判工作的决策开展，更好地体现审判的质量、效率和效果，为法院的科学化管理提供技术支持。当大数据运用到审判绩效制度后，传统的审判绩效制度将面临如下挑战。

① 大数据时代的审判绩效采集方式更科学合理。由于大数据技术要求数据采集必须真实、准确、全面和系统，传统的采集方式应予以革新，以往通过报表采集数据方式以及数据采集不真实的现象已经不能适应大数据的技术要求，大数据时代对数据的采集方式将从根本上避免数据采集的不全面、不真实情况的发生，在数据的入口阶段为审判绩效大数据提供了前提条件。

② 大数据时代的审判绩效制度"唯数据论"。大数据时代，不仅要利用当事人基本情况以及案件的基本信息等审判绩效数据，还要利用与之相关的其他数据信息，如当事人个人简历、信用程度、个人爱好、性格特点、习惯以及社会反响度等与之相关的数据。因为大数据使用的不是随机数据，而是全体、所有的海量数据，它不再具体要求每项数字分值的高低，通过对全体、所有的海量数据进行分析和挖掘。大数据时代的审判绩效制度不再"唯数字论"，而是呈现审判绩效制度的"唯数据论"特征。

③ 大数据时代的审判绩效制度能忽略不合理指标。当大数据运用于审判绩效制度时，考评的数据的内容和指标以及各级法院区域差异指标，均可通过数据来量化，并为大数据技术所使用。第一，大数据不要求数据的因果关系，而是相关关系，只需要知道"是什么"，不需要知道"为什么"，即使绩效考评制度中的内容、指标设定不合理以及各级法院间区域的差异均不予考虑，只需要知道通过量化后的最终结论。第二，大数据使用的是全体、所有的数据，即与绩效考评相关的数据均应当加以利用，基于大数据混同技术，它能完全忽略传统的绩效考评制度中的内

容、指标设定不合理以及各级法院间区域的差异。以大数据独有的技术，能完全避免绩效考评过程中出现各种不同的情况发生，最终保证审判绩效数据的真实、合理和科学，这也是它相对于传统审判绩效制度最为先进之所在。

④ 大数据时代的审判绩效制度能总结审判规律。传统的审判绩效制度在审判实践中不能真正体现审判的质量、效率和效果，更不能通过审判绩效数据总结和呈现审判规律为审判服务，而大数据时代的审判绩效制度能够总结和呈现审判规律。在大数据时代，通过司法大数据的采集，不是为了掌握规模庞大的数据信息，而在于对这些数据进行系统化、智能化处理，从中分析和挖掘出有价值的信息，最终预测和总结审判绩效规律，因为数据本身是一个没有偏好的科学工具，分析数据，只是为了寻找规律。数据信息所揭示的规律比法官的道德和经验更值得信任，未来的审判很有可能实现从经验到数据的再次跨越，传统的审判绩效制度在大数据时代将面临着严峻的考验和挑战。

（三）大数据推进审判绩效制度的转型

传统的审判绩效制度以其数据采集不真实、指标不合理、唯数字论以及绩效效果不理想等缺陷，不能体现审判绩效的质量、效率和效果，更不能总结审判规律，应当随着技术的革命进行转型，以减少这种制度的不科学。随着大数据时代的来临，一切都通过数据量化来说话，正如哈佛大学社会学教授加里·金说：“这是一场革命，庞大的数据资源使得各个领域开始了量化进程，无论学术界、商界还是政府，所有领域都将开始这种进程。”在大数据时代，司法领域和其他领域一样都开始这种量化进程，通过真实、准确、全面、系统地采集审判绩效大数据，深入分析和挖掘审判绩效数据，探索和总结审判规律，保障大数据时代下审判工作和各种决策不偏离正轨、不脱离实际，保障审判工作规律"有迹可循"，保障审判绩效工作的科学性和合理性，最终实现传统的审判绩效制度向大数据时代的绩效考评制度转变。

三、重塑与构建大数据时代的审判绩效制度之路径

在新一轮司法改革进程中，大数据应用于审判绩效制度已是大势所趋，因此，重塑大数据时代的审判绩效制度应重点从以下几个方面构建。

（一）树立审判大数据思维

大数据是目前世界上最新的技术革命和观念革命，它不仅是一种技术，也是一种价值观、方法论，从某种意义上说已经上升到意识形态范畴。在社会的各个领域，大数据技术在各行各业都得到了充分的运用和快速的发展，以前认为完全不可能的事情变成眼前的事实，它改变了人们的思维和思考模式，一场关于工作、生活和思维的变革正在进行。在司法实践中，浙江法院的司法大数据平台和北京法院"信息球"建设，都是大数据应用于人民法院审判管理的成功范例，它将是今后一段时期人民法院各项管理和建设的利器。在新一轮司法改革中，人民法院应当时刻拥有大数据意识，树立大数据思维，并充分利用大数据技术进行审判管理工作。特别是在审判绩效方面，依据海量数据，不是个人经验或者长官的意志，通过数据的采集、分析和挖掘技术，预测和呈现符合审判规律的审判绩效制度，最终形成"用数据说话、用数据管理、用数据决策、用数据创新"的审判大数据思维。

（二）创建审判绩效大数据流程

构建大数据时代的审判绩效制度，不仅要有大数据意识，而且要提前

着手创建大数据技术运用于审判绩效制度的流程。笔者结合实际，总结如图 1 所示。

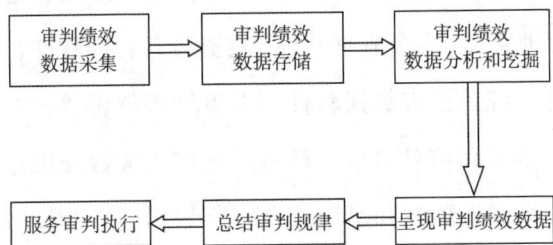

图1 大数据技术运用于审判绩效制度流程表

（三）加强审判绩效制度顶层设计

"顶层设计"源于美国，是自然科学或大型工程技术领域的一种设计理念，国内则在 "十二五"规划的建议中首次出现，但并未通过立法或其他规范的文件运用于社会各个领域，造成了个案的实施困难。对于审判绩效制度的顶层设计，全国各级人民法院应当要有"一盘棋"的思想，要提前运用系统论的方法，从全局的角度，对大数据技术应用于审判领域进行全面统筹规划，以集中有效资源，高效快捷地实现审判大数据应用于审判绩效制度。具体构建方式可以由最高人民法院统一制订大数据审判绩效总体架构和建设推进方案，各省高级法院在方案的基础上，根据各省的审判实际情况，制订本省范围内的具体实施方案，统一规范标准进行系统建设。

（四）加大审判绩效软、硬件建设

1.加大审判绩效软件建设

现行的审判绩效软件均是由各省高级法院根据其工作需要开发建设

的，其适用范围仅限于全省，其数据采集来源于该省的审判信息管理系统，数据比较单一，不能适应大数据的要求。大数据时代，建议各级法院针对不同部门的管理要求，加强不同部门的管理软件建设，如建立法院综合信息管理系统、办公管理软件、物资装备管理软件、财务管理软件、车辆管理软件、统计报表数据软件、人事管理软件等，对所有软件反馈出的数据进行整合和信息共享，最后通过审判大数据决策软件系统进行采集、分析和挖掘，预测和呈现符合审判规律的审判绩效，为审判提供决策依据。

2. 加大审判绩效硬件建设

大数据要求处理海量数据，对硬件提出了较高的技术标准和要求，建议以全国法院信息化建设为契机，加大各级法院的审判数据中心建设。各级人民法院均应建立统一的审判数据中心，为审判绩效数据的采集、分析、挖掘提供一个硬件平台。在现有技术条件下，符合大数据运算的基本硬件配置应当有：服务器和备用服务器、网络安全设备、存储设备以及数据中心机房必备的空调、消防系统等。对上述硬件的配备标准，应当由最高人民法院统一规划和建设，制定统一的规范标准，为实现大数据时代的审判绩效制度提供硬件保障。同时，各级法院数据中心要以最高人民法院审判数据中心为基准，实现审判数据信息共享，避免出现各级人民法院数据信息"孤岛"的现象。

（五）规范审判绩效数据的采集和存储

1. 审判绩效数据的采集

数据采集是大数据技术最重要的一个环节，是其后分析、挖掘和预测技术的基础，数据采集的质量直接决定预测结果的质量。因此，要让大数据技术充分运用到审判绩效制度，主要从以下几个方面予以规范：一是要从平时的"小数据"采集做起，每一项数据采集必须真实、准确、全面，以达到系统化的采集模式；二是采集与案件相关的其他信息。传统的审判绩效数据采集内容往往只限定于人民法院信息管理系统中的基础数据，如当事人基本信息，大数据时代数据的采集范围不仅包括案件的基本信息，如个人简历、信用程度、个人爱好、性格特点及习惯等，还要求采集与案件相关的其他信息，如案件风险大小、当事人对裁判的意见、判决的认同度以及新时期人民群众对审判的需求等；三是数据采集格式多样化。就数据格式而言，不仅包括普通的文本文字，还包括照片、音频、视频等其他数据的类型以及不同格式的文件；四是数据库实时采集。传统以报表汇总数据采集模式因为效率低，不能满足法院科学管理的要求，在大数据时代，应以数据库汇总的方式实时采集，以满足海量数据及时采集的要求。只有从以上几个方面提高审判绩效数据的采集质量和标准，才能更好地为大数据的分析和挖掘提供优质的数据保障。

2. 审判绩效数据的存储

海量的审判绩效数据要求有大容量的存储设备，传统的单碟硬盘已经不能适应大数据时代的存储需要，面对大量的结构化数据和非结构化数据，只有采取不断扩容的手段才能满足数据存储的要求。在传统硬盘存储设备达到极限时，可以考虑寻求其他类型的存储介质，如闪存，在使用性能方面，可以解决现在大数据时代下的各种需求，对海量数据的存取速度，已经超过传统机械硬盘的几十倍，小而精的体积又能让传统的数据中心节约大量存储空间。通过提高大数据存储的质量和效率，其目的是为大数据的分析和挖掘提供安全保障。

（六）着重审判绩效数据分析和挖掘

数据分析和挖掘是大数据核心技术，是指通过特定的算法对大量的数据进行自动分析，从而揭示当中隐藏的历史规律和未来发展的趋势，为决策者提供参考。[①] 利用大数据分析和挖掘的常用方法：分类[②]、回归分析[③]、聚类[④]、关联规则[⑤]、特征[⑥]、Web 数据挖掘[⑦] 等，高度自动化联机分析处理数据库中海量的审判绩效数据，能够作出归纳性的推理，最终提取隐含其中、先前未知的并有潜在价值的信息。借助于数据分析的挖掘，我们不但可以了解司法活动的总体状况，还可以总结审判实践经验，破解审判难点疑点问题，预测审判发展态势。因为海量的审判绩效数据能帮助我们发现问题"是什么"，通过数据的分析，可以解决"为什么"这个问题，在出现"怎么办"问题后，就需要依靠大数据挖掘技术来解决，在审判绩效数据的上升下降中读懂审判规律以及日后工作需要改进的不足之处。第一，通过把孤立的案件联系起来，获得各种视角的统计分析

---

① 徐子沛. 大数据［M］. 桂林：广西师范大学出版社，2013：347.

② 分类是找出数据库中一组数据对象的共同特点并按照分类模式将其划分为不同的类，其目的是通过分类模型，将数据库中的数据项映射到某个给定的类别。

③ 回归分析法是在掌握大量观察数据的基础上，利用数理统计方法建立因变量与自变量之间的回归关系函数表达式。

④ 聚类分析是把一组数据按照相似性和差异性分为几个类别，其目的是使得属于同一类别的数据间的相似性尽可能大，不同类别中的数据间的相似性尽可能小。

⑤ 关联规则是描述数据库中数据项之间所存在的关系的规则，即根据一个事务中某些项的出现可导出另一些项在同一事务中也出现，即隐藏在数据间的关联或相互关系。

⑥ 特征分析是从数据库中的一组数据中提取出关于这些数据的特征式，这些特征式表达了该数据集的总体特征。

⑦ Web 数据挖掘是一项综合技术，通过从因特网上的资源中抽取信息来提高 Web 技术的利用效率，也就是从 Web 文档结构和试用的集合中发现隐含的模式。

结果，能够分别按法院、条线、案由、时间节点、结案方式、当事人信息等不同维度进行专项分析，利用具体的审判数据进行挖掘，并呈现审判执行的运行状况和趋势，反映案件审判所折射的新情况、新问题。第二，通过大数据主题分析，可以得出：55 岁前，女人起诉离婚多；55 岁后，男人起诉离婚多。法官在审理离婚案件时可以借助上述规律有针对性地做双方当事人的调解工作，有利于审判工作的开展。第三，利用大数据的分析和挖掘技术，对每项绩效数据逐一进行分析，对比数据之间的差异，找出数据背后的原因，预测和呈现其中蕴藏的审判规律。第四，通过对近年来案件的立案数、结案数以及类型的分析，能够预测每年度案件数量，可以适时调配审判人员到不同业务庭，也可以通过分析每名法官结案数量，针对不同法官提供可供参考的建议；通过审判绩效海量数据的分析和挖掘，还可以对业务部门和每名法官提出合理化的建议和意见，不断提高审判的质量、效率和效果。

（七）加大审判绩效数据的"二次利用"

审判绩效通过大数据的采集、分析和挖掘技术后，最终预测和呈现一定的审判规律，通过审判规律指导人民法院各项工作的开展。对审判绩效数据总结的审判规律利用过程也就是大数据的"二次利用"过程，也就是大数据运用于审判绩效制度的最终成果。通过审判绩效数据的"二次利用"，不仅能够促进审判绩效制度的进一步完善，还能够利用审判绩效总结的审判规律服务于各项审判工作，为各项审判工作提供有益的决策，为人民法院的审判管理工作提供科学化、制度化的建议和意见。

大数据在全球以及社会各个领域都已上升为国家战略高度，人民法院应当在审判绩效制度方面充分利用新互联网时代的大数据技术。"传统的审判绩效制度已不能适应审判工作的要求，对大数据时代的审判绩效制度变革将任重而道远，正如确立完全科学的制度乃是一种幻想，我们所能做的就是减少不科学"①，大数据技术的运用将减少传统审判绩效制度的不科学。本文旨在引入"大数据概念"到审判绩效制度之中，为日后的审判绩效制度之变革提供全新的思维和不一样的思考方式。

本文写于 2017 年 3 月，为学术论文。

---

① 博登海默. 法理学：法律哲学与法律方法［M］. 邓正来，译. 北京：中国政法大学出版社，1999：111.

民事简易程序再简化制度之构造

随着经济下行压力不断加剧，大量事实清楚、法律关系明确的民事纠纷案件快速涌入法院，导致民商事案件呈现井喷之势。为解决"案多人少"的问题，充分发挥案件繁简分流机制，基层人民法院相应地运用民事简易程序解决各类纠纷。新《民事诉讼法》及其司法解释从制度层面对简易程序进行了重新设计和布局，但并未体现出简易程序的精髓——简便和效率。诚然，民事简易程序是普通程序的简化，但能否对民事简易程序再简化，新《民事诉讼法》解释未予以正面回应，也未提出具体的实践操作方法。本文将以民事简易程序再简化制度之构造为视角，通过立法和实践层面之考量，分析简易程序再简化的理论正当性和现实必要性，设计简易程序再简化的具体路径，将简易程序再简化定位于普通程序和小额速裁程序之间，真正体现民事简易程序应有之义。

在当前司法实践中，出现民事简易程序与普通程序、小额速裁程序含糊不清并混淆适用的情况，以及民事简易程序不简易的情形。本文通过分析现行民事简易程序制度在立法和实践方面之缺陷，提出民事简易程序再简化之具体路径，如设立专门简易庭、限制案件标的额（500万元以下）、取消案件类型、缩短答辩和审理期限、优化送达程序、庭审程序以及裁判文书制作、减少诉讼费等措施，最终构造民事简易程序再简化制度。

一、民事简易程序再简化制度构造之必要

民事诉讼简易程序以简便、快捷、高效的程序设计已经成为诉讼程序中不可或缺的单元，新出台的《民事诉讼法》及其司法解释给予其相应的完善。然而，民事简易程序再简化理念却未完全提及，也未自成体系，甚至将简易程序解释为普通程序或小额速裁程序。笔者认为，民事简易程序再简化的目标应当是将简易程序设计定位于普通程序与小额速裁程序之间，通过对民事简易程序再简化，将推动简易程序制度不断向前发展。因而，民事简易程序再简化制度，应有其现实的必要性和理论的正当性。

（一）简易程序再简化制度之现实必要性

民事简易程序再简化应当是在民事简易程序的基础上，再进一步简化诉讼程序，不断提高诉讼效率，从而节约司法资源，最终达到方便当事人诉讼的目的。在司法实践中，由于大量案件积压在基层人民法院，而案件类型相对单一以及简易程序不简易等现实问题都在基层人民法院不同程度地存在。为了切实提高结案率，迅速解决当事人纠纷，真正让简易程序的功效在基层审判环节完全发挥效果，民事简易程序再简化应当作为提高诉讼效率之最佳途径，这也是简易程序再简化制度之现实需要。

1. 案件激增之需要

自 2015 年 4 月 30 日最高人民法院调整级别管辖和 5 月 1 日实行的立案登记制度以来，案件数量激增现象在基层人民法院普遍且大量存在。为了缓解案件激增与办案人员减少的压力，应当有一种较好的程序设计解决

现实存在的问题。诚然，简易程序以其独特的快捷简便等优点能够很好地减轻案件激增的压力，应当为解决案件激增之优先选择。然而，在审判实践中，简易程序不简易的现象还较为普遍，应当对简易程序再简化，以更有效地解决案件激增与办案人员减少的矛盾。

2. 案件类型单一之需要

X 市 Y 区基层人民法院某城区人民法庭提供的 2014—2016 年案件数量及类型如图 1 所示。

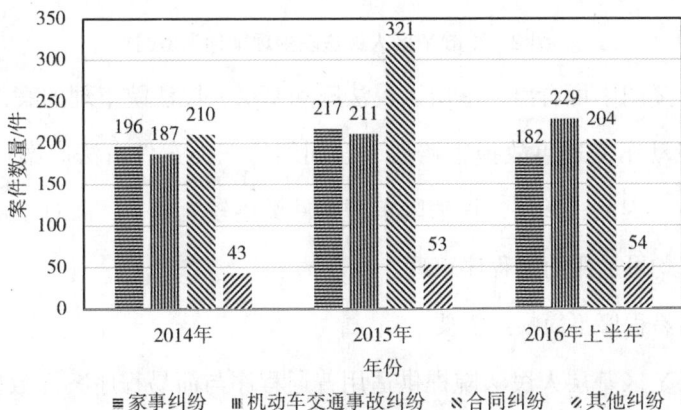

图 1　X 市 Y 区人民法院某城区人民法庭近三年受理案件类型图

X 市 Y 区基层人民法院提供的 2014—2016 年审理案件数量及类型如图 2 所示。

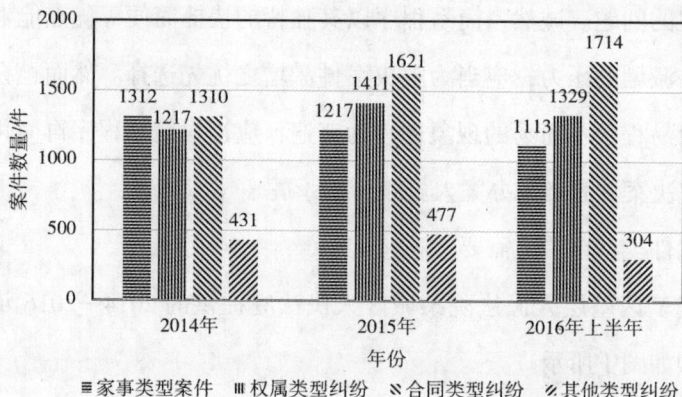

图2 X市Y区人民法院受理案件类型图

从上述图中可看出，基层人民法庭和基层人民法院审理的案件类型，家事、机动车交通事故损害赔偿、合同纠纷三类案件占法庭案件总数的90%左右。因此，基层人民法院审理案件类型较为单一，而对于这三大类型案件，均可适用简易程序审理。

3. 简易程序不简易之需要

X市Y区基层人民法院提供适用普通程序与简易程序案件数据如图3所示。

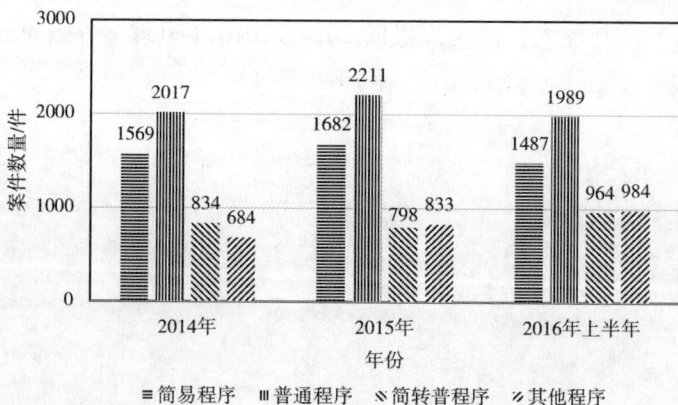

图3 X市Y区人民法院适用程序案件

从图 3 可以看出，在基层人民法院，应当适用简易程序的案件，最终按简易程序结案的只占 50%；近 50% 的案件，都通过简易程序转化为普通程序审理。因此，民事案件在形式上简易、实质上普通的现象在基层人民法院司空见惯，没有发挥简易程序应有的作用，应当对简易程序再简化。同时，应当严格区别并扩大简易程序与普通程序之间的界限和差异，真正让简易程序适用能够占一席之地。

（二）简易程序再简化之理论正当性

民事简易程序作为一项独立的诉讼程序，是相对于普通程序而言的，它作为一项法律制度并不是一开始就有的，其产生有一个"普通程序—普通程序简易化—简易程序—简易程序的再简化"过程。简易程序通过快速而不草率、简化而不随意、廉价而非劣质的程序解决。其应当遵循的理念是：在保证程序公正的前提下，追求程序的简便和效率优先，为人民群众提供一种简便快捷的纠纷解决机制和程序设置。一般认为，民事诉讼程序的法理基础就是公正与效率，对于简易程序再简化的理论基础，应当有其特定的程序法理基础。

1. 符合案件繁简分流的价值目标

"案多人少"一直是困扰法院工作的难题，近年来，法院受理的民事案件呈"爆炸式"增长，特别是基层人民法院面临的形势将更为严峻。基层人民法院面对巨大的案件数量，首选的解决之道就是实行案件繁简分流，同时选择一种简便快捷的诉讼程序解决机制。根据不同类型的案件适用不同程序的价值目标，在立案源头上实行案件的繁简分流，既能够保证对简单案件简便高效处理，又能够保障重大、复杂、疑难案件得到公正裁决。因此，对于简单的民事案件应当适用简易程序，对于适用简易程序案件的具体程序亦予以再简化，相关程序的简化必将符合案件繁简分流的价值目标。

2. 符合程序公正与诉讼效率的价值目标

"无论审判能够怎样地完善正义，如果付出的代价过于昂贵，则人们往往放弃通过审判实现正义的希望。"① 因此，进入法院的诉讼案件，当事人都希望通过简易、快捷和高效的方式实现公平正义。比如，某些债务纠纷，双方当事人对债权债务关系并无任何分歧，原告也能举出确凿有力的证据，对于诸如此类案件法官用简单的三段论逻辑便足以作出判决，完全没有必要花费更多的时间走完一个又一个冗长的诉讼环节。因此，在以公正与效率为主题的背景下，简易程序再进一步简化可以有效地达到公正与效率的平衡，也是符合程序公正与诉讼效率的价值目标，通过提高诉讼程序的公正与高效不断提高法律在人们心目中的威信。

3. 符合诉讼便民的价值目标

便利人民群众诉讼和便利人民法院办案，是我国民事诉讼的重要立法原则，也是我国司法制度的显著特点。为落实"两便"原则，我国民事诉讼法在专门章节规定了简易程序，并以司法解释的形式予以补充与完善。人民法院通过对大量案件适用简易程序，真正起到了方便当事人诉讼，便于人民法院及时审结案件的终极目标。然而，随着简易程序不断向前发展，简易程序再简化必将会对便利人民群众诉讼和人民法院办案起到非常重要的作用。

从世界范围来看，加快诉讼程序进程，适应多层次的法律需求，实行多元化的程序设计和运作，减轻当事人的讼累，便于当事人诉讼是民事诉讼制度改革的主要内容。总体看来，简易程序再简化符合诉讼程序应有的价值目标，应当有其理论正当性，民事简易程序再简化必将推动诉讼进程

---

① 棚濑孝雄. 纠纷的解决与审判制度 [M]. 王亚新，译. 北京：中国政法大学出版社，2004：266.

的进一步发展。

二、民事简易程序再简化之考量

修订的《中华人民共和国民事诉讼法》及其司法解释的相继出台，填补了学理界以及实务界对民事简易程序提出种种不足以及亟待完善的地方。综观两个法律文本中涉及简易程序的部分，笔者认为，民事简易程序应当再简化，体现民事简易程序的精髓——简便和高效。因此，在构造民事简易程序再简化制度之前，应当对民事简易程序进行立法和实践方面的考量，为民事简易程序再简化提供立法和实践依据。

（一）民事简易程序之立法反思

1.适用简易程序机构未予明确

《中华人民共和国民事诉讼法》第一百五十七条规定："基层人民法院和它派出的法庭审理事实清楚、权利义务关系明确、争议不大的简单的民事案件，适用本章规定。"该条款明确规定了基层人民法院和它派出的法庭为适用简易程序的机构，但具体由基层人民法院哪个机构或部门负责，法律并未予以明确规定，在不同的基层人民法院机构设置也各不相同，造成了适用简易程序的机构混乱，不利于简易程序统一管理。而对于小额速裁案件，众多法院都相继设立了速裁庭，明确了专门的审理机构，有利于小额速裁案件的处理。由于小额速裁程序是简易程序案件的分支，属于简易程序范畴，非常容易造成简易程序案件与小额速裁案件混合适用，甚至简易程序与普通程序案件混合审理的情况。因此，明确适用简易程序的审理机构，对于合理、高效地审理案件，正确适用相对应的诉讼程序显得至关重要。

2.适用简易程序标的额未予限制

2015年4月30日，最高人民法院发布法发〔2015〕7号通知，将基层人民法院管辖第一审民商事案件标准相应地调整为 3000 万元和 2000 万元，基层人民法院承担起原来由中级人民法院审理的一审民事案件，案件数量和诉讼标的额均呈现上升趋势。在法院长期存在"案多人少"的情况下，扩大简易程序适用的范围在一定程度上将缓解案件井喷的局面。随着基层人民法院受理案件标的额不断增加，对于适用简易程序案件的诉讼标的额也应当予以相应调整和限制。由于《中华人民共和国民事诉讼法》只规定了对于事实清楚、权利义务关系明确、争议不大的简单的民事案件适用简易程序，但没有对案件的诉讼标的额予以明确规定或相应限制，容易造成诉讼标的额较大或巨大的案件仍然适用简易程序审理，导致案件出现瑕疵，引起当事人对裁判产生质疑，不利于化解当事人的纠纷和矛盾。

3. 答辩期间不符合程序设置目的

新出台的《中华人民共和国民事诉讼法》及其司法解释，并未考虑简易程序的答辩期限，仅对小额速裁程序进行了修改，即答辩期限不超过七天。由于适用简易程序案件一般为较为简单的民事案件，当事人可以不需要较长时间的准备答辩，期限不宜过长，如果确定简易程序答辩期为十五天，则与普通程序无异，不能体现简易程序的快捷和高效。如果答辩期间规定过长，当事人有可能依据较长的答辩期间提出管辖异议、申请延期审理或调查证据等，这样无形地延长了案件的审理周期，使当事人的纠纷不能得到及时的化解。

4. 简易程序送达方式有所欠缺

简易程序的送达方式应当体现简便和高效，在当前互联网思维快速发展的背景下，现行的简易程序的送达方式过于传统，送达方式未完全涵盖。简易程序的送达方式应当在传统的送达方式基础上有所创新，可以适时将微信、QQ 等现代即时通信送达方式纳入其中。在送达方式上应当有互联网＋思维，充分利用微信、QQ 等即时通信工具弥补传统送达方式的缺陷，能让当事人在送达方式上感受到法院对信息化和智能化的充分运用，真正体现简易程序送达方式的便民和快捷。

5. 简易程序审理期限过长

《中华人民共和国民事诉讼法》的解释规定，简易程序审理期限可以延长三个月，延长后的审理期限不超过六个月。简易程序的特点就是简便高效，如果将简易程序的审理期限延长至六个月，就与普通程序审理期限毫无差别，不能体现简易程序的价值所在。为了能够及时解决当事人纠纷，不仅不能延长审理期限，还应当对简易程序审理期限进行严格控制，适时缩短简易程序审理期限，通过限制或缩短审理期限体现简易程序之高效与快捷。

（二）民事简易程序之实践考量

1. 案件繁简分流机制未予体现

由于大量案件涌入基层人民法院，导致基层法院民事案件井喷。面对堆积如山的新受理案件，法院立案诉讼服务中心主要精力集中在接收案件，仅作形式性上的审查，并未详细审查案件事实和相关证据，仅依据案件的标的额就简单地适用简易程序还是普通程序，导致大量能够通过简易程序审理的案件却适用了普通程序，造成了案件不能快速、高效地结案，案件繁简分流机制在立案受理阶段也未予充分体现。为了实现案件繁简分流，在立案阶段就应当严格进行审查，对于适用简易程序的案件，应当适用简易程序，对程序予以进一步简化，为案件繁简分流机制提供前提保障。

2. 适用简易程序界限不清

案件受理后，法官往往是按照案件的进展程度确定适用何种程序，对于能够及时调解或诉前调解的案件，可能直接适用简易程序；对于不能及时结案的案件，迫于法官责任制的压力，大部分案件都会选择适用普通程序，极少适用简易程序。另外，由于适用简易程序与普通程序界限不清，使随机转换、直接运用普通程序挂名现象较普遍；有的案件承办法官害怕超审限，直接更改为普通程序，造成简易程序不简易的情况非常普遍。因此，适用简易程序界限不清，导致当事人和办案法官不能从简易程序中感受到简易程序之简便和高效。

3. 简易程序之特色未予发挥

简易程序以其简便、快捷和高效之优点成为基层人民法院审理案件的首要选择。然而，在审判实践中，表面适用简易程序，实质上仍适用普通程序审理的现象非常普遍；即使有些案件适用简易程序，案件审理期限随意延长的情况比比皆是，简易程序不简易随处可见。简易程序之特色和亮点在司法实践中并未完全得以体现，造成简易程序形同虚设，不能发挥简易程序之功能。

三、民事简易程序再简化构造之路径

（一）设立专门简易程序审理机构

设立专门简易程序机构即简易法庭，仅用于审理简易程序案件，简易法庭可根据案件数量设立一个或数个。针对基层人民法院设有基层人民法庭的特殊机构配置，可以将基层人民法庭设立为简易庭专门审理简易程序，所有基层人民法庭的法官只审理简易程序案件，不审理普通程序案件。如果需要由简易程序转化为普通程序的案件，可以将案件移送到院机关民事审判庭审理。这种设置可以从源头上解决案件繁简分流的问题，也可以解决基层人民法庭因审判人员配备不齐，不能组成合议庭的客观现实需要。另外，由于基层人民法庭是法院的派出机构，是审判的前沿阵地，为了能够及时将矛盾纠纷化解在基层，将人民法庭设置为专门的简易庭，应当作为首要和优先之选择。

（二）简化简易程序适用范围

1. 设置案件标的额限制

由于《中华人民共和国民事诉讼法》对于适用简易程序的案件，未对诉讼标的额予以限制，在司法实践中，容易造成案件出现瑕疵，引起当事人对裁判产生质疑，不利于化解当事人的纠纷和矛盾。建议通过立法或司法解释的形式，将适用简易程序案件诉讼标的额限制在 500 万元以内。即对于事实清楚、权利义务关系明确、争议不大、诉讼标的额在 500 万元以内的民事案件，应当适用简易程序；对于案件标的额超过 500 万元的民事案件，应当适用普通程序。通过限制诉讼标的额，能够明确简易程序与普通程序在诉讼标的额上的差异，方便法官正确适用诉讼程序，避免让当事人产生不合理的怀疑。

2. 取消案件类型限制

由于基层人民法院审理案件类型较为单一，案件类型主要集中在家事纠纷、权属纠纷以及合同纠纷案件，依照《中华人民共和国民事诉讼法》及其解释的规定，这几类案件均可以适用简易程序，法官在办理案件过程中，适用简易程序的案件大体不会超过上述几种大类型。因此，对案件类型或性质进行限制已经没有现实之必要。即只需要规定：基层人民法院受理的案件，均可以适用简易程序，不必限制适用简易程序的案件类型和性质。

（三）简化庭前准备程序

对于适用简易程序的案件，立案庭或人民法庭在受理案件时，应当告知原告提供原、被告正确的送达地址，收件人，原、被告的电话号码等联系方式，并签订送达地址确认书。同时，应当告知未提供原、被告正确地址的法律后果。在向被告送达应诉通知书时，应当书面告知案件适用简易程序简化审理以及原、被告享有的异议权，当事人应当开庭前或开庭时提出。简易程序简化审理的案件，可以不进行排期开庭和开庭前公告。对诉讼当事人权利义务，员额法官和书记员名单，回避事项、当事人及其他诉讼参与人的自然情况等内容的释明和告知，开庭前由法官助理（或书记员）口头宣布完成或制作相应的权利义务告知书由当事人签字确认，开庭时主审法官不再另行告知。

（四）简化庭审方式

1. 书面审理方式

民事诉讼，在不违反禁止性法律规定的情况下，均应当充分尊重当事人意思自治。为体现便于当事人诉讼以及提高效率的诉讼原则，对于适用简易程序的案件，可以规定在双方当事人对案件事实无争议的情况下，第一审人民法院可以不作开庭审理，直接进行书面审理，径行调解或判决。

2. 集中审理方式

由于适用简易程序案件的法律关系较为简单，大部分案件均为公开开庭，对于同类型案件、不同当事人或者不同类型、相同当事人的案件，可以在庭审前经过当事人同意，由人民法院进行集中审理。对于公开开庭的相同案由案件，可以通知案件当事人在相同的时间和地点到庭同时开庭进行审理。通过集中审理方式，有利于方便当事人诉讼，集中化解当事人纠纷，避免诉讼延迟，极大地提高庭审效率。

3. 简化审理方式

为了探索推进案件繁简分流、快审速裁，可以尝试更简化的审理方式，即要素式、表格式和令状式审判。要素式审判是指不再按照以往"法庭调查"与"法庭辩论"来划分阶段，而是按照案件相关的要素确定审理顺序。由双方当事人在庭审前将要素表填写好，在庭审时对无争议的事项，法官将不再主持双方进行举证及辩论，而着重于查清双方有争议的内容。表格式审判是指用表格的形式列举当事人诉辩主张，对于法院查明的事实、裁判理由和裁判主文均通过表格的形式予以审查。令状式审判是指对于案情简单、事实清楚、标的额较小、法律关系不复杂的案件，只审理当事人存在争议的地方，在判决书中仅载明诉讼参与人身份情况、裁判主文，不记载当事人诉辩主张和裁判理由。

（五）简化裁判文书制作

1.员额法官签发文书

当前，我国的司法改革正在进行中，有些法院已经实行了司法责任制由员额法官签发文书，有些法院仍然沿用原来的行政领导审批制。在司法改革的空档期，对于适用简易程序的案件，应当由员额法官直接签发文书，这与当前司法改革的思路不谋而合。通过让员额法官签发文书，能够让当事人更快地领取法律文书，让公平正义以更快的方式实现，真正体现简易程序之高效。

2.使用格式化裁判文书

可以根据不同种类案件的特点制订出格式化的判决书、调解书等样式，使用时根据不同情况填上相应的内容。简易程序简化审理的案件，可以通过以下方式缩短法律文书的制作时间：① 可以使用格式化的法律文书，但不得使用手写填充式的法律文书；② 民事调解书和撤诉裁定书，可以由院长授权业务庭庭长或员额法官签发；③ 民事调解书正文部分可以不要求写明事实，只要双方当事人达成合意，可直接记录双方当事人协议内容；④ 对于能够调解和好的离婚案件、调解维持收养关系的案件、能够即时履行的案件，口头撤诉的案件以及其他不需要制作调解书的案件，可以不制作民事调解书和民事裁定书。

3. 适用简易裁判文书

对于民事简易程序案件适用要素式、表格式和令状式审判方式的，可以根据相对应的庭审方式，制作要素式、表格式和令状式裁判文书。

（六）设立当庭宣判方式

适用简易程序的案件，绝大部分案件事实清楚，不需要多次开庭审理，应当以连续一次性审结为原则，二次审理为例外。对适用简易程序审理案件，除非有特别理由，原则上应当庭宣判，对于不能当庭宣判的案件，应当在开庭后七日内制作判决书并送达当事人。

（七）简化其他诉讼程序

1. 优化送达方式

传统的送达方式已经不能适应现行司法实践的需求，特别是在信息高速发展的今天，大部分当事人都在使用微信、QQ等即时通信软件，简易程序的送达方式应当跟随信息化的发展，应当将民事简易程序送达方式进行优化，扩大到通过微信、QQ等即时通信工具方式。通过优化送达方式，不仅能够方便当事人接收各种法律文书，还能构建法官与当事人交流平台，最终能够方便当事人诉讼，最大限度提高法官办案的效率。

2. 缩短答辩期限

普通程序和简易程序的答辩期限均为十五日。对于简易程序答辩期限的规定，已经不能体现简易程序的快捷便利，应当在普通程序和小额速裁程序之间，选择适合简易程序的答辩期限。应当将简易程序的答辩期限规定为十天，以此有别于普通程序和小额速裁程序，最终能够让简易程序定位于普通程序与小额速裁程序之间。

3. 缩短审理期限

简易程序制度设计就是方便当事人快速解决纠纷，应当缩短审理期限。为凸显简易程序快捷高效的价值追求，适用简易程序审理的案件应当在六十日内审理完毕，对于不能审理完毕的案件，可以依照法定程序转为普通程序进行审理。

4. 减少诉讼费

当事人基于利益的考量，对于适用简易程序诉讼费减半已不能满足其利益期待，如果大幅减少诉讼费，当事人选择适用简易程序的动机会更加强烈，更能扩大简易程序的适用范围。对于适用简易程序诉讼费收取标准，可以考虑大幅减少诉讼费或定额收取诉讼费，如比照劳动争议案件，每件50元或100元；或者根据案件诉讼标的额，仅按诉讼费的20%～30%收取。

综上，民事简易程序再简化不仅能够解决基层人民法院"案多人少"的现实问题，也能为案件繁简分流机制提供可资操作的程序指引。诚然，现行民事简易程序制度在立法和实践方面之缺陷显而易见，通过设计民事简易程序再简化之具体程序，让简易程序的适用更加清晰和规范，使其不再游离于普通程序与小额诉讼之边缘而含糊不清，应当让其定位于两者之间，真正地体现简易程序应有的简便、快捷和高效，最终构造民事简易程序再简化之制度。

本文写于2017年5月，曾发表于《法治知行》2017年12月第6辑。

司法改革背景下基层人民法院
科学分案制度之构造

　　基层人民法院分案制度经历了庭长分案、轮流分案、随机分案，直至混合分案方式，分案制度虽然有所创新，但基层人民法院存在的现实分案问题致使其裹足不前。虽然最高院司改办针对司法改革热点问题答复中确定建立人民法院随机分案为主、指定分案为辅的案件分配制度，但该制度仅存在于理论层面，在实践层面未提供可资借鉴的操作范本。人民法院科学分案是科学审判管理之前提，是提高司法公正效率之基础，也是为深入推进司法改革寻求方法和拓宽思路。因此，为了提高人民法院审判公平和效率，在司法改革背景下，应当对基层人民法院科学分案制度进行设计和创新。本文通过分析现行基层人民法院分案制度之缺陷，在诉讼价值和实践层面予以考量，提出在司法改革背景下构建基层人民法院科学分案制度之路径，最终建立符合审判规律的基层人民法院科学分案制度。

　　在司法改革背景下，构建基层人民法院科学的分案制度之创新路径为：诉讼前，通过多元化纠纷调解机制分流部分案件；诉讼中，利用案件繁简分流制度分流简易案件。对于复杂案件，前提是区别案件性质；其次是在案件类型化、专业化分案的基础上，进行随机化分案，直至达到分案的均衡化，最终形成一套科学、完整、清晰的基层人民法院分案体系或制度。本文将以基层人民法院科学分案图（图1）为主线勾勒并呈现构建分案制度之流程和路径。

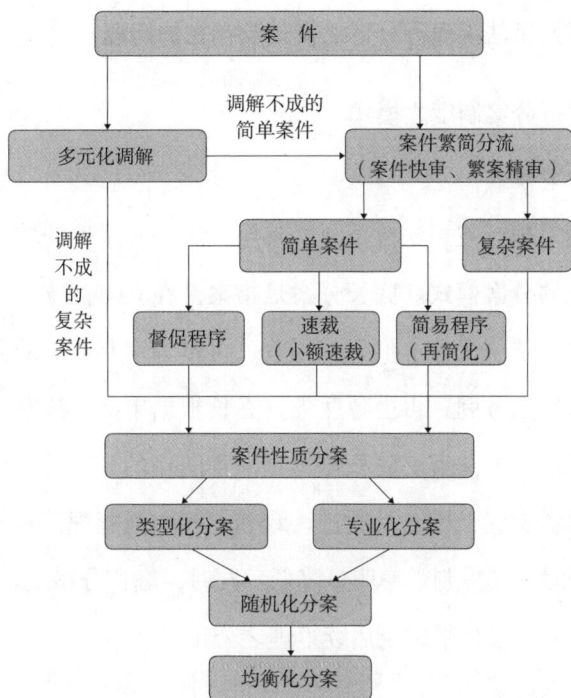

图1　基层人民法院科学分案流程图

案件的分配是诉讼过程中最初始的程序和节点，它不仅影响案件当事人的诉讼行为、法官审理案件模式，还关系到人民法院的公正、廉洁和效率，直接影响司法的公信力。分案制度作为一个较小程序单元或诉讼环节，在审判工作中往往容易被人民法院和当事人所忽视，在理论界也少有人研究，在一定程度上阻碍了该制度的正确有效实施；在实务界，分案制度运行状况不容乐观，分案较为随意，模式各具特色，效果良莠不齐，无法从案件之源头上保证审判的公平和公正。随着各级基层人民法院案件数量激增，以及司法改革的不断深入推进，基层人民法院分案制度日渐被理论界和实务界提及与关注。因此，在司法改革背景下，构建基层人民法院科学分案之前提应当对现行分案制度进行分析和考量。

一、基层人民法院现行分案之模式及存在的问题

（一）现行分案制度之模式

1. 庭长分案模式

庭长分案是现行或司法改革前，基层人民法院采取的较为常见的分案方式，即传统的分案模式。庭长分案是指案件在立案庭统一受理后，立案庭工作人员根据传统民事、刑事、行政、再审等审判职能的分工，将案件移送至相关审判业务庭，再由各业务庭庭长根据本部门法官的具体情况将案件酌情分配给承办法官。庭长分案是一种间接的分案模式，长期以来，庭长作为部门负责人，重点是通过行政和审判加强管理，庭长在充分运用行政管理的同时，其审判效率明显降低。同时，庭长分案主观随意性较大，无法确保案件来源之公平以及后续审理之公正。

2. 轮流分案模式

轮流分案是指案件受理后，由立案工作人员按照案件序号或登记顺序，在不考虑案件性质、类型和难易程度等情况下，再按照法官排列顺序进行循环或轮流分案，以确定案件承办法官，最后由立案庭直接将案件移送给承办法官。轮流分案较之庭长分案有所创新，其特点是将相对分散的庭长分案权集中由立案庭行使，采取的是平均主义分配案件方式。轮流分案作为一种较为公平的分案模式，忽视了分案制度的效率原则，容易造成法官

在案件审理过程中效率不高。

3. 随机分案模式

随机分案是指立案庭通过电脑提前设定一定的案件分配程序，在案件受理后，立案工作人员将案件信息录入电脑，当即通过电脑程序自动选定承办法官。立案工作人员通过电脑反馈的分案信息，直接将案件交付电脑随机选定的承办法官，立案工作人员可以当场向当事人告知案件承办法官。自《人民法院第二个五年改革纲要（2004－2008）》确立了随机分案制度后，随机分案制度以其技术优越性纷纷被各级基层人民法院所采用，该制度在司法实践中所展现的公正与效率不言自明。在司法改革背景下，应当在最高人民法院确定的随机分案的模式上，不断进行创新和发展。

（二）基层人民法院现行分案制度存在的问题

1. 庭长分案存在的问题

庭长分案具有典型的行政色彩，主观随意性较大，缺乏有效的监督机制。庭长分案也会因人因案因事而异，通常会考虑一定的客观因素，受人为或其他主观因素干扰较大，缺乏一定的约束力，从案件来源上不利于分案的公平公正，从而影响最后裁判的公正。庭长分案模式与当前司法改革去行政化目标是背道而驰的，随着司法改革的不断深入推进，各级基层人民法院应当逐渐取消或淡化庭长分案模式，通过分案制度改革实现人民法院各项管理工作的去行政化模式。

2. 轮流分案存在的问题

轮流分案采取的是平均分配主义，其结果是每一名法官在一定时间段内分得的案件总数基本相同。这种分案模式属去行政化管理方式，把原有庭长分案权统一集中到了立案庭，以保证业务庭每名法官承办案件的数量保持相对的平衡。由于轮流分案并不考虑案件性质、类型、复杂程度和法官能力素质等情况，会直接导致办案效率高、业务能力强的法官有时无案可办，而办案效率低、业务能力低的法官则可能积压大量旧存案件和相对复杂的案件。轮流分案制度只考虑了分案的公平，而没有考虑案件均衡分配，通过平均轮流分配后，会直接影响案件审判的效率和质量。

3. 随机分案存在的问题

随机分案是借助电脑软件技术实施的一种分案模式，较之轮流分案而言不仅是技术创新，更能体现机会均等在分案过程中的运用。电脑随机分案不确定案件性质和类型，不确定法官的工作量，也无法根据法官的能力大小和业务素质分配案件。同一法官在承办多种性质和类型案件的情况下，不能很好地把握裁判的标准和尺度，公正和效率必然会有所影响，单纯的随机分案离基层人民法院科学分案制度仍有一定的差距。虽然本轮司法改革确定了随机分案与指定分案相结合的分案制度，较之传统分案模式有所创新，却不能适应突如其来的"诉讼爆炸"时代给基层人民法院带来的一系列连锁问题。在司法实践中，随机分案制度并未得到真正落实与全面发展，其制度本身也存在一定的局限性。因此，在司法改革背景下，各级基层人民法院应当在随机分案的基础上，结合其他分案模式，创新性地进行制度设计。

综观上述几种分案方式，能够清晰地勾画出我国分案制度发展之脉络。总体来说，分案制度随着社会发展和司法改革不断深入，应当日臻完善和不断创新。然而，各级基层人民法院面对日渐突显的"案多人少"问题，现有分案制度已经明显不能适应时代发展和司法改革的需要，在司法改革紧要关头，应当及时构建基层人民法院科学分案制度。最高院司改办关于司法改革热点问题 12 问答第 5 问明确答复："司法责任制改革推开后，各级人民法院应当在加强审判专业化建设基础上，实行随机分案为主、指定分案为辅的案件分配制度。人民法院可以按照受理案件的类别，通过随机产生的方式，组建由法官或者法官与人民陪审员组成的合议庭，审理适用普通程序和依法由合议庭审理的简易程序的案件，也可以按照审判领域类别和繁简分流安排，随机确定案件的承办法官。"最高院司改办仅对随机分案作了细化和明确，但在司法实践中如何具体操作和运用并未提出可资借鉴的制度和程序范本。因此，构建基层人民法院科学分案制度，应当在随机分案的基础上，结合其他分案制度，创新性地进行案件分配。对于如何创新基层人民法院科学分案制度，本文将从理论层面和实践层面进行考量并进行程序制度设计。

二、基层人民法院科学分案制度之价值和实践考量

科学分案是科学审判的前提，分案制度作为法院内部案件管理与分配的一项重要制度，是诉讼程序非常重要的环节，直接关系司法公正和效率，只有在案件分配环节实现公平公正，才能保障案件在程序和实体上公正。对分案制度在价值层面和实践层面进行考量，并科学设计符合审判规律的分案规则，是建立科学分案制度之前提，也是建立分案制度科学化之理论和实践基础。

（一）基层人民法院科学分案制度之价值考量

1. 保障裁判合法之需要

人民法院受理案件前，一般不会主动要求当事人提起诉讼，只有根据当事人的请求权，且符合案件登记立案条件，才会依法受理案件，人民法院受理案件往往是被动的。而在分案的过程中，人民法院又是主动的，当

即要确定案件承办人并进行案件分流处理。因此，为保障当事人享有平等审判的权利，使法官在获得案件审理权时是公平和合法的，人民法院应当主动设置一定的分案规则和流程进行案件的分配，以保障分案的公平和公正，也只有按照预先设定的规则和流程进行分案，才能确保法官的审判独立和合法。因此，裁判合法的源头是案件来源合法，裁判公正的源头也在于案件来源的公正，即法官接受案件时应当是合法和公正的。因此，分案制度的设定对于案件来源之合法，确保案件审理之公正，保障裁判之公平非常重要。

2. 遵循审判规律之需要

最高人民法院胡云腾大法官在《审判规律与中国特色》一文中对审判规则进行了阐述："为切实理解好贯彻好落实好各项司法改革任务举措，我们有必要首先认真研究一下司法自身的特点和规律，也就是司法职权、司法机关、司法现象、司法活动等特有的内在联系和规定性，即司法规律或审判规律。"审判规律应当体现司法活动的内在联系和规律性。在案件分配过程中，当事人不能选择法官，法官也不能选择当事人，这就是案件分配随机性之应有之义，也是体现审判规律之所在。在我国，案件通常分为民事、刑事和行政等几类，如果不考虑案件类型，将所有案件不分类型地进行混合分配，不仅不符合《中华人民共和国人民法院组织法》的基本要求，也会导致法官审理案件时思维混乱；同时，也会因裁判理念不同造成案件裁判尺度不一，最终导致裁判不公。因此，科学分案应当遵循审判之规律，其制度设计之前提首先应当区分案件性质，在区分案件性质基础上进行类型化分案，这也是遵循审判规律之要义所在。

3. 保证公开、公平之需要

分案制度作为一种程序设计，在人民法院外部，应当让社会公众了解案件分配规则与流程，诉讼当事人能够通过公开的方式让其在知晓案件受理后案件的分配状态，即分案制度对外应当确保公开。在人民法院内部，在法官之间分配案件首先应当体现公平，不能将大量的案件分配给业务能力强的法官，也不能不考虑法官个体的区别而平均分配案件，更不能毫无规则，随意分配案件，即分案制度对内应当确保公平。因此，分案制度设计应当保证公开公平之需要，即对外公开，对内公平。

4. 提升审判效率之需要

任何一种好的诉讼制度或程序设计，都是在保证公正的前提下，不断提高诉讼的效率，分案制度设计最终目标也即如此。通过有效减少案件流转环节，缩短办案周期，提高审判效率，这也是人民法院科学分案制度应有之义。从程序制度上设计，让分案制度体现程序之正义，在让法官多办案办好案的基础上，不断提升审判效率。通过案件类型化分案，确保法官专司审理同类型案件；通过案件随机化分案，保障案件分配之公平公正；通过案件均衡化分案，保障法官办案之间的平衡与合理。良好的制度设计，最终目标是为实现审判效率之需要。

因此，基层人民法院科学分案制度应有其内在的诉讼价值考量，前提是保障案件裁判来源合法；其次是应当遵循审判规律；最后是实现司法公开公正和提高审判的效率。

（二）基层人民法院科学分案制度之实践考量

为构建基层人民法院科学分案制度，笔者所在的基层人民法院进行了有益的实践尝试，对分案制度进行了科学的程序设计，设置符合审判规律的分案制度规则：诉讼前，通过多元化纠纷调解机制分流 20% 左右案件；诉讼中，通过适用督促程序、速裁程序（小额速裁）分流 20% 左右；另外，通过简易程序以及再简化分流 30% 左右案件；最后，对于剩下的 30% 复杂案件，在区别案件的性质后，通过类型化、专业化、随机化和均衡化进行案件的分配。实践证明，笔者所在的基层人民法院运用科学的分案制度后，运行不到半年，各审判团队和承办法官的结案率同比提升 23.36%，案件上诉率下降 35.87%，案件发改率下降 63.62%，案件平均审理周期指数上升 0.26，其他的审判绩效数据均得到大幅提升。案件实现类型化和专业化分案后，统一了案件裁判尺度，案件和文书质量均有明显提升，优秀案件和文书不断出现，在提高审判质量和效率的同时，法官个人能力和素质明显提升。在制定分案规则的同时，制定了"倒金字塔"案件繁简分流工作的具体实施细节图（如图 2 所示）。

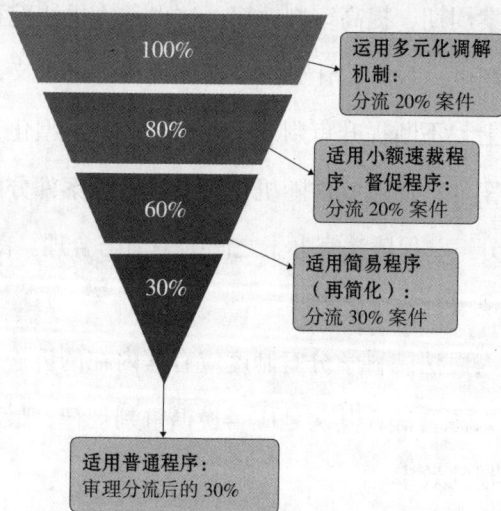

图 2　"倒金字塔"案件繁简分流工作的具体实施细节图

　　因此，创新基层人民法院科学分案制度，前提是保障案件裁判来源合法，体现分案方式公平，实现随机化分案；其次是遵循审判规律，体现审判资源公平，实现均衡化分案；最后提升审判效率，体现公平、公正，实现类型化、专业化分案。构建基层人民法院科学分案之制度，应当在随机化分案的基础上，结合其他分案模式，主要从案件分案的随机化、类型化、专业化和均衡化等处着眼。

三、构建基层人民法院科学分案制度之路径

人民法院分案制度，应当有狭义和广义之分，狭义的分案制度仅限于人民法院在案件受理后的分配，广义的分案制度可以延伸至案件受理前后。因此，在司法改革背景下构建基层人民法院科学分案制度，应当对分案制度所涉及的范围予以扩大和延伸，将诉讼前的多元化纠纷调解机制分流制度、立案阶段的案件繁简分流制度引入分案制度中，并作为基层人民法院科学分案之前提和基础。创新和构建基层人民法院科学分案制度，应当在随机化分案的基础上，结合其他几种分案制度共同完成。即在案件进行多元化纠纷调解机制分流和案件繁简分流后，再依据案件的性质基础，进行案件类型化、专业化分案，以及案件随机化分案，直至达到案件的均衡化分案。其分案流程如图1所示。（详见基层人民法院科学分案流程图）。

（一）多元调解分流

多元化是指事物的发展到了一个很丰富的境界，有多种分类、多种行业。多元化调解，即通过多种方式方法，由多种行业多个部门共同参与的调解方式。2016年6月28日，最高人民法院《关于人民法院进一步深化多元化纠纷解决机制改革的意见》发布实施，表明人民法院已将多元化制度引入纠纷解决机制和诉讼程序。多元化纠纷调解机制能够利用其制度特点，较好地发挥矛盾纠纷"泄洪"功能，在诉前阶段，通过多元调解方式分流案件，提前化解矛盾纠纷，提前进行案件分流与分配，将能够调解的案件提前通过多元化纠纷调解机制予以分流。在人民法院立案环节，对于符合登记立案条件的案件，应当对案件繁简程度和案件调解可能性进行甄

别，并积极引导当事人在登记立案前先行进行调解。在征得一方当事人同意或双方当事人申请调解的情况下，将案件移送至多元化调解中心，由多元化调解中心调解员（或特约调解员）在规定的时限内组织当事人进行调解。通过将简单的案件分配给诉前阶段处理的模式，将复杂的案件分配给专业的审判团队，实现"简案快审、繁案精审"案件繁简分流之目标，也是案件诉前多元分流之重要举措。

因此，在司法改革过程中，基层人民法院应当充分运用多元化思维和理念，通过多元调解方式进行诉前分流，建立与多元化调解机制相衔接的分案制度。充分运用诉前调解、人民调解、律师调解、行政调解、商事调解、行业调解等多元化纠纷解决机制，在诉讼前分流大量事实清楚、争议不大的简单案件。在各级基层人民法院建设过程中，可以选择建立多元化调解中心或诉调对接中心等机构，主动联系综治组织、行政机关、人民调解组织等进驻，负责诉前案件的调解和对接工作。非诉调解范围包括但不限于劳务合同纠纷、买卖合同纠纷、民间借贷纠纷、合伙纠纷、房地产纠纷等事实清楚、权利义务明确、争议不大的简易民商事案件。在多元调解中，除了本院法官或审判辅助人员担任调解员以外，还可以邀请人民调解组织、人民陪审员、律师、行业协会、社区干部担任特约调解员，可以单独进行调解，也可以由各基层组织联合进行调解，形成多层次多领域齐抓共管、快速化解矛盾纠纷的局面。

（二）案件繁简分流

案件繁简分流工作机制是司法改革大潮中涌现出的一朵浪花，能够彻底缓解各级人民法院面临的"案多人少"难题，在司法改革当前，各级基层人民法院都制订了相应的制度和举措，有效地应对案件激增给人民法院带来的难题。对于构建基层人民法院科学分案制度，应当紧跟司法改革方向和脉搏，充分运用案件繁简分流机制加强和巩固基层人民法院分案制度，并在具体的司法实践中加以运用。对于不能通过多元化调解方式分流的案件，立案庭受理案件后，立案工作人员应当对案件难易程度进行甄别，对于简单案件，通过督促程序、速裁程序（小额速裁）、简易程序进行审理，直接将案件分配给简易庭、速裁庭或者基层人民法庭审理，保证简易案件快速审理，及时化解纠纷；对于较为复杂的案件，通过类型化、专业化、随机化和均衡化进行分案，保证复杂案件精细化审理。

1.适用督促程序分流

根据《中华人民共和国民事诉讼法》相关规定，督促程序有其致命的弱点：被申请人提出异议而导致该程序终结，并不被当事人或人民法院所广泛使用。但是对于案件事实清楚、证据充分的案件，债权人请求债务人给付金钱、有价证券的，应当积极引导债权人优先选择适用督促程序，逐步推广使用电子支付令。对于立案受理的其他案件，当事人没有争议，且符合督促程序规定条件的，及时转入督促程序处理。督促程序属于特别程序，是一种快速方便解决纠纷的非诉讼程序。因此，在分案过程中，对于案件事实清楚、证据充分的案件，应当优先适用并引导当事人选择督促程序，通过适用督促程序等非诉方式及时快速化解当事人纠纷，不断提高案件的审理速度和效果。

2.适用速裁程序（小额速裁程序）分流

人民法院受理案件时，对于事实清楚、权利义务关系明确、争议不大、诉讼请求为单一金钱给付之诉的民事、行政案件；或者对于犯罪情节较轻、所处刑罚轻的刑事案件等，均可适用速裁程序，快速审理简单的民事、刑事或行政等类型案件。对于标的额超过规定标准的简单民事案件，或者不属于《中华人民共和国民事诉讼法》第一百五十七条第一款规定情形且标的额在规定标准以下的民事案件，当事人双方约定适用小额诉讼程序的，可以适用小额诉讼程序审理。因此，对于不能通过多元化调解方式分流的案件，立案工作人员应当对案件难易程度提前进行甄别，对于能够适用速裁程序或小额速裁程序的案件进行分流，分配给专业的简易庭或速裁庭（小额速裁）进行审理，能够保证案件专业化审理，也能够缩短案件审理周期，及时化解当事人纠纷，提高审判效率。

3.适用简易程序（再简化）分流

随着经济下行压力不断加剧，大量事实清楚、法律关系明确的民事纠纷案件快速涌入基层人民法院，导致案件井喷。为解决"案多人少"的问题，提高案件审理效率是解决上述问题的重要途径。特别是在司法改革背景下，员额法官独立签发文书，司法责任实行终身制，在强调员额法官责任制的语境下，适用简易程序和普通程序，落实到司法责任制方面基本趋同。因此，在保障公正的前提下，应当不断提高审判诉讼效率，满足司法改革要求与人民群众的期待。在适用程序方面，应当以适用简易程序为原则，适用普通程序为例外，通过简易程序快速审理案件，提高审判效率。同时，对于适用简易程序的案件，也可以在某些程序方面进行简化，如简化立案，送达程序，缩短答辩和审理期限，简化法庭调查和辩论环节，简化法律文书的制作，设置当庭宣判，减少诉讼费等措施，通过简易程序再简化进一步提高审判效率。

（三）案件性质分案

案件性质是指案件具有的本质属性，由实体法的内容决定，是划分案件类型的依据。根据三大诉讼法和实体法，基层人民法院一般将案件分为三大类：即民事、刑事和行政案件，传统的审判庭也是按照三大类案件性质进行设置。近年来，虽然基层人民法院受理案件类型范围不断扩大，但仍然沿用通行的民事、行政、刑事三大案件性质，进行粗线条的按案件性质进行分类管理。由于民事、刑事和行政案件在诉讼程序、证据认定标准上不一致，在案件的裁判标准、方法和理念上各有不同，诉讼价值追求也不一样，容易造成裁判标准的不一致，导致审判思维混乱，不利于统一裁判标准和尺度，无法保证案件审判公平公正。即使同属于民事案件，其案件类型也因案由和法律关系不相同，导致同样是民事案件也要进行一定的分类处理。因此，不同性质的案件，应当分别由不同的审判团队或员额法官进行审理，不宜由一个审判团队或员额法官随机审理。因此，基层人民法院分案制度设计的前提条件是明确区别案件的性质，在确定不同案件性质的基础上再进行分案，通过确定不同性质的案件由不同审判团队和员额法官审理。

（四）案件类型分案

在传统分案模式下，庭长分案基本上可以解决分案诸多问题；在现行分案模式下，人民法院采取轮流分案或随机分案在一定程度上也能缓解分案压力。但是随着社会的发展和法治进程的深入推进，人民法院案件类型逐年增多，通过庭长分案、轮流分案或随机分案已经不能适应基层人民法院分案之需要。在原有分案模式下，既不对案件类型和性质进行区分，也不对案件难易程序进行分类，也不对法官从事审判的专业进行分工，相同类型案件纠纷不能由同一承办人或者合议庭进行集中化的专业化的处理。法官往往同时面对不同性质以及多种类型的案件，不仅要面临不同类型案件审判经验的积累，也需要面对各行各业专业知识的学习，专业型的法官无法发挥自身的特点和优势，在容易浪费有限的司法资源同时，也不利于审判效率的提高。

实行案件类型化分案，前提是区别案件的性质，在区别案件性质的基础上再进行案件类型划分。对于案件类型分案，应当由各级人民法院根据受理各类案件的数量、类型和特点等进行分析统计，确定几种或多种案件类型，对类型案件由相关审判团队或法官进行归口管理。再以法官或审判团队的业务特长为基准，将不同类型的案件分配到不同法官或审判团队手中。由专业的审判人员和团队以专业化的思维、方式和方法进行审理。对案件类型分案最主要的特征就是能够按照案件类型审理各种类型的案件，将其安排在对此类案件擅长熟练的法官或审判团队手中处理，以形成专业化的处理意见，让审判工作转化为审判经验，即"专业人做专业事"，以最大限度合理地使用司法资源，通过专业化的审判取得最大的法律和社会效果。

（五）案件专业分案

本轮司法改革重点是司法人员分类改革，实现法官单独职务序列，建立专业化、职业化、正规化的法官队伍，最终实现法官的专业化。因此，实现法官专业化的前提条件就是构建专业化审判模式和专业的审判团队，如组建专业审判团队，培训专业审判法官。而构建专业审判模式的前提就是案件必须进行专业化分案，将同一性质、同一类型的案件分配给专业审判团队和法官审理。因此，类型化分案是专业化分案之前提，专业化分案可以构建专业化审判，两者是相辅相成的。通过专业化审判，由同一审判组织对同一类型案件进行审理，总结实体和程序方面技巧，提炼出科学的裁判理念和方法，以较强的审判经验促进专业素质提升，在裁判上统一尺度，实现同案同判，在促进司法公正的同时，还能提高司法的效率。

（六）案件随机分案

最高人民法院在 2015 年 9 月颁布的《关于完善人民法院司法责任制

的若干意见》指出："在加强审判专业化建设基础上，实行随机分案为主、指定分案为辅的案件分配制度。"自此，全国各级法院相继实行随机分案制度。由于电脑随机分案能够有效减少案件流转环节，缩短办案周期，提高审判效率；能够有效防止暗箱操作，排除人为因素干扰，减少案件流转环节，能充分利用司法资源，保证司法公开公正，提高审判效率等特点，也由于电脑随机分案技术可靠，能够确保分案公平，因此，在案件分配过程中，应当采取电脑随机分案，更有利于分案公开公平公正。但在随机分案的优势之下，其自身也存在着难以克服的弊端，即其无法灵活识别案件的具体情况，选择出最佳的承办法官。在司法改革背景下构建科学的分案制度，应当对随机分案制度更进一步细化和创新：首先要确定在案件进行类型化和专业化分案的基础上，再进行随机化分案，即有条件的随机分案，并不是任意或无条件或任意扩大化的随机分案。通过有条件的随机化分案，避免随机分案太随机的情况出现。

（七）案件均衡分案

最高院司改办关于司法改革热点问题12问答第5问中指出：在随机分案后，由于案件存在难易之别，法官也存在个人能力与素质不同以及承担调研任务和综合事务等情况，必然会导致承办法官接受随机分案后，案件收结案不平衡。因此在随机分案机制之后，应当由各级人民法院结合本院实际，以案件随结随报为基础，科学测算法官办案饱和度，合理确定不同岗位法官的年度工作总量。根据承办法官接受随机分案、指定分案情况、收结案办理情况、承担调研任务和综合事务情况，统筹调配全院案件，实现分案均衡，防止忙闲不均。该解答明确规定，对于随机分案后，应当根据各级人民法院出现的不同情况进行均衡分案。随机化均衡分案，大幅度压缩人为选案空间，大幅度节省分案环节时间，大幅度降低分案环节工作量，让案件当事人和法院办案人员都享受到了便利。同时，减少人情案、关系案的发生，让案件当事人感受到更多的公平正义。均衡分案应当综合考虑案件数量、难易程序、人岗匹配度等因素，在兼顾类型化、专业化的前提下，均衡调节，平衡办案压力。

均衡分案作为分案制度的"兜底条款"，能够平衡和调剂各级基层人民法院内部出现的管理问题，在强调灵活使用的同时，也应当建立相应的分案规则。如在提升人案配比科学性的基础上建立"人案相适"均衡分案制度，通过设定电脑均衡分案程序进行电脑均衡分案。

建立基层人民法院科学的分案制度，应当跳出原有的庭长分案、轮流分案、随机分案等传统模式，在不断深入推进司法改革的背景下，对基层人民法院分案制度进行创新思维。在案件诉讼前，通过引入多元调解机制提前分流部分案件；在诉讼中，通过案件繁简分流部分简单案件；对于其他较为复杂的案件，在区别案件性质的基础上，通过案件类型化、专业化分案，进而通过电脑随机分案，直至通过分案均衡化分案，保障符合审判规律的分案制度在各级基层人民法院的具体落实，最终建立基层人民法院科学的分案制度。

本文写于 2020 年 3 月，为学术论文。

司法改革背景下增强民事裁判文书说理之路径

　　随着司法改革深入推进，人民群众对公平正义的追求和对人民法院公正司法、司法公开的要求越来越高，能够充分展现人民法院公正司法的重要载体，莫过于给人民群众呈现一份释法说理性强的裁判文书。近年来，人民法院受理案件数量激增，类型主要为民事案件，由于民事法律关系复杂，裁判文书对说理的要求无可比拟。为顺应改革发展需要，新的《人民法院民事裁判文书制作规范》和《民事诉讼文书样式》（以下简称"两个文件"）公布实施，标志着我国民事裁判文书改革进入新的时期。然而，"两个文件"仅对法律文书的样式进行了规范和统一，并未涉及裁判文书的核心和灵魂——说理。理由是裁判文书的灵魂，而说理是连接裁判事实（证据）与裁判结论的桥梁，是将裁判结论的形成过程和正当性理由外化于裁判文本的现实表达。唯有有理有据、说理充分的裁判文书才能使当事人服判息讼，实现案结事了。在司法改革背景下，增强裁判文书尤其是民事裁判文书说理迫在眉睫。本文将通过展现民事裁判文书说理存在的问题，剖析其原因，分析其理论必要性和现实重要性，提出增强民事裁判文书说理之创新路径。

在司法改革背景下，增强民事裁判文书说理创新路径如下：一是沿用传统"三段论"式说理、分列层次说理、繁简适当说理，创新民事裁判文书说理之方式；二是通过分析当事人诉辩、案件法律关系、案件争议焦点、案件法律适用，创新民事裁判文书说理之程序；三是通过裁判文书实质化说理，指导性案例说理，融入德、法说理，创新民事裁判文书说理之方法。

近年来，各级人民法院普遍存在"案多人少"的问题以及民事案件数量激增现象，民事案件一般占全院案件类型的80%以上，且法律关系复杂，纠纷解决均与人民群众切身利益有关。由于裁判文书凝聚了人民法官的法律智慧和法律良知，是人民群众能够看得见、感受到法律公平正义的法律文件。一份优秀的民事裁判文书的核心和精华在于裁判文书说理部分。为提高司法公信力和司法权威，民事裁判文书释法说理作用渐显，通过裁判的定分止争和引导作用，实现法律效果和社会效果的统一，促进社会的和谐稳定。"两个文件"对裁决文书格式和样式进行了规范和统一，但对如何增加民事裁判文书说理，却未提供可资借鉴的操作范本，长期以来，民事裁判文书说理仍然存在诸多问题。

一、当前民事裁判文书说理问题之现状和原因

（一）当前民事裁判文书说理问题之现状

1. 民事裁判文书说理水平不高

近年来，随着经济下行压力不断加剧，大量民事纠纷案件快速涌入各级人民法院，导致诉讼井喷。面对堆积如山的案件，法官审理案件往往疲于应付，为加快办案进度，民事裁判文书经常出现：证据直接罗列和堆砌；事实认定和判决理由分析过于简单；证据和案件事实之间的逻辑关系一笔

带过；随意抽象表述文书说理部分；文书说理部分轻描淡写甚至根本不说理，导致裁判文书说理不全、水平不高、深度不够。当事人甚至律师收到裁判文书后，根本看不明白案件为什么这样判，导致当事人对裁判结果无法信服和接受，进而对裁判结果产生合理的怀疑，严重影响了司法的权威和公信力。

2. 民事裁判文书说理方式不当

民事裁判文书说理方式应当遵循一般的规则，通常为传统"三段论"式裁判文书说理。然而，民事裁判文书说理方式经常出现：说理不依据案件查明的事实进行；说理中出现了案件未查明的事实；裁判文书用大话、空话、套话代替分析论证，普遍存在缺乏充分的分析论证过程即得出裁判结果的现象。以上说理方式均不符合裁判文书的通行的说理方法和方式，造成当事人因裁判文书说理方式不当而对裁判结果产生合理怀疑，无法发挥裁判文书定分止争、服判息诉的作用。

3. 民事裁判文书说理论证不全

法官审理民事案件应当围绕合议庭确定或当事人提出的争议焦点进行，裁判文书说理也应当围绕当事人的争议焦点分层展开。对争议焦点论证说理主要包括对当事人的诉辩主张采纳与否及理由，对案件事实与所适用法律之间的逻辑关系是否缺乏法理进行阐释和论证。由于对案件诉辩主张采纳不准确、争议焦点总结不全面、举证责任分配不当等原因，造成裁判文书说理论证无法展开或展开不充分，说理论证缺乏针对性，导致民事裁判文书说理论证不全、不充分的情况较为常见。

4. 民事裁判文书说理繁简不当

民事裁判文书说理繁简不当在司法实践中较为突出，一些裁判文书在说理时当详不详、当略不略，繁简失当。民事裁判文书经常出现：对双方毫无争议之处，仍然事无巨细地详列事实和证据，导致裁判文书重复冗长；对双方争议较大的地方，却又一笔带过，是否采纳当事人意见未作回应，对焦点问题根本不展开充分的说理论证；等等。由于各级人民法院未将裁判文书繁简处理落到实处，造成民事裁判文书说理繁简不当在一定程度上存在，不利于民事裁判文书制度改革整体推进。随着案件繁简分流改革工作在各级人民法院全面推开，应当适时对裁判文书进行案件繁简分流，同时也应当对裁判文书说理进行繁简适度说理，做到简案略说，繁案精说。

（二）当前民事裁判文书说理存在问题之原因分析

1.法官素养不均衡

法官作为法律职业中的重要群体，其职业素养的高低直接影响到法律公平正义的实现，近年来，我国法官素养有所提升，但仍然存在诸多问题，在裁判文书说理方面，法官不愿说理、不会说理、说不好理等情形依然长期存在。首先，法官普遍认为裁判文书判项、结果才是文书的重点和灵魂，而将裁判文书说理放在次要位置；其次，裁判文书说理论证不足，表述不当，法官没有对裁判文书进行详尽的说理论证，精雕细琢的精神有所缺失；最后，也有"案多人少"等方面原因造成法官工作和心理压力过大，从而忽视了裁判文书说理之重要性。

2.诉讼模式不相同

受传统诉讼模式影响，法官居于主导地位，对民事诉讼程序的进行、事实的认定和裁判结果的控制权较大，从而忽视了民事诉讼当事人对程序方面的主导权。要做到以审判为中心，进行庭审实质化改革以来，应当充分考虑民事诉讼程序所追求的诉讼模式和价值。表现在民事裁判文书制作中，就是要通过民事裁判文书展现诉讼全部过程，通过庭审实质化改革，加强民事裁判文书的说理，充分考虑因不同的诉讼模式导致不同裁判结果的区别。

3. 司法改革不全面

随着司法改革深入推进，司法人员分类改革、司法责任制落实等制度全面落实到各级人民法院。总体而言，人民法院司法改革各项制度虽已初步完成，但还存在很多不足，如涉及法律文书的改革，仅从文书样式外在制作层面进行了规范和统一，而对内在的文书制度改革，如裁判文书说理、统一裁判文书尺度等制度并未落实到可操作的层面。对于此类改革，仍然需要在今后的司法改革进程中全面、深入地整体推进。

二、民事裁判文书说理之理论必要性和现实重要性

加强民事裁判文书说理，是对民事裁判文书制作的基本要求，也是实现诉讼目的、彰显司法公正、提升司法公信力的必然要求，更是发挥人民法院定分止争、维护社会和谐稳定的重要作用。因此，裁判文书说理不仅有其理论必要性，也有其现实重要性。

（一）民事裁判文书说理之理论必要性

1. 裁判说理是人民法官的基本素养

人民法官作为国家公权力的行使者，代表国家依法承担着定分止争、实现社会正义和维护社会秩序的重要职责。审判实践中，法官行使其职责主要通过案件的审理方式予以体现，而案件审理的核心和关键集中体现在裁判文书的制作和说理。尤其在当前审判权运行机制改革和员额法官签发文书语境下，实行"让审理者裁判，由裁判者负责"，对法官综合素质提出了更高的要求。因此，法官职业素养的高低决定了裁判文书的质量，而裁判文书说理必然会对法官的基本素养提出更高的要求，加强裁判文书说

理并不会增加法官过多的工作量，而且更有利于促进法官的职业素养和驾驭庭审能力和水平的提升。

2. 裁判说理是司法公开的基本要求

随着司法改革进程的不断推进以及裁判文书全程上网公开，对裁判文书质量提出了更高的要求，着重体现在裁判文书说理方面。另外，随着以审判为中心的诉讼模式和庭审实质化逐步形成，当事人是非曲直辨明在法庭、有证举在法庭、有理讲在法庭，要求法官强化庭审实质化，让庭审不流于形式，让司法全程公开，并通过裁判文书向全社会公开审判过程，通过裁判文书说理体现司法的公开和公平，让公平正义以看得见的方式实现。

3. 裁判说理是司法改革的必然要求

司法权是一种判断权，要让当事人和公众信服，必须把裁判过程、事实认定、判决理由、依据的法律等讲清楚、说明白，这既是司法裁判的应有之义，也是推进司法改革的必然要求。裁判文书是要当事人履行的，而当事人对裁判文书的理解和接受，不仅看认定事实和适用法律是否正确，还要看道理是否讲清楚了。在司法改革背景下，增强裁判文书说理，提高司法公信力，通过说理体现司法公平和公正，必然推动司法改革朝正确和纵深方向前进。

（二）民事裁判文书说理之现实重要性

1. 体现法律之公平正义

古罗马法学家塞尔苏斯有言，"法律乃公正善良之术"；时任总理温家宝同样提出"公平正义比太阳还要有光辉"。公平正义是一切法律所追求的价值精神，是法律的精髓和灵魂。在实现公平正义之路上，人民法院往往是通过每个案件的审理实现，通过个案之裁判、裁判之说理彰显法律之公平正义，让人民群众感受到裁判结果的形成过程，最终实现习近平总书记提出的"让人民群众在每一个司法案件中感受到公平正义"。

2. 体现定分止争之功能

定分止争是关于法律功能的一个古老命题，出自《管子·七臣七主》："法者所以兴功惧暴也，律者所以定分止争也，令者所以令人知事也。"因此，法律之基本功能和终极目标是明辨是非、化解矛盾、定分止争。为使法律功能和目标实现，让人民群众知晓案件的事实认定、法律适用和裁判结果之间的联系，就需要通过说理的方式实现，让法官把审理案件时的思维过程在裁判文书中表达出来。裁判文书说理不仅要体现在裁判过程的说理，还要体现在裁判结果的说理方面。因此，加强裁判文书的说理，对于强化人民法院定分止争，维护当事人合法权益，促进社会和谐的法律功能具有重要的现实意义。

3. 维护司法机关之权威

司法权威是司法机关通过公正司法活动严格执行宪法和法律，形成命令和服从关系，具有使人信服的力量和威望。简言之，司法权威是司法机关通过公正司法体现出来的，人民法院作为国家审判机关，展示和体现司法权威的重要载体是裁判文书，只有一份释法说理清楚、论证翔实充分的裁判文书才能让人民群体信服，也能体现人民法院司法审判之权威。显然，制作一份高质量裁判文书的前提是文书样式的规范，其基础应当体现在文书说理之中。

三、增强民事裁判文书说理之创新路径

当前，人民法院司法改革已进入深水区，各项改革成果初见成效。作为备受关注的裁判文书改革，受多种原因影响而推进缓慢。诚然，只有裁判文书载明的事实认定、适用法律和释法说理都公正准确，司法裁判的可

接受度才会提高，才能实现法律效果和社会效果的有机统一。唯有具有针对性、充分性、逻辑性的说理，才能让实现正义的过程以看得见的方式呈现，才能"让人民群众在每一个司法案件中感受到公平正义"。因此，在司法改革背景下，增强民事裁判文书说理势在必行。

（一）构建民事裁判文书说理方式

1.沿用传统"三段论"式说理

"三段论"属于形式逻辑间接推理的基本形式，由大前提、小前提和结论三部分组成。随着司法改革不断深入推进，对传统"三段论"式说理并未予以否认、修正、闲置或废弃。因此，作为论证说理的基础，今后的民事裁判文书论证说理模式仍应当沿用传统的"三段论"进行。民事裁判文书的说理应当反复地运用逻辑"三段论"作为论证工具，通过审查采信的证据以确定案件的事实，依据相关的法律规定，依法作出裁判结果。裁判论证说理应当遵循"三段论"式的规则：首先，以相关的法律规定为大前提；其次，以案件事实为小前提；最后，根据小前提（案件事实）符合大前提（法律规定）的事实为根据，得出符合大前提（法律规定）的案件处理结果。民事裁判文书说理时，重点和难点均集中在如何准确地判断和论证案件事实（小前提）是否符合相关的法律规定（大前提）。对于争议不大的案件，可以直接得出结论；对于争议较大的案件，应当充分论证说明案件事实（小前提）确实符合相关的法律规定（大前提），以达到民事裁判文书说理要点之基本要求。

2.裁判文书分列层次说理

民事裁判文书说理不仅体现在说理方式之中，有层次的说理能够增加说理层次的力度和深度，因此，增强裁判文书说理，应当在着重体现说理方式的基础上，加强对文书说理层次的明确。分列层次说理具体内容如下：

首先，案件事实、证据、法律适用等内容逐层铺垫，裁判结果自然得出；其次，案件事实、裁判理由、裁判结果逻辑连贯，逐层递进，无自相矛盾；再次，紧密结合案件基本事实进行详细的法律论证，阐明法律适用的理由，裁判理由有事实依据和法律依据，事理法理分析与裁判结果相对应，裁判主文与诉讼请求应当相互对应；最后，针对案件法律适用部分存在分歧意见方面，逐一分析论述采纳与否及理由，并将是否采信的意见明确予以表述或分析。一份层次清晰、层层递进、逻辑连贯、观点明确的民事裁判文书，其美观和公信力不言而喻，裁判文书的说理性随之增强。

3. 民事裁判文书繁简得当说理

"两个文件"根据案件不同类型对民事裁判文书分别制定了普通程序、简易程序、小额诉讼程序的裁判文书样式，对于适用简易程序和小额诉讼程序的案件，设计了要素式、令状式和表格式等简单裁判文书样式，目的是明确民事裁判文书应当适用繁简分流，说理也应当繁简得当，以减轻办案法官工作压力。

民事裁判文书繁简说理，应根据案件类型的具体情况，当长则长，当短则短，简案略说，繁案精说，做到繁简适当。首先，双方当事人对案件某些事实、证据或者法律适用没有争议的，那么对这部分事实、证据或者法律适用就可以简要说明，不需展开论述；其次，对案情简单的、标的数额较小的案件要简说，因为此类案件事实清楚，争议不大或争议标的不大，可简化裁判文书，无必要过分强调说理；最后，对重大疑难复杂以及新类型等案件中争议较大的问题，应有针对性地予以说明，就要细说，针对当事人提出的各种事实争点、法律争点作出回应，做到说理透彻。当然，在具体案件中，对说理繁简的处理需要实事求是，具体问题具体分析。尤其是在当前案多人少的背景下，形式需要服从内容，裁判文书说理也要务求实效，从而帮助法官减负，提升审判工作效率。

（二）构建民事裁判文书说理程序

民事裁判文书的说理即民事裁判文书的理由阐明部分，该部分包括过程和内容两方面：裁判理由阐明的过程是一个形式逻辑"三段论"的演绎推理过程；裁判理由的阐明内容反映"三段论"的大前提、小前提和结论。具体到个案审理，民事裁判文书说理应当依照当事人诉辩、法律关系、争议焦点、法律适用的程序进行。

1. 分析当事人的诉辩

审理民事案件，主要围绕当事人的诉辩主张即请求权为主线展开，通过原告的诉称、被告的辩称和第三人的述称，对诉辩意见作出明确回应，并结合当事人提交的证据，认定案件的基本事实。通过查明的案件事实，对当事人的诉辩意见进行充分论证说理，并对争议焦点的说理有较强的针对性和说服力，增加对诉辩意见的说理。当然，民事裁判文书说理的范围应当紧紧围绕当事人的诉辩主张进行分析，当事人未主张的事项一般不予评判。

2. 分析案件法律关系

民事法律关系是基于民事法律事实并由民事法律规范形成的民事权利义务关系，是民法调整的平等主体之间的财产关系和人身关系在法律上的表现。它是审理民事案件的关键，只有厘清了符合案情的民事法律关系，才能正确适用法律。确定民事法律关系，即俗称的"定性"，通过对案件全程分析，根据当事人诉辩主张、争议的焦点，"定性"以确定案件的法律关系，在甄别属于何种民事法律关系后，再确定当事人的权利和义务，适用相对应的法律规定。因此，对民事法律关系进行分析是裁判文书说理的重要环节，通过详尽的分析，以确定当事人的权利和义务以及法律适用。

3. 分析案件争议焦点

裁判文书一般应当由当事人履行，而裁判文书的理解和接受性主要表现在认定事实和适用法律是否正确，关键是对当事人争议焦点进行详细充分的论证，只有围绕争议焦点的说理才能被当事人所信服。因此，裁判文书说理应当紧密围绕案件的争议焦点进行。

（1）归纳争议焦点

审理民事案件，归纳争议焦点是关键，不能脱离案件法律关系，应当根据当事人诉辩主张，准确总结事实认定和法律适用方面所存在的分歧和核心利益诉求。归纳争议焦点不能停留在案件对象争议层面，应当深入到技术层面，如证据争议和法律适用争议方面。因此，争议焦点归纳得越全面、越深入，论证说理就越理性和深入，越具有说服力。

（2）回应争议焦点

归纳争议焦点是回应争议焦点的前提和基础，通过全面深入地总结案件争议的焦点，理顺民事法律关系，明确当事人诉辩主张，进而对当事人的权利义务进行判定。因此，裁判文书的核心功能就在于全面准确地回应案件的争议焦点，唯有争议焦点得到了有效和充分的回应，才能解开当事人的心结，才能赢得明白，输得服气，当事人对裁判文书的接受度、信服度会更高。

4. 分析案件法律适用

分析诉辩主张、案件法律关系、归纳并回应争议焦点后，民事裁判文书说理最后环节应当是正确适用法律，并援引相关法律法规条文。适用法律一般遵循上位法优于下位法、特殊法优于普通法、新法优于旧法、法不溯及既往等原则。引用法律条文一般引用相关法律、法规等规范性法律文件作为裁判依据。同时引用两部以上法律的,应当先引用基本法律,后引用其他法律。引用包括实体法和程序法的,先引用实体法,后引用程序法。

因此,民事裁判文书说理的基本程序要求,首先是加强对案件法律关系的分析,以确定案件的性质;其次是加强对当事人的诉辩意见的分析,以增强说服的针对性;再次是加强对案件争议焦点的分析,以回应争议焦点;最后是加强对案件适用法律的分析,以巩固裁判的正确性。

(三)创新民事裁判文书说理方法

1. 民事裁判文书实质化说理

庭审实质化是"以审判为中心"的刑事诉讼制度改革的重要内容,其基本目标是"保证庭审在查明事实、认定证据、保护诉权、公正裁判中发挥决定性作用""实现诉讼证据质证在法庭、案件事实查明在法庭、诉辩意见发表在法庭、裁判理由形成在法庭"。该项制度改革本应适用于刑事诉讼,但为强化民事裁判说理,可以引入到民事诉讼中,借鉴并比照该项改革内容实现庭审实质化,目的是克服"庭前实质审,庭审走过场"的现象,通过落实"以审判为中心"的诉讼制度改革,实现庭审实质化,准确认定事实,正确适用法律,增强裁判文书可接受性,进一步做到公开公正。因此,通过落实民事诉讼庭审实质化更进一步查明事实、认定证据,不断强化和促进民事裁判文书的说理。

2. 指导案例促进裁判文书说理

指导性案例体例,主要包括标题、关键词、裁判要点、相关法条、基本案情、裁判结果、裁判理由七个部分,其中裁判理由是指导性案例的核心内容。一个案例之所以能够成为指导性案例,并像规范性文件一样发挥指导法官办案的作用，根本原因是法官对案件纠纷裁决得好、法律适用选择得好以及裁判说理论述得好。指导性案例的颁布一方面是为解决法律适用和裁判尺度的统一，针对全国法院出现的"同案不同判"现象及其引发的很多社会矛盾，发布指导性案例，为广大法官审理类似案件提供参考，可有效规范和限制自由裁量权，确保同类案件法律适用基本统一；另一方面利于填补法律漏洞，弥补司法解释不足，提高审判质量，提升司法公信力，弘扬社会主义法治精神。正如最高人民法院第二巡回法庭原庭长胡云腾指出："指导性案例可以作为裁判文书的说理依据引用。" 因此，指导性案例能够促进和推动民事裁判文书说理，彰显裁判文书说理之重要性。

3. 裁判文书融入德、法说理

习近平总书记指出："法安天下，德润人心""法律是成文的道德，道德是内心的法律。"法律有效实施有赖于道德支持，道德践行也离不开法律约束。一份高质量的裁判文书说理，应当在准确适用法律的基础上，充分尊重人民群众朴素的情感和基本的道德准则，从而为裁判文书的公信力和执行力奠定坚实的社会基础，进而实现法律效果和社会效果的有机统一。在裁判文书中融入德、法价值，实现情、理、法的有机融合，是树立司法权威的基础，对于法官的经验、智慧和良知有更高的要求。在司法实践中，法官可以在家庭伦理、邻里纠纷、侵权纠纷等案件中使用法官后语，或者在裁判主文中融入德、法价值理念，以增强整篇判决书的说理性。法官后语，德、法价值寓理于判，更能起到感化当事人、教育大众、宣传法律的作用。在这一类民事案件的处理中，比起绳之以法的惩罚，动之以情的说教会取得更好的社会效果和法律效果。因此，在案件审理中，法官应当秉持德、法价值理念，在民事裁判文书制作之中融入德、法价值说理理念，实现案件的情、理、法有机融合。

在司法改革深入推进，各项制度落地生根之际，应当同步着手加强裁判文书改革，特别是增加民事裁判文书说理，通过有理有据、说理充分的裁判文书实现案结事了，对于实现司法公平正义，维护法律效果和社会效果有机统一具有重要意义。因此，通过创新民事裁判文书说理方式、程序和方法，可以不断增强民事裁判文书的说理性。

本文写于 2019 年 3 月，为学术论文。

新冠肺炎疫情下不可抗力规则的适用

2020 年新春，一场突如其来的新冠肺炎疫情打破了新春的平静。"疫情就是命令，防控就是责任"，笔者作为疫情防疫工作突击队员，第一时间下沉社区参与防疫工作，为有效控制疫情的传播，相关部门采取了交通管制、经营限制、人员隔离、推迟复工等强制防控措施。作为此次疫情的亲历者，真切地感受到新冠肺炎不仅对人民的生命健康带来威胁，也给人民的工作、生活以及企业的生产经营造成严重影响。虽然疫情得到了完全控制，但因疫情所产生的纠纷和诉讼必将呈爆炸式增长，同时，疫情也将作为不可抗力因素成为当事人主张免责的重要事由。因此，在新冠肺炎疫情下，对于如何正确适用不可抗力规则，将是解决并审理好涉疫民事案件的重要指南。本文将以新冠肺炎疫情下不可抗力规则适用为研究视角，通过全面认识、分析和研究不可抗力及其规则适用，为具体案件提供审判指引，并提出适用不可抗力规则之创新观点。

对新冠肺炎疫情下不可抗力规则适用：首先，应当对疫情事件进行定性，以确定是否为不可抗力；其次，对相关的法律规定、因果关系、地域和时间节点以及具体案情进行考量为适用之前提；最后，在遵循不可抗力基本原则基础上，并根据具体案件情形分别选择适用相应的不可抗力规则。

2020年新春伊始，新冠肺炎疫情突如其来，1月20日，国家卫生健康委员会发布公告，将新型冠状病毒感染的肺炎纳入《中华人民共和国传染病防治法》规定的乙类传染病，截至1月29日，全国各省、自治区、直辖市相继宣布启动重大突发公共卫生事件一级响应，1月31日清晨，世界卫生组织将其列为"国际公共卫生紧急事件"。新冠肺炎疫情作为重大紧急事件，从法律层面如何理解与认识，首先应当对新冠肺炎疫情进行定性。

一、新冠肺炎疫情的认识与定性

1. 新冠肺炎疫情的认识

由于新冠肺炎是突发的传染病，具有广泛的传播性，作为一般人不能预见，即使具备医学专业知识人员也不可能预见。疫情暴发蔓延至今，各医疗机构、政府部门暂未发现有效的阻断病毒传播路径和方法，也未找到病毒传染源或中间宿主，更没有对应的特效药，医学界也没有研发相对应的疫苗（随着时间推移能研发出疫苗），应属于突发的全球性灾难。它不同于外生的突发性自然灾害，如洪水、台风、地震，也不同于内生的突发紧急公共事件如"9·11"事件。其起源虽是外生的，即COVID-19病毒，由于疫情的演变取决于外生与内生的相互作用，各国政府的应对措施是否得当，以及全球政策是否能够协调配合，对控制疫情在全球蔓延有着决定性的作用。① 总体而言，就此次疫情外在与内生所反映的客观情况，符合

---

① 新冠肺炎疫情的性质和特征分析［EB/OL］.（2020-04-08）［2021-03-03］. http://www.china-cer.com.cn/guwen/202004083559.html.

不可抗力所具有的外在特征。

2.新冠肺炎疫情的定性

不可抗力是一种客观存在，是一个事件，不会因任何个案而改变这一客观情况。《中华人民共和国民法典》（以下简称《民法典》）第一百八十条和《中华人民共和国合同法》（以下简称《合同法》）第一百一十七条都对不可抗力作出了相关的法律规定，不可抗力是指不能预见、不能避免并不能克服的客观情况。此外，2020年2月10日，全国人大常委会法工委发言人、研究室主任臧铁伟就疫情防控有关法律问题答记者问时强调："当前我国发生了新型冠状病毒感染肺炎疫情这一突发公共卫生事件。为了保护公众健康，政府也采取了相应疫情防控措施。对于因此不能履行合同的当事人来说，属于不能预见、不能避免并不能克服的不可抗力。"根据相关法律规定和权威部门的解读，不可抗力应当满足四个要件才符合其内涵与法律定性：一是客观情况，二是不能预见，第三是不能避免，第四是不能克服。因此，新冠肺炎疫情总体上反映的是一种客观情况，是一种事实存在，属于不能预见、不能避免且不能克服，符合不可抗力的内涵与法律特征。

二、新冠肺炎疫情作为不可抗力的考量

新冠肺炎疫情作为不可抗力因素，并非具有当然的逻辑与因果关系，即"只要发生新冠疫情"，就当然适用不可抗力相关的法律条款，即对于损害赔偿纠纷主张免责，或提出履约抗辩或解除合同等据此予以免责。新冠肺炎疫情下适用不可抗力，应当有一定的前提和基础，即对相关的法律规定、因果关系、时间和地域、具体个案等因素进行全面综合考量。

1.法律规范考量

2020年4月16日发布的《最高人民法院关于依法妥善审理涉新冠肺

炎疫情民事案件若干问题的指导意见（一）》，对准确适用不可抗力作出了规定："人民法院审理涉疫情民事案件，要准确适用不可抗力的具体规定，严格把握适用条件。对于受疫情或者疫情防控措施直接影响而产生的民事纠纷，符合不可抗力法定要件的，适用《民法典》第一百八十条、《合同法》第一百一十七条和第一百一十八条等规定妥善处理；其他法律、行政法规另有规定的，依照其规定。当事人主张适用不可抗力部分或者全部免责的，应当就不可抗力直接导致民事义务部分或者全部不能履行的事实承担举证责任。"

湖北省高级人民法院于 2020 年 4 月发布的《关于疫情纠纷（案件）处理若干问题工作指引（试行）》对疫情是否属于不可抗力对外口径为：2020 年 1 月 20 日，国家卫生健康委员会发布公告，宣布将新冠肺炎纳入《中华人民共和国传染病防治法》规定的乙类传染病，并采取甲类传染病的预防、控制措施；湖北省已启动重大突发公共卫生事件一级响应。因此，在新冠肺炎疫情防控期间，原则上可将政府采取的疫情防控措施理解为不可抗力。当事人因受疫情影响导致合同违约的，根据《民法典》等相关规定，可以适用不可抗力的有关规定（如时效中止、建设工程合同履行工期的顺延、违约责任的免除、合同的解除等）。但疫情对合同履行的具体影响应当在个案中结合合同性质、当事人逾期、合同履行情况、疫情对合同的履行的影响程度等因素综合认定。

上述条文对不可抗力条款的适用规则作了原则性的规定，考虑到新冠肺炎具有突发性，也没有预知性，相关的法律规定和规范性文件规定不可能进行预见，也不周延。该规定仅在有限的范围和层面对不可抗力规则进行了规定，但对涉疫案件不同类型，不同类型案件中出现的不同情形，如何适用不可抗力规则，并没有作出详细而周全的规定。

2. 因果关系考量

本次新冠肺炎疫情与法定的不可抗力要件吻合，这是对疫情本身的定性，由于涉疫情案件中法律关系的不同，并不宜一律认定为不可抗力，还应该考量不可抗力作为客观事件与损害赔偿，以及与不能履行合同之间具有的因果关系。只有当新冠肺炎疫情或其防控方法与损害结果，以及与当事人不能履行合同之间具有客观的或者直接的因果关系时，才能适用不可抗力规则。特别在合同履行过程中，不仅要具体论证因果关系是否成立，还要考虑疫情及其防控措施导致合同履行障碍因果关系是否成立，且债务人在履行合同过程中不存在过错时，才能适用不可抗力规则。因此，新冠肺炎下适用不可抗力规则，对因果关系的考量是首要和必备的环节和关键因素。

3. 地域因素考量

新冠肺炎疫情影响是全国性、全世界性的，因此，不同区域所受的影响也有所不同。鉴于各地疫情严重程度不同，采取的防控措施不同，对于当事人来说损害的程度以及合同履行受影响程度也有所不同。对于受疫情影响较大的地区，在所不问；而对处于未采取疫情防控措施的地区，主张因受疫情及其防控措施影响无法履行合同要求免责的，则不应予以支持。因此，对于不可抗力规则的适用，不同的地域应当有不同的裁判标准，裁判尺度会有所不同。因此，应当充分考虑各地受疫情影响程度的不同，决定是否适用不可抗力规则，如何对免责的大小和程度分情形予以处理。

4. 时间因素考量

本次新冠肺炎疫情早在 2019 年 11 月中旬便出现，2020 年 1 月 20 日公布为存在"人传人"现象，国家卫健委也于当日发布公告将其定为乙级传染病。自此，各省、自治区、直辖市陆续宣告启动重大突发公共卫生事件一级响应。确定一级响应时间之日应当确认为本次疫情防控期间不可抗力发生的起始时间，终止时间应是各地政府宣布应急反应终止（即解除突发重大公共卫生事件一级响应）的时间，或是各地政府发布的规范性文件中确定的时间等。各省、自治区、直辖市疫情防控不同时期的防控措施会有所不同，对合同主体的履约行为以及损害赔偿确定时间的影响也不同。因此，适用不可抗力规则时应当充分把握各省、自治区、直辖市启动和终止一级响应时间，对于不可抗力规则的适用也应当考虑其时间因素。另外，即使在一级响应时间段内的区域，还应当考虑合同签订的时间前后与一级响应时间、采取防控措施时间点的关系，不能一概而论适用不可抗力规则，而应当视具体情形予以适用。

5. 具体个案考量

不可抗力作为一种客观存在，是一种事实判断，是相对的，而不是绝对的。对于不可抗力的适用，应当结合具体案情综合认定，对于不考虑案件类型和具体案情，而单纯地以某一事件构成不可抗力为由予以法律适用是片面的。正如 2021 年 2 月 10 日全国人大常委会法工委答复"对于因此不能履行合同的当事人来说，属于不能预见、不能避免并不能克服的不可抗力"，前提条件是将"对于因此不能履行合同的当事人来说"作为限定，这也是针对具体个案予以具体认定的体现。另外，在新冠肺炎疫情下，由于受疫情防控的影响程度的不同，对于防控方式和措施都会有所不同，由于形势紧迫，也不排除盲目性采取防疫措施的可能，所导致的后果以及引起的法律责任都是不同的。因此，适用不可抗力规则最为关键的是应当针对具体的个案、不同的案件类型分别予以适用。

综上，对于新冠肺炎疫情案件并不当然适用不可抗力规则，而应当在综合考量相关的法律规范、因果关系、地域和时间、具体个案等因素的基础上，才能正确适用不可抗力规则。

三、新冠肺炎疫情下不可抗力规则的适用

适用不可抗力是为了保护无过错方的权益，并相应减轻其责任，适用不可抗力规则应当通过体现法律的公平公正去实现社会的公平与正义。对于具体规则的适用，应当严格遵循不可抗力基本原则，在依据相关法律及其规范的前提下，不仅要考虑疫情及其防控措施与损害赔偿或合同履行之间的因果关系，还要考虑疫情发生的地域、时间、具体个案等因素。

（一）不可抗力基本原则的适用

1.诚实信用原则

诚实信用原则要求当事人在诉讼活动中讲究信用，信守诺言，不能欺骗他人、损人利己。同时要保证民事行为的真实性和合法性，应当忠于案件事实，不得违背法律的禁止性规定。诚实信用原则应当体现在民事诉讼行为的任何阶段，通过秉承诚实信用原则处理当事人纠纷。尤其是侵权或违约事由是否存在不可抗力情形，是否为不可抗力造成或引起的，以及是否履行了适用不可抗力的应尽的义务，这都要求当事人秉承诚实信用原则，遵守约定和事实，还原案件的客观情况，保证不可抗力事由的真实性。

2.公平、公正原则

公平、公正原则体现的是社会的公平、正义的价值观念，是人民公认的"是非""公正""合理"标准。由于新冠肺炎疫情打破了人们工作和生活的日常，出现了非常态的民事法律关系，在法律适用方面，通过公平、公正原则可以矫正因不可抗力引起的民事法律关系。因此，公平、公正原则的适用，可以弥补法律规定和规范的不足；也可以通过公平、公正原则

适用于显失公平的情形，充分体现人民和社会公认的公平与正义的价值观。通过公平、公正原则的适用，能够充分彰显疫情及其防控中诚实信用、同舟共济的价值导向，依法保护各方当事人的合法权益。

3. 严守合同原则

对于合同类型乃至侵权案件中，要严格按照合同约定或当事人约定进行裁判，合同中对不可抗力有约定的，从其约定；合同没有约定的，可以根据案件具体情形，选择适用不可抗力和情形变更等规定处理。对于合同能够通过其他方式继续履行的，鼓励合同的延续性，依法促进合同继续履行，可以防止因不可抗力造成各方损失继续扩大。同时，在提振经济的背景下，无论是否发生不可抗力，都应当积极引导经营主体继续进行经营活动，促进经济复苏和活跃。

4. 利益平衡原则

利益平衡原则是比较典型的裁判规则，特别是在涉疫案件不可抗力规则适用时，更应当大胆灵活适用。根据不同案件类型及性质，在不违反禁止性法律条款的情况下，充分保障疫情期间的弱者，通过采取相对灵活的裁判思路，保障双方当事人的利益得到平衡，体现法律的公平与正义。如在旅游餐饮等消费合同诉讼中，当事人以不可抗力为由请求解除消费合同的，人民法院一般应予支持。但对于已经为消费合同履行而产生的费用，可依据利益平衡原则，其损失由双方合理进行分担。在严格依照相关裁判规则的情况下，通过寻找双方当事人的利益平衡点，依法公平、公正裁判。

（二）不可抗力法律规范的适用

根据《最高人民法院关于依法妥善审理涉新冠肺炎疫情民事案件若干问题的指导意见（一）》和湖北省高级人民法院《关于疫情纠纷（案件）

处理若干问题工作指引（试行）》关于不可抗力规范指导意见，主要从以下几方面予以适用。

一是举证责任问题。当事人主张适用不可抗力部分或者全部免责情形，对于上述法律规范的适用，应当就不可抗力直接导致民事义务部分或者全部不能履行的事实承担举证责任。

二是合同违约问题。对合同违约可以适用不可抗力的有关规定。但疫情对合同履行的具体影响，应当在个案中结合合同性质、当事人逾期、合同履行情况、疫情对合同的履行的影响程度等因素综合认定。

（三）不可抗力因果关系的适用

民法上的因果关系是行为人的行为及其物件与损害事实之间的因果关系。[①] 因此，当事人主张适用不可抗力免责的，应当根据证据的举证规则就其受到不可抗力的影响等具有因果关系承担举证责任。

一是不可抗力举证责任问题。不可抗力作为一种客观情况、客观存在，在具体案件中，当事人一般情况是没有必要为新冠肺炎疫情事件是否构成不可抗力进行举证的。当事人主张某事件构成不可抗力的，只需要说明事件的具体情况即可。如果对方当事人主张不构成不可抗力，应当提供相关证据证明，由裁判者根据法律规定直接认定即可。

二是因果关系举证责任问题。根据我国《合同法》和《民法典》的相关规定，当事人主张不可抗力免责的要件和前提就是"因不可抗力不能履行"合同或者民事义务。在认定新冠肺炎疫情防控构成不可抗力免责事由时，应当提供证据证明疫情防控与当事人未依约履行事实之间具有法律上的因果关系，否则不发生不可抗力的法律效果。也就是说当事人所在地或

---

① 马骏驹，余延满. 民法原论［M］. 2 版. 北京：法律出版社，2005：1014.

合同履行地政府采取了疫情防控措施，当事人及其履行行为属于疫情防控措施涉及、影响的对象，且疫情发生及疫情防控措施实施与损害结果、履约行为等具有因果关系。

三是因果关系认定规则问题。在进行因果关系认定时，应当结合损害事实与结果、合同类型、合同目的、履行区域、履行时间等多种要素综合考量。另外，还要结合不可抗力与债务人的原因共同构成损害发生的原因，分析造成损害的原因力大小，判令双方当事人承担相应部分的责任，以达到民法上因果关系的证明标准。

（四）不可抗力地域因素的适用

鉴于本次疫情影响是全国性乃至世界范围的，一般情况下，可以不考虑地域因素对适用不可抗力造成的影响，但是由于不同区域所受影响的时间和程度有所不同，因此，对不可抗力规则应当分别予以适用，可以根据受疫情影响严重程度分为三个层次。

一是受疫情影响较重的区域。如北京市、武汉市、黄冈市、孝感市以及吉林省吉林市等地区，一般情况应当完全适用不可抗力规则。

二是受疫情影响有限的区域。如上海、广东、江浙等地区，应当根据受到疫情及防控影响的程度不同分别适用不可抗力规则。

三是受疫情影响较小的区域。如海南省、西藏自治区等地区，一般可以不适用不可抗力规则，但考虑到具体案件中不可抗力的特殊情形，可以针对不同的个案选择适用不可抗力条款。

（五）不可抗力时间因素的适用

鉴于各省、自治区、直辖市启动和终止一级响应时间均有所不同，采取疫情防控措施的时间也会有所不同，对于不可抗力规则的适用应当充分考虑启动和终止时间因素。总体上，对于该时间段时发生的事件，一般情况应当适用不可抗力规则。但应区分以下几种情形。

一是疫情发生前签订合同。由于本次疫情具有突然性，一般公众均无法预见，若合同是在疫情发生之前订立的，显然符合"不能预见"这一要件，当事人在订立合同时没有预见也不能预见到疫情发生和疫情防控措施实施，并且未在合同中作出预先安排，应当适用不可抗力条款。

二是疫情发生前合同违约。根据《合同法》第一百一十七条规定："当事人迟延履行后发生不可抗力的，不能免除责任。"因此，只有在违约行为发生在疫情及其防控措施开始后，才可能适用不可抗力条款，才有可能因为不可抗力事由而主张免责。如果合同当事人在疫情防控开始前就存在违约行为，而该违约行为并不符合"不能预见、不能避免且不能克服的客观情况"，则违约方不能以疫情防控为由、以不可抗力为名逃避合同义务。

三是疫情发生后签订合同。如果合同当事人在疫情或疫情防控措施发生之后签订合同，由于本次疫情给经济社会和人民群众均带来极大损害，可以认定当事人在订立合同时对相关情况知道或者应该知道并且有所预见，同时也表明自己愿意承担因疫情可能产生或造成的后果，该情形不符合"不能预见"的要件，应当不能适用不可抗力作为抗辩理由主张免责。

（六）不可抗力规则之具体规则适用

一是合同履行规则。当事人以新冠肺炎疫情构成不可抗力为由主张减轻或者免除责任的，应当根据合同能否继续履行的情况区分情形予以认定。① 如果合同仍可继续履行或者疫情并不影响合同目的实现，而仅造成双方当事人利益失衡，应当在充分尊重当事人意愿的基础上，根据《最高人民法院关于适用〈中华人民共和国合同法〉若干问题的解释（二）》第二十六条之规定合理变更合同的履行期限、履行方式等内容。② 如果疫情导致合同不能继续履行或者不能实现合同目的，当事人主张减轻或者免除责任的，应当根据公平原则和诚实信用原则，综合考虑疫情与不能履行之间的因果关系及原因、当事人是否履行了通知义务、是否采取了避免损失扩大的合理行为等因素，并结合《合同法》第一百一十七条、第一百一十八条规定合理确定应当减轻或者免除的责任以及损失的分担。

二是违约处理规则。在合同履行过程中，违约的一方当事人以受疫情影响为由不承担违约责任或者请求减免违约金的，一般应予支持。对于判断约定违约金是否过高，一般应当以《合同法》第一百一十三条规定的损失为基础，考量疫情因素对合同不当履行是否构成影响及影响程度，兼顾合同履行情况、当事人过错程度以及预期利益等因素综合确定，并由主张违约金过高的违约方就违约金是否过高承担举证责任，避免其以疫情防控为名规避责任或者获取不当利益。

三是推定过错规则。不可抗力事件发生时，债务人负有采取积极措施尽量减少或避免损失扩大的义务，如果债务人在新冠肺炎疫情发生时能够采取措施避免或减少损失的扩大而未采取，或者放任其损失的扩大，则推定债务人有过错，根据其过错程度判令其承担责任。①

四是通知义务规则。不可抗力出现后，当事人以疫情事件为由主张免除或者部分免除责任的，当事人还有将事件告知对方的义务；同时，还要

---

① 四川省高级人民法院民事审判第一庭关于印发《关于涉新冠肺炎疫情相关民事案件审理的法官会议纪要》的通知（川高法民一〔2020〕1号）［EB/OL］.（2020-03-03）〔2021-03-03〕. http://sclx.pkulaw.cn/fulltext_form.aspx?Gid=18349660&Db=lar&EncodingName=big5.

表明是否继续履行合同，如何履行合同。通知义务是为了保障并防止损失扩大；同时，也是保障不可抗力出现后当事人对履约的态度，这实质上体现了合同的诚实信用原则。如果当事人主张适用不可抗力规则，而另一方当事人没有履行其应尽的通知义务，可以不承担责任或者根据案件的具体情况承担相应的责任。

（七）不可抗力规则的例外情形

法律适用规则总有例外，对于不适用不可抗力规则的情形如下。

一是如果当事人在订立合同时已经知道或者应当知道疫情发生或者疫情防控措施实施的，足以证明其对疫情以及防控措施有预见性，不符合不可抗力的法律特征，因此不适用不可抗力规则。

二是如果合同双方因为疫情达成变更协议，后又以疫情为由主张不可抗力，一般不予支持。因为双方当事人变更了协议，则视为对疫情期间的特殊情况的认可，且已作出了预见和判断，并对后期履行行为予以认可，因此，不能再主张不可抗力免责。

三是当事人不当履行合同与疫情发生及疫情防控措施不具因果关系。如疫情事件对合同履行没有实质影响，当事人仅因恐慌、担忧等主观因素或者一般的、正常的商业风险不能履行合同，并以疫情事件为由主张减轻或者免除责任的，一般不予支持。

四是如果当事人不当履行合同虽与疫情发生及疫情防控措施实施有关，但并非不能避免、不能克服的，也不符合不可抗力的法律特征，不适用不可抗力规则。

五是不可抗力作为免责事由，并不是所有的给付义务均能适用。对于金钱债务，一般不得因不可抗力而免除给付义务。如借款合同涉及金钱给付义务，债务人一般不得主张适用不可抗力来免除给付义务。信用卡持卡人、住房按揭贷款人等个人信贷借款人主张受疫情或者防控措施影响免除其迟延还款责任的，一般不予支持。

六是因被感染新冠肺炎而请求传播者承担损害赔偿责任的，因传播者不具主观上的故意，其传播行为也不受传播者控制，也是针对不特定多数人，应当属于意外事件，传播者不应当负赔偿责任。

（八）具体个案适用规则

因我国民事纠纷类型多样，而新冠肺炎又具有突发性、不可预见性，对具体个案的适用，应当根据案件中出现的不同情形分别适用，即使同一类型案件，也要区分不同情形处理。如在房屋租赁合同案件中，对于个人住宅和商业房屋租赁，当事人主张以不可抗力减免租金的，一般予以支持；但工业房屋租赁中，因受疫情影响相对较小，当事人主张以不可抗力减免租金的，一般不予支持。因此，不可抗力规则的适用，应当结合具体案件类型、案件中出现的具体情形分别适用不可抗力规则，在此不再赘述。

不可抗力的概念因其具有不确定性，应当有科学的方法加以弥补，对不可抗力的适用，应当充分考虑相关的法律规范、个案的差别、因果关系、地域和时间节点，并结合具体案情予以分别不同情形适用，通过对不同类型案件的研究，总结适用规则，统一裁判尺度，确保不可抗力规则在具体案件中正确适用。

本文写于 2021 年 3 月，为学术论文。

民事诉讼费执行追缴制度之构建

民事诉讼费"胜诉退费"和"败诉缴费"机制理应共同组合成为我国诉讼费管理制度和体系的重要内容，"胜诉退费"机制在理论和实践层面已形成并落实，而"败诉缴费"机制更多停留在理论研讨层面，实践中运行存在诸多问题，为全面落实"败诉缴费"制度，民事诉讼费执行追缴制度首当其冲成为其重要的实现方式。因此，民事诉讼费管理制度和体系之形成，其核心要义就是要构建民事诉讼费执行追缴制度。本文将通过展现民事诉讼费执行退费的现状及存在的问题，分析其理论和现实必要性，构建民事诉讼费执行追缴制度之路径与方法。

本文以民事诉讼费"败诉缴费"相关规范为指引，通过对民事诉讼费执行追缴立案、审理、执行环节以及几种特殊类型的程序规范与应用，以及强化诉讼费执行追缴管理与监督等方面，提出确立民事诉讼费执行追缴制度观点。在该制度构建过程中，明确了执行追缴制度启动程序与流程、诉讼费"径行"退费追缴、提出了诉讼费优先债权清偿等创新观点。同时，对如何发挥诉讼费的杠杆作用确保司法公开公平公正、如何避免诉讼费流失等提出了新主张，不断丰富完善并构建民事诉讼费执行追缴制度体系。

"胜诉退费"机制散见于《诉讼费用交纳办法》以及司法解释等规定中，在实践中，基于当事人利益考量，该制度均全面落实。与之相对应的"败诉缴费"机制，即人民法院向败诉方（含自愿承担方）收取诉讼费制度却运行不畅，造成诉讼费用大量流失，与此同时也造成国有财产的流失，还有损人民法院的形象。"败诉缴费"机制最核心的内容即诉讼费执行追缴制度，大部分都集中于民事诉讼中，由于刑事诉讼以及行政诉讼涉及诉讼费事项极少，不在考量之列。本文将以民事诉讼费为视角，对民事诉讼费执行追缴制度进行研究。

一、民事诉讼费执行追缴制度之现状及存在的问题

（一）民事诉讼费执行追缴制度之现状

随着司法改革的不断深入，民事相关法律及司法解释的不断完善，"胜诉退费"机制已然形成，特别是2022年全国政法队伍教育整顿工作开展以来，"胜诉退费"已作为顽瘴痼疾的整治内容，在司法实践中都能完全落实到位。而作为人民法院应当主动收取败诉方（含自愿承担方）的诉讼费，却因各种原因均不能完全收取到位，在民事诉讼费执行追缴制度尚未建立、也没有形成可操作的实践蓝本的背景下，本文以X省Y市Z区人民法院为例，对近三年败诉方（含自愿承担方）的诉讼费缴纳现状，从民事诉讼费执行追缴制度实践层面进行了全方位的梳理。

表1 X省Y市Z区人民法院案件败诉方（含自愿承担方）缴纳诉讼费用情况表

年度	应缴纳诉讼费数量/笔				应缴纳诉讼费金额/万元			
	已缴纳		未缴纳		已缴纳		未缴纳	
	自愿缴纳	强制缴纳	未强制缴纳	强制缴纳	自愿缴纳	强制缴纳	未强制缴纳	强制缴纳
2018	2451	245	2184	4	3165	121	2327	17
2019	2826	196	2100	2	3635	104	2586	9.5
2020	2921	184	2535	2	4537	76	2966	5

从表1可以看出：一是人民法院案件审理后，应缴纳诉讼费笔数和金额数量之大，且呈现逐年递增的情况；二是已缴纳、未缴纳的诉讼费笔数和金额差距不大，基本持平；三是自愿缴纳诉讼费用笔数和金额较强制缴纳的数量大；四是未缴纳诉讼费笔数和金额中，通过强制缴纳仍不缴纳的占整个未缴纳数量的极少部分。

足以可见，应缴诉讼费数量与金额，通过强制缴纳方式收取的趋近于零，反映出诉讼费执行追缴工作在人民法院基本上处于没有开展的状态。

（二）民事诉讼费执行追缴制度存在的问题

1.民事诉讼费执行追缴机制尚未建立，诉讼费缴纳较混乱

与诉讼费执行追缴制度相对应的是诉讼费退费制度，该制度建立了《诉讼费用交纳办法》等系列规范性文件，已经在制度层面确立了诉讼费"胜诉退费"制度，在实践中也将该"睡美人"条款真正落地生根。而与之对应的诉讼费执行追缴制度尚未建立，导致诉讼费缴纳呈现较为混乱局面。如表1所示，诉讼费追缴数量和金额近几年几乎没有增长，自愿缴纳较强制缴纳的数量和金额多，即便通过强制缴纳，收取到位的数量和金额少之又少。在诉讼费执行追缴制度尚未建立的情况下，诉讼费缴纳较为混乱，不主动缴纳、拒绝缴纳、缴纳不及时、缴纳金额不足等现象非常普遍。由于该制度的缺失，造成了通过强制执行方式对诉讼费进行追缴不是"应当"程序，人民法院基于案件数量多、办案力量不足、当事人没有反应等多方面的原因，一般都没有主动适用强制执行程序对诉讼费进行追缴。即便通过执行追缴程序，大部分都以未可供执行的财产而进入执行终本程序，至此，诉讼费执行追缴再也不会主动启动，之后也无人问津。

2.民事诉讼费执行追缴制度尚未落实，诉讼费流失较严重

虽然诉讼费执行追缴制度尚未建立，但大多数法院基于工作需要，均制订了诉讼费退费缴纳等相关制度规范性文件。从收集到的关于诉讼费退费、追缴制度等文件看，对诉讼费退费的规定和流程清晰明确，而诉讼费追缴规定过于死板，不具有可操作性，造成了诉讼费执行追缴虽然有文件、有规定、有机制，但是运行不畅，效果不佳。在操作流程方面主要表现在对于败诉方未缴纳诉讼费的，人民法院审判业务部门不主动移送执行；即便移送至立案庭，基于案件数量激增考虑，立案执行的较少；即使执行，一般都作简单的网络查控处理，对于没有查询到财产的，直接作终结执行处理。以上做法最直接的后果就是诉讼费大量流失，以 X 省 Y 市 Z 区人民法院为例，每年流失的诉讼费一般占到应该收取的诉讼费的一半，也就是说还有一半的诉讼费没有收取到位。

自司法改革以来，人民法院人财物统一实行由省级部门管理，诉讼费也上缴至省级国库，省级财政对各级法院的预算虽然不以诉讼费的收取为标准，但如果诉讼费上缴省级国库的金额与财政预算严重倒挂，势必造成财政压力变大，财政部门对人民法院支持力度就会减弱。对于诉讼费执行追缴不到位，造成的后果就是造成诉讼费大量流失，最关键的问题就会影响财政部门对人民法院的支持力度。

3.民事诉讼费执行追缴机制未成体系，诉讼费杠杆作用未发挥

虽然相关法律规范对民事诉讼费"败诉缴费"作出了规定，但该规定过于抽象笼统，规范缺失，且不具有可操作性，缺少相应的操作程序与流程，导致诉讼费执行追缴制度操作困难，诉讼费追缴不顺畅，难以实施；即使实施，囿于程序与流程的缺失，导致执行起来困难重重，阻碍了诉讼费追

缴工作的开展。正如表1所示,民事诉讼费"败诉缴费"的数量和金额非常少,诉讼费追缴工作基本没有开展。

诉讼费"胜诉退费,败诉缴费"作为诉讼费管理制度的完美表述,即便是"胜诉退费"制度落实再好,"败诉缴纳"制度落实不到位,该制度也不能发挥应有的作用。只有两者共同发挥作用,才能显示诉讼费制度管理优势。诚然,诉讼费杠杆功能主要体现在案件调节、程序引导、违法惩戒等方面,最主要的作用就是填补司法成本和防止当事人滥用诉权。在诉讼费执行追缴制度未形成体系的情况下,诉讼费的杠杆作用无以发挥,也发挥不了其应该有的功能与作用。

二、构建民事诉讼费执行追缴制度之理论正当性与现实必要性

1.构建民事诉讼费执行追缴制度之理论正当性

（1）构建民事诉讼费管理制度体系之需要

诉讼费"胜诉退费"和"败诉缴费"制度应当是诉讼费管理制度核心要义,两者是相辅相成、相互促进、相互影响和相互制约的关系。即便"胜诉退费"制度设计再完美,执行再彻底,而没有"败诉缴费",即诉讼费执行追缴制度的配合,以及与之相对应的制度完善,也不能形成诉讼费管理制度体系。因此,构建诉讼费执行追缴制度是形成诉讼费管理制度体系,同时完善诉讼费管理制度体系之需要。

（2）发挥诉讼费杠杆作用之需要

诉讼费的杠杆作用主要表现在:一是通过合理的诉讼费用制度全面保障当事人诉讼权利;二是通过调节案件,发挥诉讼分流作用;三是通过引导合理诉讼程序,发挥程序效率与效益作用;四是通过败诉方负担诉讼费

来对滥诉行为予以抑制，确保诉权的正确行使。① 为正确合理运用诉讼费杠杆作用，就要确保诉讼费各项管理制度能够到位，而诉讼费执行追缴制度是其重要保障，因此，构建诉讼费执行追缴制度是确保诉讼费杠杆作用充分发挥的必然途径。

（3）避免诉讼费用流失之需要

诉讼费在很大程度上起到填补司法成本和防止当事人滥用诉权的作用。人民法院虽然从自收自支阶段进入财政全额拨款时代，但诉讼费填补司法成本的功能依然保留至今，并未削弱。为确保诉讼费不流失，实行诉讼费执行追缴是其重要的制度保障，只有建立诉讼费执行追缴制度，并完善其追缴流程，确保该制度落实到位，才能保障诉讼费不流失。

2. 构建民事诉讼费执行追缴制度之现实必要性

（1）确保案件程序合法之需要

诉讼费制度承载的不仅是司法程序中保证司法资源循环的合理利用，同时又在一定程度上彰显司法制裁功能，这似乎与案件程序合法性没有什么必然的联系，但案件程序合法性应当包含诉讼费制度相关内容。在立案阶段，就要求当事人严格按照《诉讼费用交纳办法》及相关的规定交纳案件受理费，对符合减缓免的当事人，依法减缓免诉讼费，确保当事人不因生活困难而打不起官司，确保诉讼程序合法；在审判阶段，要求法官根据案件胜负状况，精准计算诉讼费用，依法确定当事人各自应当负担的诉讼费用；在执行阶段，对于不能缴纳的诉讼费，通过执行追缴程序确保诉讼费全部执行到位。诉讼费制度贯穿整个诉讼过程，只有将诉讼费执行追缴落实到位，才能确保案件诉讼程序规范合法。

---

① 冉崇高. 以实现诉讼费制度功能为视角论我国诉讼费制度改革［J］. 法律适用，2016（2）：7.

（2）确保实体裁判公正之需要

在民事判决主文中，诉讼费用负担虽然不属于实体判决事项，但是其作为重要内容，在判决事项中通过诉讼费的负担能够充分反映实体判决是否得当，裁判是否公平公正。同时，诉讼费的负担能否实现，不仅依靠当事人自觉缴纳行为，在一定条件下还需要强制缴纳，即适用诉讼费执行追缴制度予以全面的实现。因此，全面构建诉讼费执行追缴制度是确保司法公平公正得到充分保障的应有之义。

构建诉讼费执行追缴制度不仅是构建诉讼费管理制度之需要，还有发挥诉讼费杠杆作用以及避免诉讼费流失之理论需要，而且还有确保案件程序合法、实体裁判公正之现实需要，无论是理论层面还是实践层面，都需要构建诉讼费执行追缴制度，并且势在必行。

三、构建民事诉讼费执行追缴制度之路径

（一）明确民事诉讼费"败诉缴费"相关规范

"胜诉退费"和"败诉缴费"规范应当作为诉讼费管理制度体系，在"败诉缴费"规定执行不到位、效果不明显的背景下，进一步明确诉讼费"败诉缴费"相关规范是构建并落实诉讼费执行追缴制度的前提和基础，也是日后执行的依据，主要从程序与流程方面予以明确。

1. 裁判文书中告知相关规定

裁判文书是人民法院执行的依据，也是败诉缴费的依据，更是诉讼费执行追缴的依据，因此，在裁判文书中明确败诉方应当承担的诉讼费是执行追缴的关键。对于败诉方或者自愿承担方的诉讼费，应当明确具体的金额、缴纳的具体期限、逾期未缴纳应当承担的责任（如比照《民事诉讼法》中关于加倍支付迟延履行期间的债务利息的规定或者行政处罚法中关于滞

纳金的规定）。同时，还要明确告知缴纳的方式，如向 X 省 Y 市 Z 区人民法院缴纳，开户行和账号等信息都应当予以明确。通过明确具体的金额、时限、方式以及逾期缴纳的责任等，有利于当事人直接缴纳诉讼费，避免出现败诉方找不到缴费的途径，造成被动适用诉讼费执行追缴程序去收取当事人诉讼费的情形。

2. 案件审结后对诉讼费进行结算

"胜诉退费"和"败诉缴费"作为制度规范，在司法实践中的具体体现，就是案件审结后对诉讼费进行全面的结算，特别是有一些案件经过一审、二审，甚至再审等程序，诉讼费的负担情况不能一目了然，要通过诉讼费的结算程序最终确定胜诉方应当退还的诉讼费、败诉方（含自愿承担方）应当承担的诉讼费。对于应当退费的，按照诉讼费退费流程进行办理；对于应当缴费的，通知当事人按照确定的诉讼费金额、时限和方式等进行缴费。如果当事人拒不缴费，则应当适用诉讼费执行追缴程序，依法适用强制执行措施收取当事人应当承担的诉讼费用。

（二）确立民事诉讼费执行追缴制度

《民事诉讼法》及其司法解释对当事人拒不缴纳诉讼费用的情形作出了由人民法院依法强制执行的规定，该规定只对诉讼费强制执行进行了原则性的规定，诚然，败诉方应当负担的诉讼费理应由其缴纳，人民法院对拒不缴纳诉讼费的行为当然可以强制执行，但是如何强制执行却没有相应的规范性文件以及可操作的程序与流程，造成了实际上难以实施。在此背景下，明确诉讼费执行追缴制度显得尤为重要。在不能通过立法确立相关制度的情况下，可以暂时由各人民法院根据实际情况，制订出台关于诉讼费执行追缴相关程序、流程等文件，也可以由省、市级人民法院在其管辖范围内结合自身实际，制订出台相关规范性制度文件，在一定程度上弥补或缓解各地诉讼费执行追缴制度之缺憾。在条件成熟时，最高人民法院可以出台诉讼费执行追缴相关司法解释规定，最终确立诉讼费执行追缴制度。

（三）构建民事诉讼费执行追缴流程

制度的确立、流程的规范，不能只看结果，更重要的是流程和制度实现的过程，构建诉讼费执行追缴制度流程，应当从案件的立案开始、到案件的审理、执行等环节，系统性规范，明确程序、优化流程，最终体系性地构建诉讼费执行追缴制度。

1. 立案阶段

为了让当事人正确理解诉讼费制度及其杠杆作用，在立案环节，就应当进行告知、宣传、引导。《案件受理通知书》《权利义务告知书》等诉讼文书或口头主动告知起诉人，明确提示起诉人"胜诉退费"制度相关规定，即可以在胜诉的判决生效之后，提供相关的材料，可以向人民法院申请退费。同时在给被告送达的《应诉通知书》《举证通知书》等诉讼文书中，明确告知被告"败诉追缴"制度相关规定，即当事人在败诉后，应当按照裁判文书确定的内容向人民法院缴纳诉讼费，逾期不缴纳，则应当承担相应责任。

同时，为配合一站式多元纠纷和诉讼服务体系建设的开展，人民法院应当在诉讼服务中心的醒目位置放置便民宣传手册，向前来立案的当事人告知"胜诉退费，败诉缴费"制度，为全面落实诉讼费执行追缴制度打下基础、提供保障。

2. 审理阶段

（1）宣传告知诉讼费执行追缴制度

在审理阶段与立案阶段一样，案件承办人或书记员可以在庭前会议、开庭审理、调解等过程中，向双方当事人宣传解读诉讼费"胜诉退费，败诉缴费"制度，通过口头或笔录的形式，向当事人释明当事人在败诉后，应当按照裁判文书确定的内容向人民法院缴纳诉讼费，逾期不缴纳，则应当承担相应责任。

（2）引导适用诉讼费"径行"退费制度

根据案件具体情况以及实际需要，在征得败诉方同意的情况下，将败诉方缴费诉讼费转化为案件标的款的执行内容。该法律规定并非是有些学者提出的有明显损害当事人合法权益的内容，该条款适用有一个前提，即自愿承担或者同意败诉方直接向其支付，这符合民事诉讼法的自愿原则，充分体现了当事人意思自由、意思自治和意思自愿，符合法律规定以及《民事诉讼法》的价值取向。另外，如果所有案件适用该条款，诉讼费无须通过执行程序进行追缴，诉讼费执行追缴制度也将不复存在；如果大部分案件适用该条款，将大幅减少人民法院适用诉讼费执行追缴制度，节约司法资源，让更多的执行力度投入案件的执行过程中。从另外一个角度看，可以完全避免诉讼费用的流失，完全发挥诉讼费杠杆作用。

3. 执行阶段

（1）诉讼费执行追缴并案执行

对于诉讼费执行追缴并案执行一般由当事人申请启动，适用于胜诉方向人民法院申请执行判决书确定的给付义务情形，此时胜诉方申请强制执行事项一般仅为给付内容，并无执行诉讼费事项。由于诉讼费负担属于主文判项，诉讼费可以强制执行。因此，人民法院执行立案时，就应当将执行标的款和诉讼费事项共同列为案件的执行内容，这样就能确保诉讼费执行追缴能与案件标的执行一并进行强制执行，能够从立案开始就能保障诉讼费执行追缴进入执行程序，从源头上避免诉讼费的流失。

（2）诉讼费执行追缴单独执行

对于没有给付内容（确认之诉等）的裁判案件的执行，当事人一般不会申请人民法院强制执行，即使判决主文具有给付内容，当事人基于多种原因（如判决后自动履行、达成和解等）不向人民法院申请强制执行，而在裁判文书主文中有败诉方承担的诉讼费，此时就应当适用诉讼费执行追缴单独执行程序，即由原审判组织依职权向人民法院执行局移送执行。此时，分三种情形进行移送单独执行：一是没有给付内容的裁判，当事人无须申请人民法院强制执行的，在裁判文书生效之后，由原审判组织在文书生效之日起十五日内向人民法院执行局直接移送执行；二是具有给付内容的裁判，当事人基于多种原因不申请执行的，由原审判组织对诉讼费进行结算后，通知败诉方缴纳诉讼费，如果在规定的期限内未缴纳的，则由原审判组织在通知缴纳逾期后十五日内，将诉讼费执行事项单独向人民法院执行局移送执行；三是对于刑事附带民事判决的执行，可以比照诉讼费执行追缴程序，由原审判组织在裁判文书生效之日起十五日内向人民法院执行局移送执行。

（四）优化民事诉讼费执行追缴流转

在当前民事诉讼费执行追缴制度及流程背景下，应当对其进一步优化。立案庭应当建立健全退还诉讼费机制，在审核原告身份和判决书生效情况之后，为原告快速办理诉讼费退还手续。为督促败诉方及时主动地缴纳诉讼费用，必须加大执行力度、提高违法成本。首先，应建立滞纳金制度，在败诉方不按期缴纳诉讼费用的情况下，对欠缴的诉讼费用按日计收滞纳金，具体可参考《民事诉讼法》中加倍支付延迟履行期间的债务利息的规定或行政处罚措施中的滞纳金制度；其次，应加大执行力度，对于恶意拖欠诉讼费用的当事人，应及时采取拘留、限制高消费、列入失信被执行人名单等司法强制措施，以加大违法成本，督促当事人主动履行法定义务。如果当事人有履行能力而拒不缴纳诉讼费的，也可以适用拒不执行人民法院判决、裁定罪依法追究当事人的刑事责任。

（五）几种特殊情形下诉讼费执行追缴制度的适用

1. 明确诉讼费用的清偿顺位

当事人申请执行生效法律文书，根据相关法律规定，执行所得价款在扣除执行费用后，按优先受偿债权再到普通债权的顺序进行清偿。此处所扣除的"执行费用"是否包含诉讼费用，法律并未明确规定。也就是说在被执行人可供执行的财产不能同时满足当事人债权及诉讼费用的情况下，法律没有明确规定应优先满足当事人的债权还是诉讼费用的收取。有学者主张，"胜诉退费"制度设立的初衷在于减轻当事人的诉讼负担，是司法为民的体现，如诉讼费用应优先于当事人的债权而清偿，本质上是将诉讼费用无法得到执行的风险再次转嫁给案件当事人，违背"胜诉退费"制度设立的初衷。[①]事实上，判决生效后，胜诉方已经通过"胜诉退费"制度将已经交纳的诉讼费全部退回，申请执行时，胜诉方没有预交案件执行费，此时胜诉方并没有为诉讼或执行行为支付任何司法成本，其利益也未受到任何损失。在此阶段，人民法院已经完成了诉讼程序，相应的司法成本已经支出，此时就应当进行弥补，唯一的途径通过诉讼费的收取完成。并且在实现诉讼过程中，收讫应当缴纳的诉讼费，才算真正完成诉讼程序。因此，在执行过程中，执行所得价款应当优先支付审理过程中的诉讼费用，即应当提前追缴败诉方应当支付的诉讼费，

---

①邱凯，何洋. "胜诉退费"的运行困境与改革进路——以构建诉讼费执行追缴制度［J］. 法制与社会，2020（6）：3.

以此结束诉讼程序所有环节，实现司法成本的平衡，避免出现诉讼费的流失。对于执行费的收取，应当按照法律规定，在执行完毕时一并预收收取。因此，对于诉讼费与债权的清偿顺序，应当是在执行标的款到位后，首先应当收缴败诉方的诉讼费，在完成诉讼费收缴后，再兑付胜诉方的执行标的款。这种清偿顺序，在司法实践中运用普遍，也为当事人所接受，建议在立法时将追缴与清偿顺序进行详细的规定。

2. 严格限定诉讼费用执行终结程序的条件

对于一般执行案件，只要符合有关执行终本的六种情形，可以适用执行终结程序，同时，最高人民法院对终结本次执行程序也作出了明确的规定。诉讼费执行追缴程序，有当事人并案执行，也有单独执行情况，涉及诉讼费执行追缴事项，由于其执行事项不是当事人关注的执行事项，造成诉讼费用的执行程序缺少监督与督促，加上人民法院"案多人少"的压力，执行人员对诉讼费执行追缴较为随意，其执行事项也不是执行人员关心的，往往放松了对诉讼费用执行案件的执行力度，导致大量诉讼费执行追缴不到位，诉讼费流失现象较为普遍。因此，为了确保诉讼费执行追缴能够到位，在严格限制诉讼费用执行程序终结条件的情况下，同时要加大对诉讼费执行追缴的力度。

3. 明确限定诉讼费执行追缴终结执行期间及恢复时间

对于诉讼费执行适用执行终结程序的，应当明确必须在执行一段时间后才能终结执行，如必须在六个月内穷尽一切执行方法和措施，确实查找不到被执行人的财产，才能依法终结本次执行。对于恢复执行，应当限定在六个月内，必须由执行部门直接立案恢复强制执行。确保适用诉讼费执行追缴程序强制执行最大化，同时保证在最短期限内再次启动强制执行程序进行追缴。

（六）加强民事诉讼费执行追缴的管理与监督

为确保制度能够落实到位，离不开好的管理方式与模式，同时要加强监督。一是加强人民法院内部管理，确定由执行部门专司负责诉讼费执行追缴的管理工作，从立案开始，建立诉讼费执行追缴台账，定期排查并通报诉讼费未获执行的案件数量及费用总额。增强执行人员办理诉讼费执行追缴透明度，督促执行人员加大诉讼费执行追缴力度。二是健全绩效考核制度，将诉讼费用执行案件纳入考核范围内，以督促执行人员加强对诉讼费用执行案件的重视程度。三是加强全程监督，通过检察监督、审判监督庭、审务督查或纪检监察等形式，加大对诉讼费用执行案件的内部监督、外部监督和业务监督。可以通过诉讼费执行追缴案件报结案审批制度、案件评查、审务督察等形式开展；四是建立责任追究机制，对于怠于执行、消极执行、贻误执行以及拒不执行等的行为加以惩戒。

为全面完善诉讼费管理与体系建设，民事诉讼费执行追缴制度是其重要保障，该制度的创建不仅有理论和现实必要性，其构建的基础就是要结合人民法院工作实际，并充分优化民事诉讼费执行追缴流程和程序，破除原有观点，创新民事诉讼执行追缴具体规范，使民事诉讼执行追缴制度更加完善，更加符合人民法院工作实际，更加发挥其制度最大效能，最终让该制度能够顺利落地生根。

本文写于 2022 年 3 月，为学术论文。

以案释法

非本村人进村购房，其购房协议是否有效？

【案情】

2007 年 1 月 23 日，原、被告经充分协商签订了一份《房子转让协议书》，双方在协议中约定，原告将其所有的位于孝感市书院街光明村 2 队的四间两层房屋（其房屋土地性质为集体）的一半（即两间两层）卖给被告（村外人），价格为 5 万元，一次性付款，付款后办理房产过户手续。协议签订后，原告认为该房屋的土地性质为集体，不能对外出售，故诉至本院，请求依法确认原、被告签订的转让协议无效并相互返还因该协议取得的财物。

【分歧】

本案在审理过程中，就原、被告之间签订的购房协议是否有效，存在两种意见。

一种意见认为：虽然原、被告签订的两份房屋转让协议是双方当事人的真实意思表示，但该房屋的土地性质为集体，受让的主体必须为同一经济体成员，由于被告并非孝感市孝南区书院街光明村的村民，无权受让该房屋，其转让行为违反了国家禁止性法律规定，故双方签订的两份房屋转让协议应当属于无效的协议。

另一种意见认为：原告合法处分自己的财产，应当受到法律的保护，且原、被告签订的协议并未违反国家强制性规定，原告已收取房屋价款 5 万元，被告也实际在房屋中居住，已取得了该房屋的所有权，该协议已经实际履行，故该协议应合法有效。

【评议】

笔者同意第一种意见。其理由是：合同是否有效是以合同是否符合《合同法》第五十二条第五项的规定为条件，即违反法律、行政法规的强制性规定。本案中房屋买卖协议的签订是双方的真实意思表示，但是原告出售的房屋是建在孝感市孝南区书院街光明村，属于集体所有的土地，而被告并非该村村民，原告出售该房屋也未经过村委会同意。而《中华人民共和国土地管理法》（以下简称《土地管理法》）明确规定：农村和城市郊区的土地，除由法律规定属于国家所有的以外，属于农民集体所有；宅基地和自留地、自留山，属于农民集体所有。而农民集体所有的土地的使用权不得出让、转让或者出租用于非农业建设。因此，对买卖农村宅基地上所建房屋所签订的合同违反了法律的强制性规定，故原、被告双方签订的协议属于无效协议。

【相关法律条文】

①《中华人民共和国土地管理法》第六十三条规定："农民集体所有的土地的使用权不得出让、转让或者出租用于非农业建设；但是，符合土地利用总体规划并依法取得建设用地的企业，因破产、兼并等情形致使土地使用权依法发生转移的除外。"

② 1994 年，国务院办公厅在《关于加强土地转让管理严禁炒卖土地的通知》中对此作了更明确的规定。该通知第二条第二款规定："农民的

住宅不得向城市居民出售，也不得批准城市居民占用农民集体土地建住宅，有关部门不得为违法建造和购买的住宅发放土地使用证和房产证。"

③《中华人民共和国合同法》第五十二条：有下列情形之一的，合同无效：

（一）一方以欺诈、胁迫的手段订立合同，损害国家利益；

（二）恶意串通，损害国家、集体或者第三人利益；

（三）以合法形式掩盖非法目的；

（四）损害社会公共利益；

（五）违反法律、行政法规的强制性规定。

④《中华人民共和国合同法》第五十八条：合同无效或者被撤销后，因该合同取得的财产，应当予以返还；不能返还或者没有必要返还的，应当折价补偿。有过错的一方应当赔偿对方因此所受到的损失，双方都有过错的，应当各自承担相应的责任。

本文写于 2009 年 3 月，曾发表于《中国法院网》。

投保人未履行告知义务，保险公司有权拒绝理赔

【案情】

2014 年 4 月 8 日，王某与保险公司签订了《平安福终身寿险保险合同》一份。该合同包含健康告知部分，其内容为保险人对被保险人的生活习惯、身体健康状况及是否患有相关疾病（包含有肝炎、乙肝或丙肝病毒携带者等疾病），由被保险人在相应问题的回复栏中勾选"是"或"否"。王某在被保险人是否患有肝炎、乙肝或丙肝病毒携带者等疾病的提问所对应的回复栏中均勾选了"否"项，并在确认书上签名。合同签订后，王某依据保险合同的约定交纳了相应的保险费用。2014 年 8 月 15 日，王某的病情经诊断为肝脏肿瘤性病变及病毒性肝炎慢性乙型。在此之前，王某有近 10 年的乙型肝炎病史。2014 年 10 月 11 日，王某就其患病事故向保险公司提出理赔申请。保险公司以王某在签订保险合同之前未履行如实告知义务为由，于 2014 年 11 月 7 日向王某下达《理赔决定通知书》，解除了保险合同、退还部分保险费，并拒绝予以理赔。2015 年 4 月 3 日，王某因病医治无效死亡。王某的受益人遂向法院起诉，要求保险公司按照保险合同约定支付保险金 30.6 万元。

【分歧】

上述案例中，保险公司是否应当向王某的受益人支付保险金，主要有如下两种意见。

第一种意见认为：王某与保险公司签订合同时没有故意或重大过失行为，并相应地履行了如实告知义务，其行为并不影响保险公司决定是否同意承保或者提高保险费率，保险公司无权解除合同。因此，保险公司应当依据保险合同的约定向王某的受益人支付保险金。

第二种意见认为：王某于2014年8月15日被诊断为肝脏肿瘤性病变前，有近10年的乙型肝炎病史。王某在与保险公司签订涉案的保险合同时，保险公司对王某生活习惯、身体健康状况及是否患有相关疾病（包含有肝炎、乙肝或丙肝病毒携带者等疾病）作出了提问，王某在上述提问所对应的回复栏中均勾选了"否"。该行为明显属于未履行如实告知义务，足以影响保险公司作出承保决定的相关信息的行为。由于王某未履行如实告知义务，保险公司有权解除保险合同。因此，保险公司于2014年11月7日向王某寄出《理赔决定通知书》通知王某解除保险合同的行为符合法律规定，其解除合同的民事法律行为有效。因该保险合同已依法解除，故王某的受益人无权依据保险合同的约定请求支付保险金。

【评析】

笔者同意第二种意见，王某的受益人无权依据保险合同的约定请求支付保险金。理由如下。

第一，王某与保险公司签订保险合同过程中，存在因其违反如实告知义务，足以影响保险公司作出承保决定的行为。本案中，王某于2014年8月15日被诊断为肝脏肿瘤性病变前，有近10年的乙型肝炎病史。2014年4月15日，王某与保险公司签订了保险合同。签订合同时，保险公司对王某生活习惯、身体健康状况及是否患有相关疾病（包含有肝炎、乙肝或丙肝病毒携带者等疾病）作出了提问，王某在上述提问所对应的回复栏中均勾选了"否"。此后，王某于2014年8月15日被诊断为肝脏肿瘤性病变，并因该疾病于2015年4月3日死亡。上述事实表明，王某在接受保险公司对其身体健康状况及是否患有相关疾病（包含有肝炎、乙肝或丙肝病毒携带者等疾病）进行询问时，未如实告知其有近10年的乙型肝炎病史，而以上信息内容未能如实告知必将导致保险公司不能对王某健康状况及承保风险作出正确客观判断，足以影响保险公司作出是否对其承保的决定，应当认定王某在与保险公司签订保险合同过程中，存在未如实告知足以影响保险公司作出承保决定的行为。

第二，保险公司于2014年11月7日解除保险合同的民事法律行为有效。《中华人民共和国保险法》第十六条的规定："订立保险合同，保险人就保险标的或者被保险人的有关情况提出询问的，投保人应当如实告知。投保人故意或者因重大过失未履行前款规定的如实告知义务，足以影响保险人决定是否同意承保或者提高保险费率的，保险人有权解除合同。前款规定的合同解除权，自保险人知道有解除事由之日起，超过三十日不行使而消灭。自合同成立之日起超过二年的，保险人不得解除合同；发生保险事故的，保险人应当承担赔偿或者给付保险金的责任。投保人故意不履行如实告知义务的，保险人对于合同解除前发生的保险事故，不承担赔偿或者给付保险金的责任，并不退还保险费。投保人因重大过失未履行如实告知义务，对保险事故的发生有严重影响的，保险人对于合同解除前发生的保险事故，不承担赔偿或者给付保险金的责任，但应当退还保险费。"保险公司应当在知道解除事由之日起三十日内行使解除权，且自合同成立之日起超过二年的不得解除。本案中，王某于2014年8月15日被诊断为肝脏肿瘤性病变后，于 2014 年 10 月 11 日向保险公司提出理赔申请，保险公司于 2014 年 11 月 7 日向王某下达《理赔决定通知书》通知王某解除保险合同，故保险公司行使解除权的行为符合法律规定。由于王某在投保时未履行如实告知义务，足以影响保险合同决定是否同意承保，而保险公司在法定期间内有效行使了合同解除权，应当确认保险公司于 2014 年 11 月解除保险合同的民事法律行为有效。

综上所述，由于王某在签订保险合同时未履行如实告知义务，其行为足以影响保险公司决定是否承保，保险公司于 2014 年 11 月解除保险合同的民事法律行为合法有效。由于该保险合同被依法解除，对双方当事人无约束力，因此，王某的受益人无权要求保险公司支付保险理赔金。

【法官提示】

保险合同不同于一般的合同，签约前，合同双方需要充分交换信息，体现保险合同的最大诚信原则。因此，在订立保险合同时，投保人应当严格履行如实告知义务，这是投保人依据保险合同事后请求保险公司依约理赔的前提条件。投保人因故意或重大过失未履行如实告知义务的，足以影响保险人决定是否同意承保或者提高保险费率，保险人有权解除保险合同。

本文写于 2008 年 11 月，曾发表于《中国法院网》。

浅析案外人申请撤销民事调解书的程序适用

【案情】

1983 年，石某与李某再婚。1999 年，石某与李某共同购买位于孝感市城区的单位房改房一套。2007 年 1 月 30 日，李某因病去世。同年 2 月 5 日，李某的三个子女（以下简称三子女）与石某签订遗产处分协议，约定：① 该房屋归石某全权所有处理（无论性质是否发生变化）。② 股市资金、抚恤金、丧葬费由三子女平均分配。③ 协议签订后，三子女不承担对石某的生老病死及任何赡养义务。④ 石某的住房继承人对石某承担赡养义务。⑤ 协议一式四份，由石某、三子女各执一份，立字为据。该协议签订后，双方即按照协议处分了李某的遗产。2010 年 5 月 8 日，石某与吕某签订了一份房屋买卖协议，石某以 8 万元的价格将该房屋卖给吕某，吕某付清购房款后，因房屋过户手续一直未办理，故吕某起诉至法院，要求依法确认吕某与石某签订的《房屋买卖协议》合法有效，并办理房产过户手续。经法院主持调解，吕某与石某自愿达成协议：① 吕某、石某签订的《房屋买卖协议》有效。② 石某协助吕某办理过户手续，费用由吕某承担。③ 在房屋过户前，该房屋拆迁还建协议及所有手续由吕某签字办理。该调解书发生法律效力后，案外人即三子女认为石某出卖房屋的行为侵犯其合法权益，请求法院撤销该民事调解书，依法确认其对李某遗留的房屋享有优先购买权。

【分歧】

对三子女申请法院撤销该调解书的请求，法院应当适用何种法律程序予以解决，主要有以下三种意见。

第一种意见：通过复议程序解决。

根据调解书与决定书共有的性质，当事人对人民法院作出的调解书和决定书均不能提起上诉，即无上诉权。本案中，三子女对调解书不服，法院可以参照决定书的救济途径解决，即向作出调解书的上一级法院提出复议申请。上一级法院经审查后发现民事调解书没有错误的，应当依法驳回三子女的复议申请；如果发现确有错误，可以由上一级法院作出撤销该民事调解书的决定。

第二种意见：通过再审程序解决。

新修订的《民事诉讼法》第二百零一条规定："当事人对已经发生法律效力的调解书，提出证据证明调解违反自愿原则或者调解协议的内容违反法律的，可以申请再审。经人民法院审查属实的，应当再审。"该条明确规定了当事人对发生法律效力的调解书有申请再审的权利，法院查明民事调解书违反自愿原则或者调解协议的内容违反法律规定的，应当再审。在本案中，三子女认为民事调解书侵犯了其对该房屋的优先购买权，自知道其合法权益被侵害之后，及时向作出民事调解书的人民法院申请再审，请求法院依法撤销该调解书，法院应当通过再审程序解决。经审理发现三子女提出的调解违反自愿原则的事由不成立，且调解协议的内容不违反法律强制性规定的，法院应当裁定驳回三子女的再审申请，并恢复原调解书的执行。经审查后发现民事调解书违反法律规定的情形，应当依法撤销该民事调解书，并依法作出新的判决，使调解书的强制执行效力归于消灭。

第三种意见：提起第三人撤销之诉解决。

为增强对违法调解的规制，新修订的《民事诉讼法》第五十六条增加了第三人撤销之诉的规定，赋予了案外人对损害其民事权益的调解提起改变或撤销之诉的权利，既畅通了案外人权利救济的法律渠道，又有利于对违法调解的发现及规制。这一制度借鉴了法国和我国台湾地区的案外人撤销诉讼的制度，但将调解书纳入申请撤销的对象为一创设。该条规定："对当事人双方的诉讼标的，第三人认为有独立请求权的，有权提起诉讼。对当事人双方的诉讼标的，第三人虽然没有独立请求权，但案件处理结果同他有法律上的利害关系的，可以申请参加诉讼，或者由人民法院通知他参加诉讼。人民法院判决承担民事责任的第三人，有当事人的诉讼权利和义务。前两款规定的第三人，因不能归责于本人的事由未参加诉讼，但有证据证明发生法律效力的判决、裁定、调解书的部分或者全部内容错误，损害其民事权益的，可以自知道或者应当知道其民事权益受到损害之日起六个月内，向作出该判决、裁定、调解书的人民法院提起诉讼。人民法院经审理，诉讼请求成立的，应当改变或者撤销原判决、裁定、调解书；诉讼请求不成立的，驳回诉讼请求。"本案中，由于该民事调解书有可能侵犯三子女对该房屋的优先购买权，使三子女的合法权益造成损害，该调解书的处理结果与三子女有法律上的利害关系，根据该条规定，案外人即三子女可以提出第三人撤销之诉。即三子女应当向法院另行提起诉讼，以普通程序审理，被告应当为石某和吕某，诉讼请求的理由为侵害案外人合法权益，法院审理时应当重点查明民事调解书是否侵犯了三子女对该房屋的优先购买权，如果法院审理后查明民事调解书没有侵犯三子女的对该房屋的优先购买权，该调解书也没有违反自愿原则，且调解协议的内容不违反法律强制性规定的，则三子女没有权利申请撤销该调解书，法院将依法判决驳回三子女的诉讼请求。

【评析】

笔者认为，对于三子女申请撤销该民事调解书的请求，法院应当结合第二种意见和第三种意见予以解决，即通过再审程序和第三人撤销之诉都能解决，前提条件是由当事人对以上两种程序作出对其有利的选择。

我国法律未赋予当事人对民事调解书享有上诉权，对调解书的救济途径，不能适用上诉程序解决，即不应由上一级人民法院处理，只能由作出调解书的人民法院处理。而当事人对决定书不服的救济途径，法律规定通过复议程序解决，即由作出复议决定书的上一级人民法院处理。本案中，三子女是因民事调解书而并非决定书不服而向作出该调解书的人民法院提起的，应当由作出调解书的人民法院处理，故本案不应当适用复议程序解决。

由于我国新修订的《民事诉讼法》第五十六条和第二百零一条同时规定了当事人对调解书不服的救济途径，即通过申请再审和第三人撤销之诉解决，对两种程序的适用理由本文已在第二种和第三种意见予以充分阐述，在此不再赘述。笔者认为，我国新修订的《民事诉讼法》同时对此规定两项救济途径系当事人权利救济的竞合，但产生的法律后果却不一样，当事人对调解书不服的，可以选择对其有利的程序予以救济。

如果三子女选择再审程序解决，法院经审查发现民事调解书没有违反自愿原则，且调解协议的内容不违反法律强制性规定，则应当裁定驳回三子女的再审申请，恢复原调解书的执行，法院作出裁定后，三子女对此裁定书无上诉权，三子女如果对再审裁定书不服，其救济途径只有通过检察院抗诉程序解决。如果三子女选择第三人撤销之诉，法院应当按照一审普通程序审理，以石某和吕某为被告，诉讼请求的理由是侵害案外人合法权益。经审理后发现民事调解书没有违反自愿原则，且调解协议的内容不违反法律强制性规定的情形，同时该调解书未侵犯三子女对该房屋的优先购买权，法院应当判决驳回三子女的诉讼请求，确认该民事调解书的法律效力。如果发现该调解书违反法律规定的情形，或者该调解书侵犯了三子女对该房屋的优先购买权，应当依法撤销民事调解书，并作出新的判决。三子女对法院作出的上述的判决，均有权向上一级法院提起上诉，即通过第三人撤销之诉解决的话，三子女对裁判结果均具有上诉权。

本文写于 2013 年 11 月，曾发表于《中国法院网》。

以个案分析民间借贷案件逾期利息的计算方式

【案情】

2013年3月18日，被告王某向原告袁某借款30000元，被告王某向原告袁某出具借条，双方约定借款月利率为3分，两个月后还款。借款到期后，被告未按约定偿还原告借款本金及利息。2014年3月，原告袁某诉至法院，请求依法判令被告支付借款30000元及利息10800元。

【分歧】

本案在审理过程中，双方当事人对借款本金无异议，争议的焦点是如何计算借款利息及逾期利息。主要有以下意见。

第一种意见：原告王某的诉讼请求应当予以支持。双方约定借款月利率为3分，年利率应当为36%，借款期限为一年，故借款利息为10800元。

第二种意见：原、被告约定的借款月利率为3分，已超过人民银行同期贷款利率的4倍，超过的部分无效。故借款利息的计算方式应当按照人民银行同期贷款利率的4倍计算至借款支付之日。

第三种意见：原、被告约定的借款月利率为3分，已超过人民银行同期贷款利率的4倍，超过的部分无效。由于双方约定借款时间为两个月，超过两个月后的利息应当按照逾期利息方式计算。即自 2013 年 3 月 18 日至 2013 年 5 月 18 日期间按照人民银行同期贷款利率 4 倍计算，自 2013 年 5 月 19 日至借贷支付之日按照人民银行同期贷款利率计算。

【评析】

笔者同意第三种意见。本案中，双方当事人对借款本金无异议，仅对借款利息的计算方式有异议。由于双方当事人约定借款月利率为 3 分，已经明显超过人民银行同期贷款利率的 4 倍。《最高人民法院关于人民法院审理借贷纠纷案件的若干意见》第六条规定："民间借贷的利率可以适当高于银行的利率，各地人民法院可以根据本地区的实际情况具体掌握，但最高不得超过银行同类贷款利率的四倍（包含利率本数）。超过此限度的，超出部分的利息不予保护。"故本案适用的利率标准不应当超过人民银行同类贷款利率的 4 倍。本案系民间借贷纠纷，双方形成了借款合同关系，根据当事人意思自治原则，双方当事人约定了借款时间为两个月，借款月利率为 3 分，但并未约定借款两个月之后借款利率如何计算。依据合同法基本原则，即双方当事人有约定的从其约定，没有约定的按照法律规定处理。本案中，借款两个月内的按照约定的利率标准计算，借款逾期的，因双方当事人未进行约定，只能按照人民银行同期贷款利率计算。故本案的利息计算方式为：自 2013 年 3 月 18 日至 2013 年 5 月 18 日期间按照人民银行同期贷款利率 4 倍计算，自 2013 年 5 月 19 日至借贷支付之日按照人民银行同期贷款利率计算。

本文写于 2014 年 10 月，曾发表于《中国法院网》。

"一房二卖"的法律后果及处理原则

【案情】

2009 年 4 月 28 日，张某与刘某签订了一份房屋买卖协议，约定：张某将其所有的位于孝感城区一套房屋出售给刘某，房屋价格为 88 万元，付款方式为现金支付 50 万元，刘某为张某偿还贷款 15 万元，余款 23 万元在房屋过户后一次性付清，张某于 2009 年 5 月 28 日前将出让的房屋移交给刘某。合同签订后，刘某向张某支付了购房款 50 万元，但张某未能按合同约定向刘某移交房屋。2010 年 1 月 14 日，张某就该房屋的买卖又与陈某签订一份协议，约定张某将上述房屋出售给陈某，房屋售价为 75 万元。协议签订后，陈某向张某付清了购房款 75 万元，张某当即向陈某移交了该房屋，陈某已在该房屋内居住。

2010 年 4 月 16 日，陈某以张某不协助办理过户手续为由，向法院提起诉讼，请求依法确认房屋买卖协议有效，判令张某协助办理房屋过户手续。同日，经法院主持调解达成如下协议：① 张某与陈某签订的房屋买卖协议有效；② 张某于 2010 年 4 月 20 日前协助陈某办理房产过户手续，过户费用由陈某承担。2011 年 1 月 24 日，刘某以张某未按合同约定移交房屋为由，向法院提起诉讼。法院于同日作出裁定书，将张某的房屋予以查封。后经法院主持调解，刘某与张某达成如下协议：① 刘某与张某于 2009 年 4 月 28 日签订的房屋买卖协议合法有效，继续履行；② 张某于 2011 年 5 月 5 日前协助刘某办理房产过户手续，费用由刘某负担；③ 房产过户手续完毕后由刘某在五日内将购房款 38 万元付给张某。

在协议履行过程中，陈某持有其与张某在法院主持下达成的民事调解书向房产部门办理房屋所有权证时（已办理房屋登记备案），发现该房屋产权已被刘某申请法院查封，导致其不能办理房屋所有权证，故向法院申请再审，请求法院撤销刘某与张某在法院主持下达成的民事调解书，确认张某与陈某在法院达成的民事调解书合法有效，判令张某协助办理房屋过户手续。

【分歧】

第一种意见认为：张某与刘某在 2009 年 4 月 28 日签订了房屋买卖合同，刘某也按合同支付了部分购房款 50 万元。该合同是双方当事人的真实意思表示，且已部分履行，该合同合法有效，对刘某的诉讼主张，法院应予支持。张某与陈某签订的房屋买卖合同是在张某与刘某签订的合同之后，张某对该房屋已无处分权，其与陈某签订的房屋买卖合同理应无效。法院应当撤销张某与陈某签订的民事调解书，确认张某与刘某签订的民事调解书的效力。

第二种意见认为：陈某与张某签订的房屋买卖合同虽是在刘某与张某签订的房屋买卖合同之后，但其已在该房屋居住，并已在办理房屋过户手续过程中，认定哪份买卖合同有效都不适合，应将本院的两份民事调解书都撤销，确认张某与陈某签订的房屋买卖合同的效力。

第三种意见认为：陈某与张某签订的房屋买卖合同以及张某与刘某签订的房屋买卖合同均为有效合同。虽然陈某与张某签订合同在之后，根据本案的事实，陈某已办理房屋登记备案手续，并且张某已将该房屋移交给陈某，陈某同时也一次性支付了房屋款项，陈某的行为符合合同的实际履行情形，故应当确认张某与陈某在法院主持下达成的民事调解书的效力，同时，撤销张某与刘某在法院主持下达成的民事调解书。

【评议】

笔者同意第三种观点。本案属于典型的"一房二卖"案件，"一房二卖"是指业主将同一房屋先后出卖给不同的买受人。"一房二卖"产生的法律效力与我国物权变动模式密切相关，我国物权法采用的物权变动原则是合意加公示原则，即除了当事人就债权达成合意之外，还必须履行交付或登记等法定形式。本案中，张某与刘某签订房屋买卖合同后，并未及时到房产部门办理房产过户手续，故该房屋的所有权并未发生变动，其所有权仍为张某所有。张某有权再次向陈某出卖该房屋，其对该房屋的处分权限并无限制，故不能认为张某与陈某签订的房屋买卖合同侵犯了刘某对房屋的所有权，故张某与陈某签订的房屋买卖协议亦不应当认定为效力待定或无效合同，对于两份房屋买卖协议均应当属于有效的买卖合同。

在该房产办理过户登记手续之前，刘某与陈某均不能直接支配房产而成为房屋所有权人，作为合同的买受人均处于平等债权人的地位，并无位序差别，刘某与陈某可以随时向张某请求履行债务。根据我国《合同法》第一百零七条的规定："当事人一方不履行合同义务或者履行合同义务不符合约定的，应当承担继续履行、采取补救措施或者赔偿损失等违约责任。"该条是合同法关于实际履行的规定。本案中，对两份均有效的房屋买卖合同，刘某和陈某作为买受人均有权要求张某实际履行合同。本案的争议问题是：在刘某和陈某都可以要求张某实际履行的前提下，如何确定哪一方买受人的实际履行请求。

笔者认为，应当结合以下因素综合考虑：第一，出卖人是否实际将房屋交付给买受人，如果出卖人已经将房屋实际交付给买受人，且买受人已实际使用了该房屋，表明出卖人履行合同的真实意愿，这种履行也是合法的履行，对已完成的交易予以保护，应当考虑支持该买受人的实际履行请求；第二，买受人是否已全额支付房款，如果买受人已支付了全部房屋款项，表明该买受人已全部履行了自己的义务，对已完成的交易予以保护，亦应当考虑该买受人的实际履行请求；第三，是否办理房屋产权过户备案等相关手续，如果买受人已办理或正在办理房屋产权备案等相关手续，表明买受人要求取得该房屋所有权的意愿强烈，买受人也在为房产过户登记在做前期准备，在确定买受人时应该考虑其实际履行请求；第四，买受人是否适宜履行合同，如果买受人履行合同的成本较低或其适宜履行，应当考虑该买受人的实际履行请求。结合本案的事实，虽然陈某与张某签订合同的时间在与刘某之后，但陈某签订房屋购买合同后全部付清了房屋款项，表明其已履行了合同义务；张某也将该房屋交付给陈某居住使用，视为其已完成交付；另外，陈某已经办理了房产过户备案等相关手续，为办理房产过户做好了前期的准备工作，确定陈某为买受人更适宜房屋买卖合同的履行，故应当考虑陈某的实际履行请求。综上，本案买卖合同的买受人应当确定为陈某，对其要求张某实际履行的请求应当予以支持。

本案系陈某申请的再审案件，对于本案的实体处理，应当确定买卖合同的买受人为陈某，对其要求张某实际履行的请求应予以支持。即法院应当确认张某与陈某签订的房屋买卖协议为有效，同时确定民事调解书的法律效力，恢复该民事调解书的执行。另外，应当撤销张某与刘某在法院主持下达成的民事调解书。对于刘某的救济途径，可以根据《最高人民法院关于审理买卖合同纠纷案件适用法律问题的解释》的相关规定追究张某的违约责任。

本文写于 2013 年 11 月，曾发表于《中国法院网》。

如何认定交通事故逃逸行为？

【案情】

2014 年 3 月 13 日，黄某将其所有的小轿车在武汉某财保公司投保了交强险及三者险（三者险限额为 300000 元，购买不计免赔），保险期间均自 2014 年 3 月 14 日 0 时至 2015 年 3 月 13 日 24 时止。2015 年 3 月 5 日，黄某驾驶其所有的小轿车与行人冯某相撞，造成冯某死亡的交通事故。事故发生后，黄某驾车驶离现场，于 2015 年 3 月 7 日到交警部门投案。2015 年 3 月 19 日，交警部门对此事故作出《道路交通事故认定书》，认定黄某驾车违反了《中华人民共和国道路交通安全法》（以下简称《道路交通安全法》）第七十条关于"在道路上发生交通事故，车辆驾驶人应当立即停车，保护现场；造成人身伤亡的，车辆驾驶人应当立即抢救受伤人员，并迅速报告执勤的交通警察或者公安机关交通管理部门"之规定，黄某承担本事故全部责任，死者冯某无责任。事故发生后，黄某与冯某的继承人达成赔偿协议，黄某向冯某的继承人支付了赔偿款 250000 元。之后，黄某向武汉某财保公司申请理赔，保险公司只同意在交强险限额范围内赔偿 110000 元，由于黄某在交通事故中存在逃逸行为，第三者责任保险不予赔偿。而黄某认为，事故发生后，他只是驶离现场，没有故意逃逸行为，并且已到交警部门投案，不应当认定为交通事故逃逸行为，第三者责任保险应当予以赔偿。因双方就如何认定交通事故逃逸行为存在争议，以致成讼。

【分歧】

本案中，对于黄某的行为是否构成交通事故逃逸行为，存在两种不同的意见。

第一种意见认为：交警部门认定黄某驾车违反了《道路交通安全法》第七十条关于"在道路上发生交通事故，车辆驾驶人应当立即停车，保护现场；造成人身伤亡的，车辆驾驶人应当立即抢救受伤人员，并迅速报告执勤的交通警察或者公安机关交通管理部门"之规定，确认了黄某未按规定保护现场，并未认定黄某存在逃逸行为。另外，在交警部门出具的认定书中亦未记载黄某存在逃逸行为。因此，黄某的行为不构成交通事故逃逸。

第二种意见认为：根据交警部门出具的认定书记载，事故发生时间为2015年3月5日，黄某在事故发生后有驶离现场的行为，并于2015年3月7日到交警部门投案。由于黄某在事故发生后存在驶离现场的行为，造成冯某在事故发生后无人对其进行救治直至死亡，黄某驶离现场的行为与冯某的死亡有一定的因果关系。且黄某在事故发生后长达48小时之久才到交警部门投案，其行为在主观上属于明显的逃避交通事故处罚的故意，虽然交警部门未明确认定其存在交通事故逃逸行为，结合本案的案情，应当认定黄某的行为构成交通事故逃逸。

【评析】

笔者同意第二种意见，应当认定黄某的行为构成交通事故逃逸。理由如下。

（一）交通事故逃逸行为情形的比较分析

1. 交通事故逃逸行为的几种情况

① 明知发生交通事故，交通事故当事人驾车或弃车逃离事故现场的；② 交通事故当事人认为自己对事故没有责任，驾车驶离事故现场的；③ 交通事故当事人有酒后和无证驾驶等嫌疑，报案后不履行现场听候处理义务，弃车离开事故现场后又返回的；④ 交通事故当事人虽将伤者送到医院，但未报案且无故离开医院的；⑤ 交通事故当事人虽将伤者送到医院，但给伤者或家属留下假姓名、假地址、假联系方式后离开医院的；⑥ 交通事故当事人接受调查期间逃匿的；⑦ 交通事故当事人离开现场且不承认曾发生交通事故，但有证据证明其应知道发生交通事故的；⑧ 经协商未能达成一致或未经协商给付赔偿费用明显不足，交通事故当事人未留下本人真实信息，有证据证明其是强行离开现场的。从上述规定可以看出，黄某的行为符合第 2 条的规定，应当构成交通事故逃逸。

2. 对于不构成交通事故逃逸行为的情形

① 交通事故当事人对事故事实无争议，撤离现场自行协商解决，达成协议，并留下真实姓名、联系方式后，一方反悔并报案的；② 交通事故当事人为及时抢救事故伤者，标明车辆和伤者位置后驾车驶离现场并及时报案的；③ 交通事故当事人将伤者送医院后，确因筹措伤者医疗费用需暂时离开医院，经伤者或伤者家属同意，留下本人真实信息，并在商定时间内返回的；④ 交通事故当事人因受伤需到医院救治等原因离开现场，未能及时报案的；⑤ 交通事故当事人驾车驶离现场，有证据证明其不知道或不能发现事故发生的；⑥ 有证据证明交通事故当事人因可能受到人身伤害而被迫离开交通事故现场并及时报案的。从上述规定可以看出，黄某的行为并不符合不构成交通事故逃逸行为的情形。

通过对上述符合交通事故逃逸行为的情形和不符合交通事故逃逸行为的情形进行比较分析，黄某的行为应当构成肇事逃逸。

（二）结合本案案情进行分析

事故发生后，黄某驶离事故现场的时间为 2015 年 3 月 5 日，交警部门接到黄某报案时间为 2015 年 3 月 7 日，期间长达 48 小时之久。从黄某在 48 小时之后投案的行为可以看出，黄某并不是为了自行协商解决纠纷、及时抢救事故伤者或者需要送伤者去医疗救治等原因暂时离开现场。从时间上看，黄某驶离现场的行为不具有暂时性或及时性，是长期逃离现场消极接受事故处理的行为。从黄某 48 小时后投案的事实可以看出，黄某应当知道发生了交通事故，其驶离现场的行为在主观上具有放任或故意（间接），也是一种逃离现场接受事故处理的行为。因此，黄某在事故发生后驶离现场，至 48 小时后到交警部门投案的事实，可以证明黄某知道发生了交通事故，在主观上存在放任或故意（间接）接受事故处理的行为。

本案中，交通事故并未直接导致冯某当场死亡，冯某的死亡与事故发生后无人对其进行救治具有一定的因果关系，即黄某在此事故中驶离现场的行为与冯某当场死亡亦具有一定的因果关系。因此，黄某在此事故中驶离现场的行为不应受到法律的保护，应当予以相应的处罚。如果黄某在此事故中驶离现场的行为不被认定为交通事故逃逸行为，则保险公司应当在第三者责任保险限额范围进行赔偿，这样就保护了黄某的不正当或违法行为，限制了保险公司免赔的情形。如果黄某在此事故中驶离现场的行为被认定为交通事故逃逸行为，则保险公司不应当在第三者责任保险限额范围进行赔偿，其责任应当由黄某自行承担。显然，黄某在此事故中不正当或违法行为不应当受到法律的保护，该行为应由其自行承担相应的责任，不能因为交警部门没有明确交通事故逃逸的行为而将责任转嫁由保险公司承担。

综上，通过对交通事故逃逸行为情形的比较分析以及结合本案的案情进行分析，黄某的行为应当构成交通事故逃逸。

本文写于 2016 年 6 月，曾发表于孝感市孝南区人民法院官网。

未取得房屋产权证的权利人能否请求物权保护？

【案情】

2014 年 12 月，王某通过武汉某拍卖公司取得位于武汉市东湖高新区某小区的房屋一套，出卖人为武汉市某小贷公司。拍卖成功后，王某、武汉某拍卖公司以及武汉市某小贷公司签订了拍卖成交后续协议，武汉市某商业银行向王某交付了房屋钥匙，王某签收了该房屋的相关材料，但因种种原因未到房屋登记机关办理房屋变更登记手续。王某领取钥匙后，发现武汉市某小贷公司的关系人李某仍然长期居住在该房屋中。经王某向李某出示相关材料证明其为该房屋的权利人后，李某仍拒绝搬出该房屋。故王某诉至法院，请求法院依法保护王某享有的物权，要求李某立即迁出该房屋。

【分歧】

针对王某是否有权要求李某迁出该房屋，即王某在未取得房屋产权证的情况下，能否请求人民法院予以物权保护？主要有两种不同的意见。

第一种意见认为：王某有权要求李某迁出该房屋。本案中，王某系通过拍卖公司依法取得该房屋的相关权属，依法享受占有、使用、收益和处分的权利。王某虽然未到房屋登记机关进行形式上的房屋变更登记，但不影响王某通过法律事实行为取得该房屋的相应权利。因此，王某依法享有该房屋的所有权，有权请求法院对其物权进行保护，即要求李某迁出该房屋。

第二种意见认为：王某无权要求李某迁出该房屋。我国物权实行的"物权法定"制度，王某虽然通过拍卖方式取得了该房屋，但并未到房屋登记机关办理房屋权属变更登记，该房屋的所有权人仍为武汉市某小贷公司，其房屋的所有权未发生变动。因此，王某不能对该房屋享有物权，不能请求法院对其物权予以保护，不能要求李某迁出该房屋。

【评析】

笔者同意第二种意见。王某的主张不符合请求人民法院予以物权保护的情形，无权要求李某迁出该房屋。理由如下：本案中，王某是否取得诉争房屋的所有权以及该房屋所有权是否发生物权变动的法律效力是本案争议的主要焦点，如果王某依法取得该房屋的所有权以及该房屋所有权已经发生物权变动的法律效力，则王某有权请求人民法院予以物权保护，要求李某迁出该房屋。

一、关于王某是否取得诉争房屋所有权的问题

《中华人民共和国物权法》第五条规定："物权的种类和内容，由法律规定。"第六条规定："不动产物权的设立、变更、转让和消灭，应当依照法律规定登记。动产物权的设立和转让，应当依照法律规定交付。"从上述规定可以看出，我国实行的物权法定原则，物权的变动也应当依照法律规定进行。本案中，因王某未到房屋登记机关办理变更登记手续，该房屋的所有权人仍为原登记人即武汉市某小贷公司，因此，王某并未取得该房屋的所有权。

二、关于本案房屋所有权是否产生物权变动的法律效力问题

由于武汉市某小贷公司通过拍卖程序将该房屋以拍卖的方式转让给王某，此时，该房屋的物权发生了变动。对于物权的变动，《中华人民共和国物权法》第二十八条规定："因人民法院、仲裁委员会的法律文书或者人民政府的征收决定等，导致物权设立、变更、转让或者消灭的，自法律文书或者人民政府的征收决定等生效时发生效力。"最高人民法院关于适用《中华人民共和国物权法》若干问题的解释（一）第七条规定："人民法院、仲裁委员会在分割共有不动产或者动产等案件中作出并依法生效的改变原有物权关系的判决书、裁决书、调解书，以及人民法院在执行程序中作出的拍卖成交裁定书、以物抵债裁定书，应当认定为物权法第二十八条所称导致物权设立、变更、转让或者消灭的人民法院、仲裁委员会的法律文书。"从上述条文可以看出，因人民法院、仲裁委员会的法律文书等法律行为以外的原因引起物权变动，不经登记或交付，可以直接产生法律效力。发生物权变动效力的法律文书只能由人民法院或仲裁委员会出具。本案中，拍卖公司虽然向王某出具了拍卖合同、确认书等文书，但出具拍卖文书的主体是拍卖公司，并不是物权法司法解释确定的人民法院或仲裁委员会。虽然王某通过拍卖方式取得该房屋相应的权属，但以拍卖方式取得的物权并未产生该房屋产生物权变动的法律效力，其房屋的所有权并未发生变动。

综上，王某既没有依法取得该房屋的所有权，该房屋的所有权也未发生物权变动的法律效力，故王某无权享有该房屋的所有权，不能请求人民法院予以物权保护，不能要求李某迁出该房屋。

【建议】

王某为维护其合法权益，可以通过选择以下途径解决。

一是与武汉某拍卖公司、武汉某小贷公司协商，要求上述公司配合办理房屋变更登记手续。在不能通过协商方式办理房屋变更登记的情况下，王某可以起诉武汉某拍卖公司、武汉某小贷公司，要求武汉某拍卖公司、武汉某小贷公司协助王某办理房屋变更登记手续。

二是要求武汉某拍卖公司、武汉某小贷公司完全交付该房屋，保证交付的房屋没有人居住。在武汉某拍卖公司、武汉某小贷公司不能完全交付该房屋时，王某可以起诉要求武汉某拍卖公司、武汉某小贷公司按照拍卖合同履行该房屋的完全交付义务。

三是依据人民法院的确认该房屋所有权判决书，要求李某迁出该房屋，如果协商不成，可以依据已生效的法院判决书作为案件的证据，再行向法院起诉要求李某迁出该房屋。

本文写于2016年6月，曾发表于《新浪司法》。

债权人能否直接起诉担保人偿还债务？

【案情】

2014 年 9 月 19 日，刘某与黄某签订借款合同一份，约定刘某借给黄某 150000 元，同时约定了借款期限、借款利率等。合同签订后，刘某通过银行转账方式向黄某支付借款 150000 元，黄某随即向刘某出具借条一份。同时，李某作为借款的保证人在借款合同及借条中担保人处签字。现借款人黄某下落不明，刘某遂找到担保人李某，要求其承担借款债务担保责任，李某以借款的债务人为黄某为由拒绝偿还借款。故刘某起诉至法院，请求李某承担担保责任，并由李某偿还借款 150000 元及利息。

【分歧】

本案中，刘某能否直接起诉李某承担担保责任，并由李某承担偿还借款及利息的责任存在如下两种观点。

第一种观点认为：本案的债务人为黄某，担保人为李某，其债务只有在黄某不能偿还的情况下，才由李某承担担保责任。因此，黄某是必要的共同诉讼人，应当与李某共同作为本案的被告参加诉讼。因此，刘某不能直接起诉李某承担担保责任，并偿还借款及利息。

第二种观点认为：本案中，李某在借条及借款合同上签字作为保证人，由于双方当事人没有明确约定承担保证方式，可以推定李某承担的保证为连带责任担保。刘某起诉李某后，李某作为担保人可以向黄某追偿。因此，刘某可以直接起诉李某承担担保责任，并偿还借款及利息。

【评析】

笔者同意第二种观点。理由如下。

一、一般保证和连带保证的区别

一般保证是指当事人在保证合同中约定，债务人不能履行债务时，由保证人承担保证责任的保证。《担保法》第十七条规定，一般保证的保证人在主合同纠纷未经审判或者仲裁，并就债务人财产依法强制执行仍不能履行债务前，对债权人可以拒绝承担保证责任。连带责任保证是指当事人在保证合同中约定保证人与债务人对债务承担连带责任的保证。《担保法》第十八条规定，连带责任保证的债务人在主合同规定的债务履行期届满没有履行债务的，债权人可以要求债务人履行债务，也可以要求保证人在其保证范围内承担保证责任。《担保法》第十九条还规定，当事人对保证方式没有约定或者约定不明确的，按照连带责任保证承担保证责任。本案中，李某在借款合同以及借条担保人处签字的事实清楚，刘某、黄某和李某均没有明确李某承担的何种担保方式，根据《担保法》第十九条的规定，当事人对保证方式没有约定或者约定不明确的，按照连带责任保证承担保证责任。因此，李某在借款合同以及借条担保人处签字的行为应当认定为连带保证。

二、《最高人民法院关于适用〈中华人民共和国民事诉讼法〉的解释》第六十六条的理解

《最高人民法院关于适用〈中华人民共和国民事诉讼法〉的解释》

第六十六条规定："因保证合同纠纷提起的诉讼，债权人向保证人和被保证人一并主张权利的，人民法院应当将保证人和被保证人列为共同被告。保证合同约定为一般保证，债权人仅起诉保证人的，人民法院应当通知被保证人作为共同被告参加诉讼；债权人仅起诉被保证人的，可以只列被保证人为被告。"该规定源于《最高人民法院关于适用〈中华人民共和国民事诉讼法〉若干问题的意见》第五十三条规定："因保证合同纠纷提起的诉讼，债权人向保证人和被保证人一并主张权利的，人民法院应当将保证人和被保证人列为共同被告；债权人仅起诉保证人的，除保证合同明确约定保证人承担连带责任的外，人民法院应当通知被保证人作为共同被告参加诉讼；债权人仅起诉被保证人的，可只列被保证人为被告。"《最高人民法院关于适用〈中华人民共和国民事诉讼法〉的解释》第六十六条对原有条款进行了细化，即债权人可以只起诉保证人，但如果是一般保证责任，则人民法院应当通知债务人（被保证人）作为共同被告参加诉讼；如果是连带保证责任，债权人可以进行选择起诉债务人或担保人。

三、结论

本案中，由于李某在借款合同以及借条担保人处签字的行为认定为连带保证，因此，刘某可以担保合同纠纷直接起诉担保人李某，也可以民间借贷纠纷起诉黄某与李某。

本文写于 2016 年 6 月，曾发表于《新浪司法》。

未成年人溺水身亡，水塘管理者是否应承担责任

【案情】

原告吴某、高某外孙子小冰（化名，2003 年 5 月 7 日出生）自小父母双亡，无爷爷奶奶，系孤儿，一直跟随原告吴某、高某共同生活，并由两原告监护、抚养和教育。2015 年 10 月 11 日（星期日）上午 11 时，年仅 12 岁的小冰在被告某园林绿化有限公司管理的水塘玩耍时，不慎落入由被告公司所挖的水塘溺水身亡。事故发生后，原告吴某、高某作为小冰的监护人和抚养人与被告某园林绿化有限公司协商赔偿事宜未果，故起诉至法院。

案件审理过程中，被告某园林绿化有限公司辩称，小冰溺水身亡的水塘所有权人另有他人，公司将水塘挖好之后，将水塘返还给案外人蔡某等三人，被告某园林绿化有限公司并不是本案适格的诉讼主体，故不应承担赔偿责任，并追加案外人蔡某等三人为本案被告。

【分歧】

对于被告某园林绿化有限公司是否应当承担赔偿责任，主要有以下三种意见。

第一种意见认为：原告吴某、高某是小冰的监护人，对于小冰擅自外出游泳，因其未尽到监护之责，应当承担相应的责任。被告某园林绿化有限公司在此事件中，对于小冰的死亡无过错，不应当承担赔偿责任。

第二种意见认为：被告某园林绿化有限公司是池塘的管理者，因其未尽到管理义务，对于小冰的死亡有过错，应当承担相应的赔偿责任。

第三种意见认为：原告吴某、高某是小冰的监护人，对于小冰擅自外出游泳，因其未尽到监护之责，应当承担相应的责任。被告某园林绿化有限公司是池塘的管理者，因其未尽到管理义务，对于小冰的死亡有过错，亦应承担相应的责任。对于双方责任大小，应当由法院根据原、被告过错责任依法予以确定。

【评析】

笔者同意第三种意见，双方在此事件中均负有责任，其责任大小应当根据双方的过错责任依法予以确定。

本案的争议焦点为：一是原告吴某、高某对小冰的死亡有无过错？二是被告某园林绿化有限公司是否将本案诉争的水塘还给案外人蔡某等三人？三是被告某园林绿化有限公司对小冰的死亡有无过错？

一、关于原告吴某、高某对小冰的死亡有无过错的问题

原告吴某、高某作为小冰的监护人，在学校放假休息期间，应当注意被监护人的安全，尤其在外出游泳方面，原告方应当对小冰进行重点提示以及安全教育。原告吴某、高某作为小冰的监护人，并未完全履行其应尽的监护之责，应当对小冰的死亡承担相应的过错责任。

二、关于被告某园林绿化有限公司是否将本案诉争的水塘还建给案外人蔡某等三人的问题

被告某园林绿化有限公司将蔡某等村民的40亩[①]土地征用后，为方便取水，在征用40亩土地范围内另外挖水塘供村民以及公司用水。公司未能提供将水塘的土地使用权流转给案外人蔡某等三人的相关证据，亦未提供其他充分证据证明水塘还给案外人蔡某等三人。故被告某园林绿化有限公司认为将水塘还建给案外人蔡某等三人的事实无相应证据予以证明，应当承担举证不能的法律责任。法院依法驳回被告某园林绿化有限公司申请追加案外人蔡某等三人为本案被告的申请。

三、关于被告某园林绿化有限公司对小冰的死亡有无过错的问题

本案诉争的水塘系被告某园林绿化有限公司所挖，且被该公司征用，办理了相关的土地流转手续。被告公司未将水塘还给案外人蔡某等三人，因此本案诉争的水塘使用管理权仍属于被告公司。被告公司未在该水塘附近区域设置安全警示标志，在现场也没有相关安全人员予以提示或阻止。故被告某园林绿化有限公司作为该水塘的挖掘人、使用人和管理人，因其未设置明显的安全警示标志，对小冰在该水塘游泳溺水身亡负有一定的过错责任，对原告的损失承担相应的赔偿责任。

综上所述，原、被告在此事件中对小冰的死亡均负有过错责任，法院结合双方在此事件中的过错责任大小，依法确定原告未尽到监护之责，承担主要责任；被告某园林绿化有限公司作为该水塘的管理人，因其未设置明显的安全警示标志，承担次要责任，即原、被告双方应当承担的责任比例为7：3。即原告吴某、高某承担主要责任，即70%的赔偿责任；被告

---

① 1亩 = （10000/15）m²。

某园林绿化有限公司承担次要责任，即 30% 的赔偿责任。

【法官提醒】

进入暑期，天气炎热，是溺水事故的多发期。各位监护人要切实履行对孩子的监护责任，教育并提醒孩子不在无成人带领的情况下私自下水游泳，不擅自与同学结伴游泳，不到无安全保障设施的水域游泳，不盲目下水救人，学会基本的自护、自救方法。如果遇到有人溺水要大声呼救其他人员帮忙救助。救人时携带救生圈、木板等漂流物去救。也可在岸边用长竹竿和绳子投给溺水者，让其抓住，将其拉上岸。

游泳是一项老少皆宜的体育运动，家长可以引导和教育孩子到有救生员的正规游泳场所开展游泳活动，阻止孩子到不安全的水域游泳，避免造成溺水身亡的事故发生。

本文写于 2017 年 4 月，曾发表于孝感市中级人民法院官网。

未取得竣工验收合格证的商品房
能否产生交付的法律效力

——吴某诉湖北某置业有限公司商品房销售合同纠纷案

【裁判要点】

对于购房人以开发商违反"商品房未经竣工验收合格不得交付使用"的禁止性规范主张开发商未履行房屋交付的问题，法学理论界和实务界有不同的观点，导致裁判标准和尺度不统一。本则案例通过法学理论和司法实践层面进行分析后认为，开发商在未取得商品房竣工验收合格证的情况下，将商品房交付购房人使用后，购房人不得以开发商违反"商品房未经竣工验收合格不得交付使用"的禁止性规范而认定开发商未履行房屋交付义务。由于该案件系集团诉讼案件的代表，其裁判规则的认定，对于依法保护和促进非公有制的经济发展具有积极作用，对于规范和处理类似案件，统一裁判尺度具有一定的指导和借鉴意义。

【基本案情】

2014年1月20日，原告吴某与被告湖北某置业有限公司签订《商品房买卖合同》一份，购买被告湖北某置业有限公司开发的楚霖·鼎观世界12幢511号房屋一套，房屋建筑面积为89.69平方米，单价为4520.16元，总金额为405413元。该合同第八条约定，被告湖北某置业有限公司应于2015年6月30日前向原告吴某交房。合同签订后，原告吴某依约向被告湖北某置业有限公司支付了房款，2015年6月30日，被告湖北某置业有限公司未能按合同约定的交房日期按时交房，亦未取得孝感市商品房项目竣工验收备案证。之后，经原、被告协商，原告吴某于2015年11月8日到被告湖北某置业有限公司收房，并签订了一份《收楼确认书》，载明"本人已与被告湖北某置业有限公司一起到物业进行了验收，除列于建议或意见栏内需要改善的项目外，本人对其他设备/设施感到满意，符合购房合同的条件和需求，现予以确认。同时收到以下各类文表及钥匙，对其内容表示认可，并愿意遵守鼎观世界物业服务处有关规定，共同营造优美、文明、安宁的居住环境"，并附有文本类、钥匙类、建议或意见以及注意等事项，原告吴某在业主签名处签字确认。同时，原告吴某向被告湖北某置业有限公司出具了一份"说明"，载明"由于湖北某置业有限公司未在合同签订交房日期前（2015年6月30日）将房屋交付使用，现根据《房屋买卖合同》中第九条相关规定作出赔偿，在收到此笔赔偿款后不再对湖北某置业有限公司进行追究，赔偿金额为10297.49元"，原告吴某在领款处签字确认。之后，原告吴某认为被告湖北某置业有限公司逾期交房和办理房产证等违约情况仍然存在，故原告吴某因此诉至法院，请求依法判决被告湖北某置业有限公司向原告吴某支付延期交房违约金16784元（暂计算至2016年5月31日），实际要求计算至交付符合房屋条件之日（或判决书确定的给付之日）止，并承担本案诉讼费用。

【裁判结果】

湖北省孝感市孝南区人民法院一审判决认定，原告吴某在向被告湖北某置业有限公司出具《收楼确认书》后，被告湖北某置业有限公司已履行了交付房屋的义务；原告吴某向被告湖北某置业有限公司出具《说明》后，被告湖北某置业有限公司已履行逾期交房违约的义务。故原告吴某在收房并领取违约赔偿金后，继续要求被告湖北某置业有限公司承担逾期交房违约金的诉讼请求无事实和法律依据，依法不予支持。故此判决：驳回原告吴某的诉讼请求。

一审判决生效后，原、被告均表示服从判决，没有向孝感市中级人民法院提起上诉。

【评析】

本案裁判一是文书格式规范，要素齐全、文字精练、印制精良；二是本案认定事实清楚，归纳争议焦点准确，引用法条说明透彻，认证充分，叙述详略得当，裁判文书具有较强的说服力；三是判决作出后，双方当事人均表示服从判决，该份判决书的制作对规范和处理类似案件具有一定的典型和指导意义。

本案裁判的主要观点：开发商在未取得商品房竣工验收合格证的情况下，将商品房交付给购房人使用后，购房人不得以开发商违反"商品房未经竣工验收合格不得交付使用"的禁止性规范为由主张开发商未履行房屋交付义务。该判决对规范和处理类似案件具有一定的指导意义，其裁判典型意义如下。

1. 从法理层面充分论证了法律禁止性规范的适用

禁止性规范可分为管理性禁止规范和效力性禁止规范，违反了效力性禁止规范的法律行为应当为无效，但违反了管理性规范的法律行为并不必然导致法律行为无效。管理性禁止规范的目的是实现管理需要而设立的，是为了限制行为主体资格，并不指向法律行为本身，违反管理性禁止规范所受到的应当是刑事和行政处罚责任，并不导致民事法律行为的变更。本案中，被告湖北某置业有限公司违反有关管理性禁止规范的行为，应当受到行政机关的处罚，并不指向民事法律行为本身。因此，被告湖北某置业有限公司未取得商品房竣工验收合格证的行为，并不必然导致其与原告吴某签订的商品房销售合同无效。

2. 从法律实践层面论述了禁止性规范的适用

该类关于"商品房未经竣工验收合格不得交付使用"的禁止性规范应为管理性的禁止性规范，不属于效力性的禁止性规范。因此，原告吴某以被告湖北某置业有限公司未取得商品竣工验收合格证为由主张其未履行房屋交付的诉讼请求，应当不予以支持。由于原告吴某在《收楼确认书》签字并接收房屋后，当事人对此无另行约定的情形下，应当视为对该房屋的交付使用。因此，被告湖北某置业有限公司已向原告吴某履行了交付房屋的义务，原告吴某不能以此为由要求被告湖北某置业有限公司承担违约责任，法院依法驳回原告吴某的诉讼请求符合法律规定。

综上，本裁判从法理及实践层面充分论证了禁止性规范，对于明确禁止性规范在裁判过程中的法律适用具有非常重要的作用；对于规范和处理类似案件，最终统一裁判尺度具有一定的指导和借鉴意义。

【专家点评】

中南财经政法大学赵家仪教授点评本案认为，本案涉及的是在商品房交付过程中的一种常见情形，即开发商将尚未取得竣工验收合格证的房屋交付给买受人。

民法以意思自治为原则，保护交易安全。开发商与房屋买受者之间的关系是平等主体之间的民事关系。开发商未经验收即交付的行为，导致行政而非民事责任。买受方具有完全民事行为能力，其签订《收房确认书》的行为基于真实的意思表示，在没有证据证明其签订时存在胁迫、重大误解等导致民事行为无效的情形的情况下，应当认为此法律行为有效。

但值得注意的是，如本案中的情形，认定"交付行为有效"所导致的，仅仅是确认开发商履行了交付义务，因而不需要继续支付此日期之后的逾期交付违约金，但合同规定的其他条款仍能起到制约开发商行为的作用，如关于房屋质量的要求等。若在交付后，房屋在之后的竣工验收中被认定为质量不合格，则买受方仍可根据相关的条款主张（除逾期交付之外的）合同违约诉求，如果房屋质量问题导致买受方损失，开发商仍应依法依约赔偿。

因此，此判决不仅在法理、法律和案件事实方面的分析和推理严谨规范，同时也兼顾了开发商和买房者双方的利益，具有一定的典型性，对类似案件具有指导意义。

本文写于 2017 年 10 月，曾发表于湖北省高级人民法院官网，入选湖北法院促进公有制经济发展和产权保护案件七大典型案件。

黄某某与何某某财产保全复议申请案

——查封案外人预告登记但未办理产权过户房屋的认定

【裁判要旨】

对于案外人已经办理预告登记但未办理产权过户的房屋，人民法院不得查封；已经查封的，案外人提出异议的，人民法院应当依法予以解除。

【相关法条】

《最高人民法院关于适用〈中华人民共和国民事诉讼法〉的解释》第一百七十一条规定："当事人对保全或者先予执行裁定不服的，可以自收到裁定书之日起五日内向作出裁定的人民法院申请复议。人民法院应当在收到复议申请后十日内审查。裁定正确的，驳回当事人的申请；裁定不当的，变更或者撤销原裁定。"

《最高人民法院关于人民法院办理财产保全案件若干问题的规定》第二十五条："申请保全人、被保全人对保全裁定或者驳回申请裁定不服的，可以自裁定书送达之日起五日内向作出裁定的人民法院申请复议一次。人民法院应当自收到复议申请后十日内审查。

"对保全裁定不服申请复议的，人民法院经审查，理由成立的，裁定撤销或变更；理由不成立的，裁定驳回。

"对驳回申请裁定不服申请复议的，人民法院经审查，理由成立的，裁定撤销，并采取保全措施；理由不成立的，裁定驳回。"

《最高人民法院关于人民法院民事执行中查封、扣押、冻结财产的规定》第十七条："被执行人将其所有的需要办理过户登记的财产出卖给第三人，第三人已经支付部分或者全部价款并实际占有该财产，但尚未办理产权过户登记手续的，人民法院可以查封、扣押、冻结；第三人已经支付全部价款并实际占有，但未办理过户登记手续的，如果第三人对此没有过错，人民法院不得查封、扣押、冻结。"

《最高人民法院关于人民法院民事执行中查封、扣押、冻结财产的规定》第三十二条："财产保全裁定和先予执行裁定的执行适用本规定。"

【案件索引】

一审裁定：湖北省孝感市孝南区人民法院（2017）鄂0902财保37号民事裁定（2017年11月30日）

复议裁定：湖北省孝感市孝南区人民法院（2017）鄂0902财保37号之一民事裁定（2017年12月29日）

【基本案情】

申请人何某某于2017年11月30日向本院申请诉前财产保全，请求查封被申请人黄某某所有位于孝感市某小区的房屋（不动产权证号：鄂2017孝感市不动产权第××××××号），申请人何某某以刘某某、周某某共同共有的位于孝感市某小区的房屋（房权证号：孝感市房权证

字第 ××××××××.××××××× 号）提供担保。

本院经审查认为，申请人何某某的诉前财产保全申请符合法律规定，依法查封被申请人黄某某所有位于孝感市某小区的房屋。同时查封了担保人刘某某、周某某共同共有的位于孝感市某小区的房屋。

裁定作出后，复议申请人黄某某在指定期限内向湖北省孝感市孝南区人民法院申请了复议，认为被查封房屋已实际转卖给他人，并且已交付他人使用，要求解除对该房屋的查封。

被申请人何某某认为，复议申请人黄某某对本案查封的房屋享有完整物权；复议申请人黄某某与案外人签订的购房合同是否有效，尚需查证，并且没有证据证明黄某某收到全部房款，购房人也未实际占有本案房屋；应当依法驳回复议申请人黄某某的复议申请。

经查，2017 年 10 月 18 日，黄某某委托孝感市方佳房产代理有限责任公司（以下简称"方佳公司"）全权代理出售其位于孝感市某小区的房屋（建筑面积 106.11 平方米）。同年 11 月 5 日，黄某某经中介蔡某某与唐某某、彭某某的代理人曹某某签订了一份《房地产转让合同》。同日，方佳公司收彭某某 2 万元。2017 年 12 月 1 日，经孝昌县公证处公证，黄某某委托蔡某某代为办理上述房屋出售等相关手续；同日，蔡某某按照上述委托与 ×× 公司签订了一份《存量房出卖委托合同》；同日，黄某某、唐某某、彭某某到房地产部门进行合同备案。同年 12 月 4 日，黄某某、唐某某、彭某某到税务部门缴纳了相关税费，并共同向孝感市不动产中心申请办理存量房屋转移（详见孝感市不动产登记回执），并确定了房屋权利人为买受人唐某某、彭某某。同日，唐某某分三次转给方佳公司长征路店负责人蒋某某共 55 万元，唐某某出具了一份收到上述房屋钥匙的收条。同年 12 月 5 日，湖北省孝感市孝南区人民法院依何某某的诉前财产保全对上述所涉房屋进行了查封。

【裁判结果】

孝感市孝南区人民法院于 2017 年 12 月 29 日作出湖北省孝感市孝南区人民法院（2017）鄂 0902 财保 37 号之一民事裁定（复议裁定书）：① 撤销本院（2017）鄂 0902 财保 37 号保全民事裁定；② 解除对黄某某所有位于孝感市某小区的房屋（不动产权证号：鄂 2017 孝感市不动产权第 ××××××× 号）的查封；③ 解除对刘某某、周某某共同共有的位于孝感市某小区的房屋（房权证号：孝感市房权证字第 ××××××××.×××××××× 号）的查封。本裁定送达后立即生效。

裁判生效后，双方当事人均未对此提出异议。

【裁判理由】

法院生效裁定认为：根据《最高人民法院关于人民法院民事执行中查封、扣押、冻结财产的规定》第十七条的规定："被执行人将其所有的需要办理过户登记的财产出卖给第三人，第三人已经支付部分或者全部价款并实际占有该财产，但尚未办理产权过户登记手续的，人民法院可以查封、扣押、冻结；第三人已经支付全部价款并实际占有，但未办理过户登记手续的，如果第三人对此没有过错，人民法院不得查封、扣押、冻结"，复议申请人黄某某请求解除对其房屋的查封符合法律规定。理由如下：2017 年 12 月 1 日，黄某某、唐某某、彭某某到孝感市不动产中心对涉案房屋办理了合同备案，同年 12 月 4 日，买受人唐某某向中介方佳公司支付了购买房屋余款 55 万元，孝感市不动产登记中心于同日也受理了涉案房屋转移的相关材料，并依法确定房屋权利人为买受人唐某某、彭某某，同时，买受人唐某某也接收并实际占有该房屋，在房屋买卖过程中，买受人唐某某没有过错。故人民法院不得查封本案诉争的房屋。综上，本院作出的（2017）鄂0902财保37号民事裁定应予以撤销。

【案例注解】

本案中，双方当事人主要的争议焦点问题为，人民法院是否有权查封案外人预告登记但未办理产权过户的房屋？

《最高人民法院关于人民法院民事执行中查封、扣押、冻结财产的规定》第十七条的规定："被执行人将其所有的需要办理过户登记的财产出卖给第三人，第三人已经支付部分或者全部价款并实际占有该财产，但尚未办理产权过户登记手续的，人民法院可以查封、扣押、冻结；第三人已经支付全部价款并实际占有，但未办理过户登记手续的，如果第三人对此没有过错，人民法院不得查封、扣押、冻结。"《最高人民法院关于人民法院办理执行异议和复议案件若干问题的规定》第三十条的规定："金钱债权执行中，对被查封的办理了受让物权预告登记的不动产，受让人提出停止处分异议的，人民法院应予支持；符合物权登记条件，受让人提出排除执行异议的，人民法院应予支持。"因此，对于案外人黄某某预告登记但未办理产权过户的房屋人民法院无权予以查封，对已经查封的房屋应当依法予以解除。对于上述争议焦点从如下几方面予以评析。

一、关于房屋买受人（即案外人）唐某某、彭某某是否为善意第三人的问题

2017年12月1日、12月4日，房屋出卖人黄某某和房屋买受人唐某某、彭某某共同到税务部门缴纳了相关税费，对涉案房屋进行了合同备案并在孝感市不动产中心办理了存量房屋转移，应当视为进行了房屋预告登记。同年12月4日，房屋买受人唐某某分三次转给某中介公司负责人蒋某某支付全部房款 55 万元，同时，某中介公司将房屋钥匙交付给唐某某。从上述双方买卖房屋行为看，唐某某通过某中介公司代理买卖房屋，双方在房屋买卖过程中均无过错，在此交易过程中，房屋买受人唐某某、彭某某并不知道房屋出卖人黄某某对外负有债务，且唐某某、彭某某购买房屋价格并未明显低于市场价格，因此，唐某某、彭某某应当为善意第三人，从民法保护交易及善意第三人原则来看，应当保护善意第三人的合法权益。

二、关于房屋买受人（即案外人）唐某某、彭某某办理房屋变更登记行为的问题

2017 年 12 月 1 日、12 月 4 日，房屋出卖人黄某某和房屋买受人唐某某、彭某某共同到税务部门缴纳了相关税费，对涉案房屋进行了合同备案并在孝感市不动产中心办理了存量房屋转移，应当视为进行了房屋预告登记。预告登记指当事人签订买卖房屋或者其他不动产物权的协议，为保障将来实现物权，而按照约定可以向登记机关申请预告登记，就是为保全关于不动产物权的请求权而将此权利进行的登记。其目的是制约房屋出卖人将已出售的房屋再次出售或者进行抵押，以保障将来本登记的实现。《中华人民共和国物权法》第二十条规定："当事人签订买卖房屋或者其他不动产物权的协议，为保障将来实现物权，按照约定可以向登记机构申请预告登记。预告登记后，未经预告登记的权利人同意，处分该不动产的，不发生物权效力。""预告登记后，债权消灭或者自能够进行不动产登记之日起三个月内未申请登记的，预告登记失效。"从预告登记的定义及相关法律规定可以看出，2017 年 1 月 15 日，黄某某、唐某某、彭某某共同到房产部门对涉案房屋办理了预告登记，预告登记的行为应当是为了保障将来实现物权，同时也明确了该房屋的权利人。虽然该房屋的所有权变更登记未完成，但是双方通过房产部门的行政预告登记行为，确定本案诉争的房屋权属人为案外人唐某某、彭某某应当符合法律规定。

综上所述，黄某某、唐某某、彭某某到房产部门对涉案房屋办理了预告登记并到税务部门缴纳了相关税费，唐某某支付了房屋全部价款，黄某某也交付了钥匙，应当视为房屋交付已经完成，双方在交易过程中均没有过错，买受人唐某某、彭某某应当为善意第三人，并依法确定为本案诉争房屋的权利人。根据《最高人民法院关于人民法院民事执行中查封、扣押、冻结财产的规定》第十七条和《最高人民法院关于人民法院办理执行异议和复议案件若干问题的规定》第三十条的规定，人民法院无权查封经过预告登记但未办理产权过户的房屋，对已经查封的房屋应当依法予以解除。本案中，复议申请人黄某某提出的复议申请符合法律规定，人民法院应当依法予以支持。

本文写于 2017 年 12 月，为案件分析，曾发表于孝感市孝南区人民法院官网。

韩某某诉王某、王某某、中国平安财产保险股份有限公司安陆支公司机动车交通事故责任纠纷案

——无交通事故责任认定书的责任认定

【裁判要旨】

在无交通事故责任认定书的情况下，人民法院应当根据事故发生时，事故双方的车辆性能、造成危险局面的成因、危害回避能力的大小、造成损害后果的原因等具体情况，综合判定双方的责任大小，即适用"优者危险负担"原则确定双方的事故责任。

【相关法条】

《最高人民法院关于审理道路交通事故损害赔偿案件适用法律若干问题的解释》第十六条："同时投保机动车第三者责任强制保险（以下简称"交强险"）和第三者责任商业保险（以下简称"商业三者险"）的机动车发生交通事故造成损害，当事人同时起诉侵权人和保险公司的，人民法院应当按照下列规则确定赔偿责任：（一）先由承保交强险的保险公司在责任

限额范围内予以赔偿；（二）不足部分，由承保商业三者险的保险公司根据保险合同予以赔偿；（三）仍有不足的，依照道路交通安全法和侵权责任法的相关规定由侵权人予以赔偿。""被侵权人或者其近亲属请求承保交强险的保险公司优先赔偿精神损害的，人民法院应予支持。"

《最高人民法院关于审理道路交通事故损害赔偿案件适用法律若干问题的解释》第十九条："未依法投保交强险的机动车发生交通事故造成损害，当事人请求投保义务人在交强险责任限额范围内予以赔偿的，人民法院应予支持。"

【案件索引】

一审：湖北省孝感市孝南区人民法院（2017）鄂 0902 民初 1182 号（2017 年 6 月 15 日）

二审：湖北省孝感市中级人民法院（2017）鄂 09 民终 1293 号（2017 年 10 月 31 日）

【基本案情】

原告韩某某诉称：2017 年 1 月 23 日，王某驶鄂 K5P7×× 小型普通客车沿京港澳高速公路由北向南行驶，7 时 13 分，当车辆行驶至 1119KM+600M 处附近时，鄂 K5P7×× 号小型普通客车在超车时与李某驾驶的冀 A103××（冀 A88×× 挂）重型厢式半挂车刮擦，随即，冀 A103××（冀 A88×× 挂）重型厢式半挂车向右偏移撞上高速公路右边护栏后翻覆，冀 A103××（冀 A88×× 挂）车上乘坐人李某某、戚某某从驾驶室内抛甩至路外边坡上，造成李某某当场死亡，李某及戚某某受伤，两车不同程度受损，冀 A103××（冀 A88×× 挂）车上运载的货物受损，高速公路路产受损的道路交通事故。虽然王某、李某所驾车辆接触的具体事实和原因无法查证，导致交通事故成因无法查清，交警部门只出具了交通事故证明，但被告王某对此交通事故的发生有过错是显而易见的，王某应在其过错范围内承担赔偿责任。王某某作为鄂 K5P7×× 号小型普通客车车辆所有人，应与王某承担连带赔偿责任，被告安陆财保作为该车的商业保险人，应当在其承保的责任限额范围内承担赔偿责任。故原告韩某某诉至法院：① 请求依法判令各被告赔偿原告韩某某损失 107595.7 元；② 由被告方承担诉讼费用。

被告王某、王某某辩称：对事故的事实无异议，但是被告方是大货车，不应该出现这种情况，事故的责任是原告方自身操作造成的，被告王某、王某某不应当承担赔偿责任。

被告安陆财保辩称：① 鄂 K5P7×× 号车在事故中没有责任，保险公司作为商业险的保险人，不承担赔偿责任；② 原告韩某某诉请无事故和法律依据；③ 保险公司不承担诉讼费和鉴定费；④ 本案漏列驾驶人李某为诉讼当事人。

法院经审查查明，2017 年 1 月 23 日，被告王某驾驶被告王某某所有的鄂 K5P7×× 小型普通客车沿京港澳高速公路由北向南行驶，7 时 13 分，当车辆行驶至 1119KM+600M 处附近时，鄂 K5P7×× 号小型普通客车在超车时与案外人李某驾驶的冀 A103××（冀 A88×× 挂）重型厢式半挂车刮擦，随即，冀 A103××（冀 A88×× 挂）重型厢式半挂车向右偏移撞上高速公路右边护栏后翻覆，冀 A103××（冀 A88×× 挂）车上乘坐人李某某、戚某某从驾驶室内抛甩至路外边坡上，造成李某某当场死亡，李某及戚某某受伤、两车不同程度受损、冀 A103××（冀 A88×× 挂）车上运载的货物受损、高速公路路产受损的道路交通事故，事故发生后，原告韩某某支出施救费 9000 元。之后，湖北省公安厅高速公路警察总队一支队对此事故进行了调查，并于 2017 年 3 月 15 日作出高警孝感公交证字〔2017〕第00002号道路交通事故证明，结论为：因当事人王某、李某所驾车辆接触的具体事实和原因无法查证，导致交通事故成因无法查清。事发后，原告韩某某委托中衡保险公估股份有限公司对冀A103××号车、冀A88××挂车以及托运的货物（梨子60件）在交通事故中造成的车辆损失进行价格评估，2017年3月20日，中衡保险公估股份有限公司出具三份评估报告，其结论为：冀A103××号车损失为33890元、冀A88××挂损失为11020元、货物（梨子）损失为92977元，共计损失137887元。评估报告作出后，原告韩某某支付评估费1694元。之后，原告韩某某以车辆及货物损失找被告方索赔未果，以致成讼。本案在诉讼过程中，原告韩某某于2017年5月25日向本院明确表示放弃对冀A103××（冀A88××挂）重型厢式半挂车的驾驶员李某赔偿的权利。

另查明，冀A103××重型厢式货车的所有权人为原告韩某某，原冀A88××挂车所有权人为张某某，2016年3月10日，张某某以54000元价格将该车出卖给原告韩某某，并有见证人刘某某证明交易过程。

2016年1月22日，被告王某某将其所有的鄂K5P7××号在被告安陆财保处投保交通事故责任强制保险，保险期限自2016年1月22日00时至2017年1月22日24时。保险合同期限届满后，被告王某某继续将其所有的鄂K5P7××号在被告安陆财保处投保交通事故责任强制保险，保险期限自2016年1月25日00时至2017年1月24日24时。2016年1月25日，被告王某某将其所有的鄂K5P7××号在被告安陆财保处投保机动车损失保险（保险金额128800元），机动车第三者责任保险（保险金额1000000元）等险种，并投保不计免赔，保险期限自2016年1月25日00时至2017年1月24日24时。

原告韩某某因此事故造成的损失如下：冀A103××重型厢式货车损

失 33890 元、冀 A88×× 挂车辆损失 11020 元、货物（梨子）损失 92977 元，鉴定费 1694 元，施救费 9000 元，共计 148581 元。

【裁判结果】

孝感市孝南区人民法院于 2017 年 6 月 15 日作出湖北省孝感市孝南区人民法院（2017）鄂 0902 民初 1182 号民事判决：① 被告王某某在交通事故责任强制保险限额范围内赔偿原告韩某某车辆损失 2000 元；② 被告中国平安财产保险股份有限公司安陆支公司在第三者责任保险限额范围内赔偿原告韩某某损失 86932.2 元；③ 被告王某赔偿原告韩某某损失 1016.4 元，被告王某某承担连带赔偿责任；④ 驳回原告韩某某其他诉讼请求。

宣判后，被告王某、王某某、中国平安财产保险股份有限公司安陆支公司提出上诉。湖北省孝感市中级人民法院于 2017 年 10 月 31 日作出（2017）鄂 09 民终 1293 号民事判决，驳回上诉，维持原判。

【裁判理由】

法院生效判决认为：湖北省公安厅高速公路警察总队一支队对此事故进行了调查后出具高警孝感公交证字〔2017〕第 00002 号道路交通事故证明，结论为：因当事人王某、李某所驾车辆接触的具体事实和原因无法查证，导致交通事故成因无法查清。即本案属于交通事故责任无法认定，机动车的赔偿责任如何分配的情形。由于高警孝感公交证字〔2017〕第 00002 号道路交通事故证明只是证明，属于证据中的书证形式，该证明仅对事故的经过进行了查明，没有对责任认定予以确定。因此，在本案诉讼过程中，该事故的责任认定应当由本院予以认定。其责任认定规则应当依据当事人在事故发生的过程中对危险发生的回避能力的大小，注意义务的程度高低等情况，综合确定双方的责任大小。本案系鄂 K5P7×× 号小型普通客车在超车时与冀 A103××（冀 A88×× 挂）重型厢式半挂车刮擦造成的交通事故，且双方车辆接触的具体事实和原因无法查证，在此情况下，本院应当根据事故发生时，事故双方的车辆性能、造成危险局面的成因、危害回避能力的大小、造成损害后果的原因等具体情况，综合判定双方的责任大小，即"优者危险负担"原则。本案中，鄂 K5P7×× 号小型普通客车属于小型客车，冀 A103×× （冀 A88×× 挂）重型厢式半挂车属于大货车，在车辆性能方面，鄂 K5P7×× 号小型普通客车较冀 A103×× （冀 A88×× 挂）重型厢式半挂车更优越，其操作性能、回避危险能力更强。另外，在车辆行驶过程中，鄂 K5P7×× 号小型普通客车系超车方，在控制车辆的速度、方向、灵活性等方面比冀 A103×× （冀 A88×× 挂）重型厢式半挂车强，因此，从上述几个方面综合判定，鄂 K5P7×× 号小型普通客车与冀 A103×× （冀 A88×× 挂）重型厢式半挂车相比系优越方，在交通事故原因及责任无法查清的情况下，本院依法判定鄂 K5P7×× 号小型普通客车司机王某承担此事故的主要赔偿责任，冀 A103×× （冀 A88×× 挂）重型厢式半挂车司机李某承担此事故的次要赔偿责任，其赔偿责任本院依法确定比例为 6 ∶ 4。

【案例注解】

对于无交通事故责任认定书的情况下，如何确定双方事故责任，法律没有明确规定，司法实践中也因人而异，导致裁判尺度不统一。本则案例对于规范和处理类似案件，统一裁判尺度具有一定的指导和借鉴意义。本案判决认为，在交警部门没有作出交通事故责任认定或者交通事故责任认定无法作出时，人民法院可以依据"优者危险负担"原则进行裁判。根据事故发生时，事故双方的车辆性能、造成危险局面的成因、危害回避能力的大小、造成损害后果的原因等具体情况，综合判定双方的责任大小确定双方事故责任。

"优者危险负担"原则，是基于公平原则对交通事故中弱势一方的保护，是指在受害人有过失的情况下，考虑到双方对道路交通注意义务的轻重，按机动车危险性的大小以及危险回避能力的优劣，分配交通事故的损害后果。适用"优者危险负担"原则的前提是事故事实不清、责任不明。其认定的标准为：一是根据注意义务的内容和注意标准来决定过错轻重；二是根据行为危险性大小和危险回避能力的优劣决定过错轻重；三是造成险情方的违法行为一般应认定为事故发生的主要原因、直接原因。同时应注重比例原则，防止不当扩大优势机动车一方的注意义务和责任范围，参照通常人、通常情况下是否会发生损害，结合机动车驾驶路况、周围环境、双方之间距离等因素来作出综合认定。

本案中，高警孝感公交证字〔2017〕第00002号道路交通事故证明只是证明，属于证据中的书证形式，该证明仅对事故的经过进行了查明，没有对责任认定予以确定，该情形属于无法作出交通事故责任认定的，人民法院受理案件后，应该依法对该交通事故责任予以认定。本判决的认定规则为根据事故发生时，事故双方的车辆性能、造成危险局面的成因、危害回避能力的大小、造成损害后果的原因等具体情况，综合判定双方的责任大小，即"优者危险负担"原则。本案中，鄂K5P7××号小型普通客车属于小型客车，冀A103××（冀A88××挂）重型厢式半挂车属于大货车，在车辆性能方面，鄂K5P7××号小型普通客车较冀A103××（冀A88××挂）重型厢式半挂车更优越，其操作性能、回避危险能力更强。另外，在车辆行驶过程中，鄂K5P7××号小型普通客车系超车方，在控制车辆的速度、方向、灵活性等方面比冀A103××（冀A88××挂）重型厢式半挂车强，因此，从上述几个方面综合判定，鄂K5P7××号小型普通客车与冀A103××（冀A88××挂）重型厢式半挂车相比系优越方，在交通事故原因及责任无法查清的情况下，因此依法判定鄂 K5P7×× 号小型普通客车司机王某承担此事故的主要赔偿责任，冀 A103×× （冀 A88×× 挂）重型厢式半挂车司机李某承担此事故的次要赔偿责任，其赔偿责任本院依法确定比例为 6 ：4。

综观该判决的裁判思路和理念，适用"优者危险负担"原则不仅有理论基础，也有实践依据。在司法实践中，对适用"优者危险负担"原则的理解不同，导致裁判规则混乱，本判决厘清了"优者危险负担"原则适用的前提以及认定的标准，具有很强的操作性和指导性。因此，该判决对于规范和处理类似案件，最终统一裁判尺度具有一定的指导和借鉴意义。

本文写于 2018 年 12 月，为案件分析，曾发表于孝感市孝南区人民法院官网。

湖北某木业公司诉某保险公司
财产损失保险合同纠纷案

——续保期内保险合同成立与生效的认定

【内容摘要】

续保期内保险合同是否成立并生效的问题，存在不同的学说和裁判观点，本案一审、二审和再审法院有明显不同的裁判观点。对于续保期内保险合同成立与生效的认定规则，本案依据要约、要约邀请和承诺理论，明确续保期内保险合同成立与生效的具体要件，认定投保人在承诺期内没有提交投保单并按保单支付相应保险费，不产生承诺的法律效力，即使该保险合同在续保期内，不当然成立和生效。本案例对于规范和处理类似案件，统一裁判尺度具有重要的指导和借鉴意义。

【裁判要旨】

对于续保期内保险合同成立与生效的认定，应当依据我国《合同法》相关法律规定以及要约与承诺理论，综合考虑前期投保情况，结合商业惯例和交易习惯，依法认定保险人请求投保人投保的意思表示为要约邀请，投保人在承诺期内提交投保单并支付相应保险费的意思表示为承诺。因投保人在承诺期内没有提交投保单并按保单支付相应保险费，不产生承诺的法律效力，即使该保险合同在续保期内，不当然成立和生效。

【相关法条】

1.《中华人民共和国合同法》

第十三条　当事人订立合同，采取要约、承诺方式。

第十四条　要约是希望和他人订立合同的意思表示，该意思表示应当符合下列规定：

（一）内容具体确定；

（二）表明经受要约人承诺，要约人即受该意思表示约束。

第二十一条　承诺是受要约人同意要约的意思表示。

第二十二条　承诺应当以通知的方式作出，但根据交易习惯或者要约表明可以通过行为作出承诺的除外。

第二十三条　承诺应当在要约确定的期限内到达要约人。

要约没有确定承诺期限的，承诺应当依照下列规定到达：

（一）要约以对话方式作出的，应当即时作出承诺，但当事人另有约定的除外；

（二）要约以非对话方式作出的，承诺应当在合理期限内到达。

第二十四条　要约以信件或者电报作出的，承诺期限自信件载明的日期或者电报交发之日开始计算。信件未载明日期的，自投寄该信件的邮戳日期开始计算。要约以电话、传真等快速通讯方式作出的，承诺期限自要约到达受要约人时开始计算。

第二十五条　承诺生效时合同成立。

第二十六条　承诺通知到达要约人时生效。承诺不需要通知的，根据交易习惯或者要约的要求作出承诺的行为时生效。

采用数据电文形式订立合同的，承诺到达的时间适用本法第十六条第二款的规定。

2.《中华人民共和国保险法》

第十四条　保险合同成立后，投保人按照约定交付保险费，保险人按照约定的时间开始承担保险责任。

3.《最高人民法院关于适用〈中华人民共和国保险法〉若干问题的解释（二）》

第四条　保险人接受了投保人提交的投保单并收取了保险费，尚未作出是否承保的意思表示，发生保险事故，被保险人或者受益人请求保险人按照保险合同承担赔偿或者给付保险金责任，符合承保条件的，人民法院应予支持；不符合承保条件的，保险人不承担保险责任，但应当退还已经收取的保险费。

【案件索引】

一审：湖北省孝感市孝南区人民法院（2017）鄂0902民初3074号（2018年8月17日）

二审：湖北省孝感市中级人民法院（2018）鄂09民终1688号（2018年12月18日）

再审：湖北省高级人民法院（2019）鄂民再71号（2019年7月15日）

【基本案情】

原告湖北某木业公司诉称：2014年、2015年，某木业公司相继在被告某保险公司处投保财产综合险。2016年原保险合同到期后，某木业公司继续向某保险公司投保财产综合险，保险期自2016年7月19

日 0 时至 2017 年 7 月 18 日 24 时止。2016 年 7 月 21 日 8 时 58 分，某木业公司负责人的父亲肖某某向某保险公司业务员陆某某支付保险费 30000 元，并承诺如最终核实的保费有变化，则多退少补。2016 年进入梅雨季节以来，孝感市孝南区东山头遭遇六轮暴雨袭击，境内府河、沦河水位暴涨。7 月 21 日下午 2 时，东山头沦河二路第二道防线出现溃漫，晚上 6 时左右洪水进入某木业公司工厂，造成某木业公司投保的财产损失。2016 年 8 月 3 日，某保险公司业务员将某木业公司支付的 30000 元保险费予以退回。由于某木业公司投保行为是与上期保险合同的续保行为，且双方就保险合同意见达成一致，保险合同已经成立并生效，某保险公司应当按照保险合同的约定向某木业公司支付赔偿金。事后，某木业公司多次要求被告某保险公司予以赔偿，但某保险公司均以保险单未出、保险合同未成立为由拒绝核定并赔偿损失。故某木业公司诉至法院，请求依法判令某保险公司赔偿财产损失 6257400 元。

被告某保险公司辩称：① 某保险公司与某木业公司并未成立保险合同关系，某木业公司要求某保险公司承担赔偿责任无事实和法律依据；② 2016 年 7 月 21 日，肖某某向陆某某汇款 30000 元的行为，不能认定为某保险公司收取了某木业公司所谓"保费"；③ 针对 2016 年 7 月 21 日孝感东山头工业园的洪灾事故，某保险公司全力配合孝感市委及相关部门的救灾工作，履行了社会赋予的责任。故请求人民法院依法驳回某木业公司的诉讼请求。

法院经审理查明：2014 年、2015 年度，某木业公司均在某保险公司投保财产险等险种。2016 年 6 月底，前期保险合同到期后，某木业公司需续保，某保险公司业务员陆某某遂邀请其续保，并提供续保资料清单，同时交给某木业公司一份在经办人处有自己签名的《财产综合险投保单》，让其填写。该投保单载明："本投保单在本公司未签发保险单或投保人未按约定交付保险费之前，不发生任何法律效力。"某木业公司工作人员根据投保单内容要求填写了投保单，其中保险标的金额为 26903145 元，保险费 32283.77 元，保险期自 2016 年 7 月 19 日 0 时至 2017 年 7 月 18 日 24 时。某木业公司在投保人处盖章，负责人肖某签字确认投保，落款日期为 2016 年 7 月 18 日。当日，某木业公司没有将该投保单交给陆某某，也没有交给某保险公司。2016 年 7 月 21 日 8 时 58 分，某木业公司负责人的父亲肖某某通过其个人账户向陆某某转账汇款 30000 元，陆某某通过短信服务功能得知肖某某向其转账汇款。2016 年 8 月 3 日，陆某某将某木业公司负责人的父亲肖某某支付的 30000 元保险费予以退回。

2016 年进入梅雨季节以来，孝感市孝南区东山头（系某木业公司所在辖区）遭遇六轮暴雨袭击，境内府河、沧河水位暴涨。7 月 21 日上午 10 时 38 分，孝感市木地板协会工作人员通知某木业公司转移员工。当日下午 2 时，东山头沧河二路第二道防线出现溃漫，之后，洪水进入某木业公司工厂，造成某木业公司投保的财产损失，后经司法鉴定该损失为 539.09 万元。损失造成后，某保险公司以保险单未出、保险合同未成立为由拒绝核定并赔偿损失，以致成讼。

【裁判结果】

湖北省孝感市孝南区人民法院于 2018 年 8 月 17 日作出（2017）鄂 0902 民初 3074 号民事判决：某保险公司于本判决生效之日起三十日内向某木业公司支付财产保险赔偿金 539.09 万元，并驳回某木业公司的其他诉讼请求。

宣判后，某保险公司不服提出上诉。孝感市中级人民法院于 2018 年 12 月 18 日作出（2018）鄂 09 民终 1688 号判决，驳回上诉，维持原判。

二审判决生效后，某保险公司不服，向湖北省高级人民法院申请再审，湖北省高级人民法院于 2019 年 7 月 15 日作出（2019）鄂民再 71 号民事判决书，撤销湖北省孝感市中级人民法院（2018）鄂 09 民终 1688 号民事判决及湖北省孝感市孝南区人民法院（2017）鄂 0902 民初 3074 号民事判决，并驳回某木业公司全部诉讼请求。

【裁判理由】

一审法院经审理认为，陆某某作为保险业务员代表某保险公司向某木业公司发出的续保要约符合法律规定和市场规律，也符合双方前期的交易习惯，为有效要约行为。陆某某提供有其签名的《财产综合险投保单》上明确注明："本投保单在本公司未签发保险单或投保人未按约定交付保险费之前，不发生任何法律效力。"故应认定要约表明某木业公司可以通过按约交付保险费的行为作出承诺。因此，某木业公司按以往的交易方式和习惯进行续保，并向陆某某转账汇款的 30000 元保险费应当认定承诺。由于某木业公司的承诺系以交费行为的方式作出，且是在某木业公司于 2016 年 7 月 18 日在陆某某提供的有其签名的《财产综合险投保单》上签章后三日内到达陆某某，故应当认定为某木业公司的承诺是在合理期限内达到要约人。由于某木业公司的承诺符合法律规定和要约约定，属有效承诺，且双方的行为符合《最高人民法院关于适用〈中华人民共和国保险法〉若干问题的解释（二）》第四条中关于保险承保的条件。故某木业公司与某保险公司之间成立财产保险合同关系，并已发生法律效力，某木业公司于 2016 年 7 月 21 日因水灾导致的损失 539.09 万元，某保险公司应当依据成立并生效的保险合同依法予以赔付。遂作出判决：某保险公司向某木业公司支付财产保险赔偿金 539.09 万元，并驳回某木业公司其他诉讼请求。

二审法院认为原判决认定事实清楚，适用法律正确，依法维持原判。

湖北省高级人民法院生效判决认为，陆某某将空白投保单交给某木业公司的行为应认定为要约邀请，某木业公司填写投保单并交给某保险公司后，才可认为某木业公司向某保险公司发出要约。原审判决陆某某将空白投保单交给某木业公司认定为要约有所不当，应予以纠正。某木业公司填写保险单后一直未交给某保险公司，也没有证据证明某保险公司对某木业公司填写的具体内容知情或同意，该投保活动不符合双方当事人之间交易习惯。由于某保险公司没有收到某木业公司提交的投保单，某保险公司早在2016年6月底就将投保单交给了某木业公司，某木业公司自己填写的投保日期为7月18日，而事故实际发生日期为7月21日，某木业公司有充足的时间可以将投保单交给某保险公司而未交付，且某木业公司也没有按照其自己计算的保费数额足额交纳保费，故不能认定《最高人民法院关于适用〈中华人民共和国保险法〉若干问题的解释（二）》第四条规定的特殊要约、承诺模式适用于本案。故某保险公司与某木业公司之间的保险合同并未成立，某保险公司申请再审的请求成立。故依法判决撤销原一审、二审判决，并依法驳回某木业公司全部诉讼请求。

【案例注解】

本案保险事故发生在2016年特大洪灾期间，是在投保人与保险人磋商办理投保事宜过程中出现的，双方就保险合同是否成立与生效产生较大分歧。因该案件时间节点和事件的特殊性，属于新类型保险合同案件，非常具有典型意义。对于本案的争议焦点问题，续保期内保险合同是否成立并生效的问题，存在不同的学说和裁判观点。本案例对于规范和处理类似案件，统一裁判尺度具有重要的指导和借鉴意义。对于续保期内保险合同成立与生效的认定规则，主要从以下方面予以分析。

1. 对于本案保险合同要约和承诺的认定

由于某木业公司于 2014、2015 年度向某保险公司投保财产综合险，且均由陆某某经办，故陆某某于 2016 年 6 月底通知某木业公司续保，并将有自己签名的空白保险单交给某木业公司的行为应认定为陆某某代表某保险公司向某木业公司发出续保要约。因此，陆某某作为保险业务员代表某保险公司按照商业惯例和交易习惯，主动向某木业公司发出的续保要约符合法律规定和市场规律，应当认定为要约邀请，为有效要约行为。

陆某某作为保险业务员代表某保险公司向某木业公司发出续保要约后，某木业公司需要续保则应当在合理期限内以承诺的方式作出。而某木业公司负责人肖某某在《财产综合险投保单》上签字确认投保，并没有将该投保单交给陆某某，也没有交给某保险公司。因此，无法认定为某木业公司的承诺是在合理期限内达到要约人。因此，某木业公司的承诺不符合法律规定和要约约定，为无效的承诺行为。原一审、二审认定某木业公司按照以往的交易方式和习惯进行续保，向某保险公司业务员陆某某转账汇款 30000 元保险费的行为认定为承诺，由于该行为不符合现实存在的交易习惯或商业惯例，也不符合要约与承诺的相关法律规定。因此，对于双方关于要约与承诺的相关行为应当严格按照规定予以认定。本案将某木业公司作出的相关行为认定为承诺，不符合交易习惯或商业惯例，也不符合《最高人民法院关于适用〈中华人民共和国保险法〉若干问题的解释（二）》第四条规定的特殊要约、承诺模式。

综上，陆某某作为保险业务员代表某保险公司向某木业公司发出续保要约，为有效的要约行为，但某木业公司的承诺行为不符合法律规定的承诺行为，也不符合商业惯例和交易习惯，应当为无效的承诺行为。

2.对本案保险合同是否成立与生效的认定

根据我国《合同法》理论及相关规定，保险合同为诺成性合同和不要式合同，即只要双方意思表示一致合同即告成立，也可以不需要采用特定的方式，即可成立合同。虽然保险合同可以口头形式签订，但合同的成立必须要符合相关的法律规定。本案中，某保险公司要求某木业公司续保的行为属于有效要约，而某木业公司没有在承诺期内向某保险公司提交投保单，也没有按照投保单确定的保险费向某保险公司支付，某木业公司不符合法律规定的承诺行为，其行为不产生承诺的法律效力，属于无效的承诺。根据我国《合同法》关于要约与承诺的相关法律规定，某木业公司与某保险公司之间没有成立保险合同，当然也就没有形成保险合同法律关系，其保险合同当然不成立和生效。

3.某保险公司是否应当向某木业公司支付保险赔偿金

本案中，某木业公司与某保险公司之间没有形成保险合同法律关系，其保险合同不成立和生效。因此，对某木业公司主张要求按照保险合同约定某保险公司支付保险费的请求不应予以支持。

综上，对于续保期内保险合同成立与生效的认定，应当依据我国《合同法》相关法律规定以及要约与承诺理论，综合考虑前期投保情况，结合商业惯例和交易习惯，依法认定保险人请求投保人投保的意思表示为要约邀请，投保人在承诺期内提交投保单并支付相应保险费的意思表示为承诺。因本案投保人在承诺期内没有提交投保单并按保单支付相应保险费，不产生承诺的法律效力，即使该保险合同在续保期内，也当然不成立和生效。该案例依据法律规定、商业惯例和交易习惯等方式增加裁判文书的说理性，对于统一续保期内保险合同成立与生效的认定标准和裁判尺度具有重要的指导和借鉴意义。

一审合议庭成员：刘某某（承办人） 胡某某 李某（人民陪审员）

二审合议庭成员：石某某 刘某（承办人） 胡某

再审合议庭成员：孙某 方某 牛某（承办人）

本文写于 2020 年 5 月，为案件分析，曾被最高人民法院评为 2020 年度优秀案例分析三等奖。

李某某与广州某公司、孝感某公司、深圳某公司、王某某销售代理合同案

【案件基本信息】

1. 裁判文书字号

孝感市孝南区人民法院（2021）鄂 0902 民初 1528 号裁定书

2. 案由：销售代理合同纠纷

3. 当事人

起诉人：李某某，女，19××年×月×日出生，汉族，郑州市金水区人，住郑州市金水区××路。

【基本案情】

2017 年 7 月 1 日，孝感某公司经授权，取得广州某公司"酒搭档"系列产品的全国独家代理权。2017 年 8 月 31 日，李某某与孝感某公司签订《酒搭档授权代理协议书》，协议书中约定："乙方（原告）经销产品为广州某公司酒搭档酒前酒后植物饮料，甲方（孝感某公司）负责处理中国区域内广药汉方酒搭档有关事宜，制订并统一安排中国区域的营销战略、销售形势、管理工作。代理期限自 2017 年 8 月 31 日起至

2020年8月30日止。"同时，双方还就争议处理方式进行了约定："甲、乙双方因本合同相关事宜发生争议，由双方协商解决，如协商不成，则双方应将相关争议提交甲方所在地法院裁决。"协议签订后，李某某受孝感某公司要求，先后将交付代理合同定金，同时通过银行汇款的方式向王某某付款。李某某打款收货后，多次向孝感某公司索要发票未果。因案涉产品为普通饮料，广州某公司作为授权方，深圳某公司作为产品的受托生产方，均应当承担连带责任。故李某某诉至本院，请求退还合同款45万元、保证金6万元并承担利息等损失。

另查明，2017年8月，孝感某公司与李某某签订协议时，公司的住所地为广州市××区××街××号。2018年5月21日，孝感某公司通过工商变更登记，将其公司住所地变更为广州××区××街。之后，又数次通过工商变更登记，将其名称变更为孝感某公司，住所地变更为孝感市××路××号。

【案件焦点】

对于管辖协议约定由一方当事人住所地人民法院管辖，协议签订后当事人住所地变更的，是由变更后的住所地人民法院管辖还是由签订管辖协议时的住所地人民法院管辖？即本案湖北省孝感市孝南区人民法院是否享有管辖权？对起诉人李某某的起诉本院是否应当受理？

【法院裁判要旨】

湖北省孝感市孝南区人民法院经审理认为，本案系销售代理合同纠纷。2017年8月31日，李某某与孝感某公司签订的《酒搭档授权代理协议书》中约定争议处理方式为："甲、乙双方因本合同相关事宜发生争议，由双方协商解决，如协商不成，则双方应将相关争议提交甲方所在地法院裁决。"根据《中华人民共和国民事诉讼法》第三十四条的规定："合同或者其他财产权益纠纷的当事人可以书面协议选择被告住所地、合同履行地、合同签订地、原告住所地、标的物所在地等与争议有实际联系的地点的人民法院管辖，但不得违反本法对级别管辖和专属管辖的规定"，因李某某与孝感某公司签订协议时，约定将争议处理方式提交甲方即为孝感某公司住所地人民法院管辖，该约定没有违反级别管辖和专属管辖规定，约定管辖合法有效。根据双方的约定，本案应当适用约定管辖的相关法律规定，不适用被告住所地人民法院管辖的规定。本案中，因孝感某公司多次进行了住所地变更，本案应当以签订合同时孝感某公司住所地确定管辖法院。根据《最高人民法院关于适用〈中华人民共和国民事诉讼法〉的解释》第三十二条的规定："管辖协议约定由一方当事人住所地人民法院管辖，协议签订后当事人住所地变更的，由签订管辖协议时的住所地人民法院管辖，但当事人另有约定的除外"，本案应当由协议签订时孝感某公司住所地人民法院管辖。因双方于 2017 年 8 月 31 日签订协议时，孝感某公司住所地为广州市黄埔区××开发区××街××号，故本案应当由广州市黄陂区人民法院管辖，本院对本案没有管辖权。

据此，依照《中华人民共和国民事诉讼法》第三十四条、第一百一十九条、第一百二十三条，《最高人民法院关于适用〈中华人民共和国民事诉讼法〉的解释》第三十二条之规定，裁定如下：

对起诉人李某某的起诉，本院不予受理。

【法官后语】

对于签订合同约定了管辖后，一方当事人住所地发生变更的，该如何确定管辖法院？在司法实践中有不同的观点。

一种观点认为，为了体现诉讼便利原则，按照人们日常惯性思维以及法官经验主义，理所当然地应当以被告住所地或约定的一方当事人变更后的住所地人民法院管辖。方便当事人诉讼是民事诉讼的基本原则，也是确定诉讼管辖的一个基本标准，通过确定当事人住所地人民法院管辖，就是为了让住所地法院能够就近查明案件基本事实，同时也可以就近方便当事人参加诉讼。因此，在当事人争议发生时的住所地与协议约定管辖的住所地发生变更的情况下，就应当以实际争议发生的住所地，即变更后的住所地人民法院确定管辖法院，以方便当事人诉讼，高效快速地解决纠纷。

另一种观点认为，仍应由协议签订时的住所地法院管辖。基于尊重当事人的意思表示，在双方当事人进行协议选择管辖法院时，对选择的法院管辖理应是明知的，协议选择的管辖法院不能因当事人的住所地变动而发生变化，否则容易造成管辖秩序混乱，同时也违背了当事人最初的约定，也给当事人规避诉讼管辖提供了合理合法的便利。

事实上，《最高人民法院关于适用〈中华人民共和国民事诉讼法〉的解释》第三十二条中明确规定："管辖协议约定由一方当事人住所地人民法院管辖，协议签订后当事人住所地变更的，由签订管辖协议时的住所地人民法院管辖，但当事人另有约定的除外。"基于对上述条文的立法目的考量，通过当事人在协议约定时确定的管辖法院，在尊重双方当事人意思自治的前提下，通过协议约定的方式稳定了当事人的预期，确定了纠纷解决的地方，避免出现当事人通过住所地的改变，选择有利于自己管辖法院现象发生。

因此，法律适用应当是精准运用法律的规定的条文，不能有惯性思维和经验主义，并结合立法目的考量，正确适用法律。

本文写于 2021 年 5 月，为案件分析，曾发表于孝感市孝南区人民法院官网。

刑事案例分析（之一）

——浅析故意伤害罪与寻衅滋事罪的区别

【案例一】

自 2013 年 5 月以来，被告人熊某多次无故到该村村民李某家闹事、殴打李某，并放火烧其门前草堆；同年 6 月 17 日，被告人熊某又无故到李某家叫骂，后与李某进行厮打，并将前来劝解的王某手臂咬伤，将李某用铁锹打伤；同年 6 月 28 日，被告人熊某无故到李某家闹事，辱骂李某的妻子；同年 7 月 12 日，被告人熊某无故用皮带抽打途经湾间道路的马某，将马某打伤；同年 7 月 16 日，被告人熊某无故持斧头窜至李某家高声叫骂，并与李某厮打，用斧头将李某砍伤后，又回家拿菜刀将李某的头部砍伤，经法医鉴定李某构成轻伤。

【案例二】

2013 年 10 月 17 日，被告人彭某因土地买卖纠纷为报复某公司，遂伙同文某、胡某、孙某（该三人已另案处理）等人窜至孝感市某公司营销中心门前，对该营销中心工作人员申某、蒲某、丁某、余某进行殴打，并将申某、蒲某、丁某、余某砍伤。后经法医鉴定，申某、蒲某、丁某构成轻伤，余某构成重伤。

【分歧】

对上述案例中的被告人熊某和彭某构成故意伤害罪还是寻衅滋事罪，主要有如下几种意见。

第一种意见认为：被告人熊某构成故意伤害罪。熊某只对李某的身体实施了侵害，并没有对社会公共秩序造成损害。虽然熊某多次对李某实施侵害行为，但每次侵害行为都是独立的，侵害的对象也是李某，熊某的行为不是随意殴打他人，也不是为了满足耍威风、取乐等不正常的精神刺激或其他不健康的心理需要，熊某的行为符合故意伤害罪的构成要件，应以故意伤害罪论处。

第二种意见认为：彭某构成寻衅滋事罪。彭某伙同文某、胡某、孙某等人到某公司营销中心打架闹事，并致营销中心四名工作人员轻伤和重伤，其行为属于随意殴打他人，为了满足耍威风等不正当心理，其行为属于危害社会公共秩序的情形，并致不特定多数的人员身体伤害，彭某的行为符合寻衅滋事罪的构成要件，应以寻衅滋事罪论处。

【评析】

笔者认为，在司法实践中，故意伤害罪与寻衅滋事罪难以界定，经常出现两种罪名混淆使用的情形，要准确认定熊某和彭某所犯罪的罪名，首先要厘清故意伤害罪与寻衅滋事罪之间的区别，就应当对两种罪名的犯罪构成的四个要件分别予以区分。

1.犯罪主体：两罪的主体范围不同

根据《中华人民共和国刑法》的相关规定，故意伤害罪的主体范围较为特殊，包括十四周岁至十六周岁和十六周岁以上两类，前者主要为重伤承担刑事责任，而后者则包括对轻伤和重伤都承担刑事责任。而寻衅滋事罪的主体为一般主体，即具有刑事责任能力的自然人均可构成。

2. 主观方面：两罪的故意内容不同

故意伤害罪在主观上有使他人身体健康受到损害的故意。寻衅滋事罪的故意则要求行为人明知自己的行为会发生破坏社会秩序的危害结果，并且希望或促使这种结果发生，其动机就是为了满足耍威风、取乐等不正常的精神刺激或其他不健康的心理需要，以达到满足精神空虚的犯罪目的，故意伤害罪则无此动机和目的。

从犯罪行为方面看，寻衅滋事罪的起因通常是"无事生非"和随意殴打他人，表现为无端生事和小题大做等行为，而故意伤害罪的起因则"事出有因"。

3. 客体方面：两罪所侵害的客体不同

故意伤害罪侵犯的客体是他人的身体健康权利，侵害的客体比较单一。而寻衅滋事罪侵害的客体相对比较复杂，既侵害了社会公共秩序，即人们遵守共同生活规则所形成的秩序，包括公共场所秩序与非公共场所人们遵守共同生活规则所形成的秩序，还有可能侵害他人的身体健康权。

4. 客观方面：两罪所侵害的对象不同

故意伤害罪所侵害的对象往往是比较明确和特定的，一般是认识的或有过节的人，且在伤害行为实施之前往往有一个准备过程，行为人与被害人有一定的接触或者交往，而且纠纷往往在伤害发生之前没有得到较好的解决，导致矛盾激化，进而产生了行为人挑起事端，伤害对方，报复对方；而寻衅滋事罪侵害的对象是比较随意、不特定的，可以是熟人，也可以是陌生人，只是自己看不惯就惹是生非，寻求精神上的刺激来满足自己非正常的心理，在行为发生时大多是临时起意的，对认识或素不相识的人无理无故进行殴打，是一种想打就打的流氓作风。

本案中，熊某和彭某是构成故意伤害罪还是寻衅滋事罪，笔者将从犯罪构成的四个要件予以分析。

1. 犯罪主体方面

因熊某和彭某均是已满十八周岁的成年人，均具备两罪的犯罪主体构成要件。

2. 犯罪主观方面

熊某明知自己与李某有过节，多次为了满足耍威风、取乐等不正常的心理需要而故意对李某实施伤害，不仅经常在李某门前打闹，还殴打前来劝解的人和路人，甚至放火烧李某家门前草堆，其实施犯罪行为属于无端生事，对李某及他人进行挑衅和耍威风，其动机为了以达到满足精神空虚，熊某的犯罪行为符合寻衅滋事罪的故意内容。

彭某犯罪的目的和动机是因为土地纠纷而伺机报复某公司营销中心，其故意内容仅是希望对该公司人财物进行侵害，其动机并不是为了满足耍威风、取乐等不正常的精神刺激或其他不健康的心理需要，也不具有流氓的动机和行为，故意内容较为单一，故彭某的犯罪行为符合故意伤害罪的故意内容。

3. 犯罪客体方面

熊某不仅侵害了李某的身体健康权，还侵害了李某的妻子、路人等人的身体健康权，其放火烧李某家门前草堆的行为同时也侵害了该村的公共秩序，其侵害的客体较复杂，故熊某的犯罪行为在客体方面符合寻衅滋事罪的特征。

彭某虽然伙同他人对营销中心的工作人员进行伤害，但侵害的客体仅是营销中心的工作人员的身体健康权和营销中心的财产权，没有侵害社会公共秩序，侵害的客体单一，故彭某的犯罪行为在客体方面符合故意伤害罪的特征。

4. 犯罪客观方面

熊某犯罪所侵害的对象虽然是指向李某，但从熊某多次实施的犯罪行为来看，其伤害的对象并不明确和特定，熊某实施伤害时系临时起意，有时侵害李某的妻子，有时侵害扯劝的人，有时侵害路人，甚至放火烧李某家门前草堆，其侵害的对象比较随意，故熊某的犯罪行为在客观行为方面符合寻衅滋事罪的特征。

彭某伙同文某、胡某、孙某到某公司营销中心对其工作人员申某、蒲某、丁某、余某进行殴打并砍伤，在实施伤害前进行了充分的准备，虽然殴打的人数众多，人员也具有不确定性，其实施侵害行为系指向某公司营销中心，其侵害的对象比较明确和特定，故彭某的犯罪行为在客观行为方面符合故意伤害罪的特征。

综上，熊某的犯罪行为符合寻衅滋事罪的四个构成要件，应以寻衅滋事罪论处，彭某的犯罪行为符合故意伤害罪的四个构成要件，应以故意伤害罪论处。

本文写于 2013 年 12 月，曾发表于《中国法院网》。

刑事案例分析（之二）

——以个案分析非法拘禁罪与绑架罪的区别

【案例】

2013 年 12 月 18 日，赵某等人在某公园门口遇见被害人刘某，因赵某与刘某有前嫌，便怀疑刘某是烧毁其汽车的当事人，即打电话给被告人钱某、孙某、李某。三人接到电话后赶到某公园门口，在赵某的指挥下，钱某、孙某、李某等人将刘某带上赵某汽车并挟持到某公司仓库。其间赵某以车辆烧毁系刘某所为，要求刘某承认并赔偿损失。因刘某否认该事并拒绝赔偿，四被告人便对刘某采取殴打、跪啤酒瓶盖、灌服毒品等手段，限制刘某的人身自由，直到刘某家人支付 3 万元现金后，才将刘某放走。其间刘某被限制人身自由达 35 小时左右，经法医鉴定，刘某损伤程度为轻微伤。

【分歧】

对上述案例中的被告人赵某、钱某、孙某、李某构成非法拘禁罪还是绑架罪，主要有如下几种意见。

第一种意见认为：被告人赵某、钱某、孙某、李某构成非法拘禁罪。因为被告人赵某、钱某、孙某、李某采用罚跪、殴打等手段非法限制他人人身自由，四被告人的行为符合非法拘禁罪的构成特征，应当认定为非法拘禁罪。

第二种意见认为：被告人赵某、钱某、孙某、李某构成绑架罪。本案中，赵某主观上认为刘某将其车辆烧毁而对其实施犯罪行为，因未提供充分的证据证明车辆烧毁系刘某所为，双方不存在合法的债权债务关系。赵某等人将刘某非法拘禁并对其索要财物，且在实施犯罪行为过程中，赵某、钱某、孙某、李某采取殴打、跪啤酒瓶盖、灌服毒品等手段对刘某人身造成损害，其行为符合绑架罪的特征，应认定为绑架罪。

【评析】

一般情况下，非法拘禁罪与绑架罪之间的界限不难区分，容易混淆的是绑架罪与为索取债务而非法拘禁他人犯罪之间的界限。在司法实践中，主要从以下几个方面予以区别。

1. 犯罪目的不同

实施绑架的目的是勒索财物或满足其他不法要求；而实施非法拘禁的目的则是非法剥夺他人的人身自由或是为取回"自己应得"的财物。

2. 侵犯客体不同

绑架罪侵犯了他人的人身权利与财产权利，属于复杂客体；非法拘禁罪侵犯了他人的人身自由权利，属单一客体。如果索要自己的财物，就不涉及侵犯他人财产权利问题，故以索要被害人合法的债务为目的进行绑架案件，一般认为只侵犯了他人的人身自由权利，以非法拘禁罪处理。

3. 客观方面不同

绑架罪的客观方面构成不仅要有对被害人的非法限制、剥夺人身自由的行为，而且要求有勒索财物或提出不法要求的行为，一般表现为暴力、胁迫等方法对被害人造成伤害；非法拘禁罪的客观方面构成仅仅是行为人非法剥夺他人人身自由，一般表现为公开或半公开的扣押或限制等行为。

4. 债权债务关系不同

绑架罪的被告人与被害人之间不存在债权债务关系；非法拘禁罪的被告人与被害人之间存在有合法的债权债务关系。如果被告人与被害人之间为非法的债权债务、超过实际数额的债务或者根本不存在债务关系，从而将被害人非法拘禁向其索要财物的行为，则应认定为绑架罪。在司法实践中，应当要有确实充分的证据证明被告人与被害人确有合法的债权债务关系，才能认定为非法拘禁罪，否则，应当认定为绑架罪。

本案中，赵某在没有充分证据证明的情况下，主观认为刘某将其车辆烧毁，而伙同钱某、孙某、李某对刘某实施限制人身自由、殴打等暴力手段对刘某身体造成损害，直至其家人支付3万元现金后才予以释放。根据上述事实，笔者同意第二种意见，赵某、钱某、孙某、李某的行为构成绑架罪。

第一，从犯罪目的看，赵某与刘某有前嫌，其犯罪目的明显有泄愤报复的意图，不仅仅只是为了限制刘某的人身自由，其犯罪目的符合绑架罪的特征。

第二，从侵犯的客体上看，赵某、钱某、孙某、李某实施的上述行为，其侵犯的客体不仅包括刘某的人身自由、身体损害，而且还侵犯了刘某的财产权利（向其家人索要3万元现金），其侵犯的客体符合绑架罪的特征。

第三，从犯罪的客观方面上看，赵某、钱某、孙某、李某实施的行为不仅对刘某实施勒索财物，而且还实施殴打、跪啤酒瓶盖、灌服毒品等暴力手段对刘某的身体造成损害，属于使用暴力的情形，其客观方面符合绑架罪的特征。

第四，从赵某与刘某之间的债权债务关系上看，赵某没有充分证据证明赵某认为刘某将其车辆烧毁，双方之间不存在合法的债权债务关系，赵某伙同他人将刘某非法拘禁向其索要财物的行为，其行为符合绑架罪的构成特征。

综上，赵某、钱某、孙某、李某的行为符合绑架罪的犯罪构成特征，应当认定为绑架罪。

本文写于 2013 年 12 月，曾发表于《中国法院网》。

后 记

　　"公平正义比太阳还要有光辉"，是一种情怀也是担当，是初心也是使命，更是一个基层法官的法治梦，始终心怀对法治炽热的心和法治中国的梦想，并一直在法治路上坚定地前行！我经过反复思量最终决定申请出版本书，只为记录曾经在法治路上的艰辛、付出和前行的历程，也为日后能够重拾回忆提供素材。本书能够顺利出版，得益于身边亲朋好友的默默支持与深切厚爱。在本书的汇编整理出版过程中，我的导师武汉大学刘学在教授、作家朱绍斌和未曾谋面的黄莉君教授，他们帮忙提出修改意见、亲自整理编辑，主动联系出版；我的所有法律同仁、亲朋好友、同事以及家人都给我提出了很好的意见和建议。值此文集付梓之际，一并表示感谢！由于时间仓促、加之作者水平有限，错漏之处在所难免，不足之处，敬请谅解！

光辉法官

2022 年 7 月